CEGUEIRA MORAL

Obras de Zygmunt Bauman:

- 44 cartas do mundo líquido moderno
- Amor líquido
- Aprendendo a pensar com a sociologia
- A arte da vida
- Babel
- Bauman sobre Bauman
- Capitalismo parasitário
- Cegueira moral
- Comunidade
- Confiança e medo na cidade
- A cultura no mundo líquido moderno
- Danos colaterais
- O elogio da literatura
- Em busca da política
- Ensaios sobre o conceito de cultura
- Estado de crise
- Estranho familiar
- Estranhos à nossa porta
- A ética é possível num mundo de consumidores?
- Europa
- Globalização: as consequências humanas
- Identidade
- A individualidade numa época de incertezas
- Isto não é um diário
- Legisladores e intérpretes
- Mal líquido
- O mal-estar da pós-modernidade
- Medo líquido
- Modernidade e ambivalência
- Modernidade e Holocausto
- Modernidade líquida
- Nascidos em tempos líquidos
- Para que serve a sociologia?
- O retorno do pêndulo
- Retrotopia
- A riqueza de poucos beneficia todos nós?
- Sobre educação e juventude
- A sociedade individualizada
- Tempos líquidos
- Vida a crédito
- Vida em fragmentos
- Vida líquida
- Vida para consumo
- Vidas desperdiçadas
- Vigilância líquida

Zygmunt Bauman
Leonidas Donskis

CEGUEIRA MORAL

A perda da sensibilidade na modernidade líquida

Tradução:
Carlos Alberto Medeiros

Copyright © 2013 by Zygmunt Bauman e Leonidas Donskis

Tradução autorizada da primeira edição inglesa, publicada em 2013
por Polity Press, de Cambridge, Inglaterra

*Grafia atualizada segundo o Acordo Ortográfico da Língua Portuguesa de 1990,
que entrou em vigor no Brasil em 2009.*

Título original
Moral Blindness: The Loss of Sensitivity in Liquid Modernity

Capa e imagem
Bruno Oliveira

Preparação
Angela Ramalho Vianna

Revisão
Eduardo Monteiro
Vania Santiago

Dados Internacionais de Catalogação na Publicação (CIP)
(Câmara Brasileira do Livro, SP, Brasil)

Bauman, Zygmunt, 1925-2017
Cegueira moral : a perda da sensibilidade na modernidade
líquida / Zygmunt Bauman, Leonidas Donskis ; tradução Carlos Alberto Medeiros. – 1ª ed. – Rio de Janeiro: Zahar, 2021.

Título original: Moral Blindness: The Loss of Sensitivity in
Liquid Modernity.
ISBN 978-65-5979-003-6

1. Antropologia social 2. Comportamento social 3. Filosofia 4. Medo 5. Moral 6. Relações sociais 7. Sensibilidade I.
Donskis, Leonidas. II. Título.

21-60245	CDD: 170

Índice para catálogo sistemático:
1. Moral : Filosofia 170

Aline Graziele Benitez – Bibliotecária – CRB-1/3129

[2021]
Todos os direitos desta edição reservados à
EDITORA SCHWARCZ S.A.
Praça Floriano, 19, sala 3001 – Cinelândia
20031-050 – Rio de Janeiro – RJ
Telefone: (21) 3993-7510
www.companhiadasletras.com.br
www.blogdacompanhia.com.br
facebook.com/editorazahar
instagram.com/editorazahar
twitter.com/editorazahar

· Sumário ·

Introdução: Para uma teoria da privacidade e da impenetrabilidade humanas, ou Expondo as formas esquivas do mal 7

1. Do diabo a pessoas assustadoramente normais e sensatas 25

2. A crise da política e a busca de uma linguagem da sensibilidade 63

3. Entre o medo e a indiferença: a perda da sensibilidade 115

4. Universidade do consumo: o novo senso de insignificância e a perda de critérios 158

5. Repensando *A decadência do Ocidente* 201

Notas 261

· Introdução ·

Para uma teoria da privacidade e da impenetrabilidade humanas, ou Expondo as formas esquivas do mal

LEONIDAS DONSKIS: Zygmunt Bauman não é um sociólogo típico. É um filósofo do cotidiano. O tecido de seu pensamento e de sua linguagem é composto de uma diversidade de fios: uma teoria superior; sonhos e visões políticas; as ansiedades e os tormentos dessa unidade estatística da humanidade, o homem ou a mulher em sua pequenez; a crítica astuta – afiada como uma lâmina e, além disso, implacável – aos poderes do mundo; e uma análise sociológica das ideias tediosas, da vaidade, da busca incansável de atenção e popularidade, e também da insensibilidade e autoilusão dos seres humanos.

Não admira, a sociologia de Bauman é acima de tudo uma sociologia da imaginação, dos sentimentos, das relações humanas – amor, amizade, desespero, indiferença, insensibilidade – e da experiência íntima. Passar facilmente de um discurso para outro tornou-se traço característico de seu pensamento.

Talvez ele seja o único sociólogo do mundo (e Bauman é um dos grandes sociólogos vivos, ao lado de Anthony Giddens e Ulrich Beck) e simplesmente um dos maiores pensadores (com Umberto Eco, Giorgio Agamben, Michel Serres e Jürgen Habermas) que não apenas usa ativamente a linguagem da alta teoria. Ele salta com habilidade dessa linguagem para a da publicidade, dos comerciais, mensagens de texto, mantras dos oradores motivacionais e dos gurus do mundo empresarial, clichês e comentários no Facebook; e depois retorna à linguagem (e aos temas) da teoria social, da literatura moderna e dos clássicos filosóficos.

Sua sociologia busca reconstruir todas as camadas da realidade e tornar sua linguagem universal acessível a todos os tipos de leitor, não apenas ao especialista acadêmico. Seu poder discursivo e sua capacidade de decifrar a realidade realizam essa função da filosofia que André Glucksmann compara aos entretítulos do cinema mudo, os quais ajudavam tanto a construir quanto a revelar a realidade retratada.

Bauman é reconhecidamente eclético do ponto de vista metodológico. A empatia e a sensibilidade são para ele muito mais importantes que a pureza teórica ou metodológica. Determinado a andar na corda bamba para atravessar o abismo que separa a alta teoria dos reality shows, a filosofia dos discursos políticos e o pensamento religioso dos comerciais, ele sabe muito bem como ficaria comicamente isolado e unilateral se tentasse explicar nosso mundo com as palavras da elite política e financeira, ou usando apenas textos acadêmicos herméticos e esotéricos.

Ele aprendeu sua teoria e foi muito influenciado, primeiro, por Antonio Gramsci e, depois, profundamente, por Georg Simmel – tanto pela teoria do conflito quanto pela concepção da vida mental (*Geistesleben*) e pela filosofia da vida (*Lebensphilosophie*). Foi essa filosofia da vida dos alemães – novamente, nem tanto a de Friedrich Nietzsche, mas a de Ludwig Klage e Eduard Spranger (em particular sua concepção de *Lebensformen*, "formas de vida") – que forneceu a Bauman muitos de seus temas teóricos e modos de teorização.

Basta recordar o ensaio de Simmel intitulado "A metrópole e a vida mental" (1903); depois, ele encontrou eco no ensaio "Lübeck como forma de vida espiritual" (1926), de Thomas Mann; mais tarde ainda, na literatura lituana, tomou a forma do diálogo epistolar de Tomas Venclova e Czeslaw Milosz intitulado "Vilnius como forma de vida espiritual" (1978). Uma cidade torna-se um modo de viver e de pensar, algo em que se expressam história, arquitetura, música, artes plásticas, poder, memória, intercâmbios, encontros de pessoas e ideias, dissonâncias, finanças, política, livros e credos – um espaço em que o mundo moderno nasce e também adquire suas formas para o futuro. Esse motivo permeia muitas das últimas obras de Bauman.

No mapa do pensamento de Bauman encontramos não apenas as ideias filosóficas e sociológicas de Gramsci e Simmel, mas também os insights éticos de seu amado filósofo Emmanuel Levinas, nascido e criado em Kaunas e também, segundo Bauman, o maior filósofo ético do século XX. Os insights de Levinas dizem respeito ao milagre de reconhecer a personalidade e a dignidade do Outro a ponto de salvar sua vida – sem ao mesmo tempo ser capaz de explicar a causa desse reconhecimento, de vez que essa explicação iria destruir o milagre da moral e do vínculo ético. Os livros de Bauman referem-se não apenas a esses e outros pensadores, mas também a teólogos, filósofos religiosos e obras de ficção, estas últimas desempenhando papel importante em sua criatividade.

Tal como o sociólogo polonês Jerzy Szacki, Bauman foi influenciado fortemente, se não decisivamente, por Stanislaw Ossowski, seu professor na Universidade de Varsóvia. Ao receber do rei da Espanha o Prêmio Príncipe das Astúrias por suas notáveis realizações no campo das humanidades, Bauman relembrou em seu discurso aquilo que Ossowski lhe ensinara em primeiro lugar e acima de tudo: que a sociologia pertence ao campo das ciências humanas. Ele prosseguiu dizendo que a sociologia é um relato da experiência humana – tal como um romance. E o maior romance de todos os tempos, reconheceu ele, é *Dom Quixote*, de Miguel de Cervantes.

Se Vytautas Kavolis argumentava que a sociologia e as ciências sociais em geral são "um campo desprovido de melodia", então Bauman é o contraexemplo disso: sua sociologia não só emite sons, ela também olha você diretamente nos olhos. Esse olhar tem um viés ético. Não se pode desviar dele e deixar de lhe responder, pois, ao contrário do olhar psicologicamente exploratório ou do que absorve (consome) objetos de seu ambiente, o olhar de Bauman incorpora o princípio de um espelho ético. O que volta para você são todas as suas atividades, sua linguagem e tudo que você disse ou fez sem pensar, simulando segurança, todo o seu mal irrefletido, porém silenciosamente endossado.

A sensibilidade e a empatia teóricas de Bauman podem ser comparadas a uma forma de falar, a uma atitude que elimina a assimetria anterior entre quem olha e quem é visto. É como *Moça com brinco de pérola*, de Johannes Vermeer, esmagando-nos, ao nos devolver inesperadamente nosso próprio olhar e deixando-nos sem voz, a imaginar: quem está olhando para quem? Nós para ela, ao lado de muitas outras obras-primas imortais da arte holandesa na galeria Mauritshuis, em Haia, ou ela para nós? O olhar de quem é olhado sobre quem olha, dessa forma retornando ao mundo todo o diálogo já esquecido. É um olhar grave e silencioso entre iguais – em lugar daquele olhar consumista ilimitado, utilitário, astuto e agressivamente proselitista que recebemos de volta, à guisa de um suposto diálogo.

Bauman observa o observador, propõe ao proponente e fala com o falante, pois a audiência de seus leitores e parceiros no diálogo não é composta apenas de teóricos de seu nível, nem somente de algumas personalidades imaginárias. Ele apresenta suas ideias ao homem e à mulher comuns – as pessoas que foram deslocadas pela globalização e pela segunda modernidade (líquida). Ele dá continuidade ao trabalho iniciado por Stephen Greenblatt, Carlo Ginzburg e Catherine Gallagher, os representantes do novo historicismo e da contra-história (micro-história, pequena história), rejeitando conscientemente a história como grande narrativa. Em lugar de *un grand récit*, eles constroem a narrativa histórica, um relato detalhado e significativo sobre pessoas reais: *une petite histoire*.

O tempo histórico da teorização de Bauman não é linear, mas pontilhista. A forma de sua história não é constituída pelos grandes deste mundo, mas pelas pessoas comuns. Não é a história dos grandes pensadores, mas da marginalização do homem comum. A simpatia de Bauman está, de forma manifesta, do lado dos perdedores da modernidade, não de seus heróis. Nunca saberemos seus nomes. Eles são como os atores não profissionais, com seus rostos surpreendentemente ímpares e expressivos (intocados por comerciais, autopromoção, consumo de massa, autoadulação e conversão em mercadoria), nos filmes de Pier Paolo Pasolini, como *O Evangelho segundo são Mateus e Decameron.* Ele não lida com as biografias dos pioneiros da estrutura econômica moderna (do capitalismo, se preferirem), *les entrepreneurs*, os gênios do início da arte moderna, mas com a de pessoas como Menocchio, o herege, morto na fogueira e apresentado no livro *O queijo e os vermes: o cotidiano e as ideias de um moleiro perseguido pela Inquisição.* Esses atores menores e implícitos do drama da história dão forma e substância a nossas próprias formas de ansiedade, ambiguidade, incerteza e insegurança.

Vivemos num mundo em que os contrastes de riqueza e poder crescem sem parar, enquanto as diferenças em matéria de segurança ambiental diminuem cada vez mais. Hoje, a Europa Ocidental e a Oriental, os Estados Unidos e a África são igualmente (in)seguros. Milionários vivem dramas e conflitos pessoais que, via redes sociais, em um minuto se tornam conhecidos por pessoas que não têm nada em comum com eles, a não ser a capacidade de, a qualquer momento, experimentar elas próprias as mesmas comoções. Os políticos, graças à democracia e à educação de massas, têm oportunidades ilimitadas de manipular a opinião pública, embora eles próprios dependam diretamente das mudanças de atitude da sociedade de massa e possam ser por elas destruídos.

Tudo é permeado pela ambivalência. Não há mais nenhuma situação social inequívoca, da mesma forma que não há mais atores inflexíveis no palco da história. Tentar interpretar esse mundo em termos de categorias como bem e mal, pela ótica política e social do preto no branco e das separações quase maniqueístas, é hoje tanto impossível quanto grotesco. Este é um mundo em que há muito deixou de controlar a si mesmo (embora busque obsessivamente controlar os indivíduos), que não pode responder a seus próprios dilemas nem reduzir as tensões que ele mesmo semeou.

Felizes foram as eras que tiveram dramas e sonhos claros, assim como perpetradores do bem ou do mal. A tecnologia atual ultrapassou a política, esta última se tornou, em parte, um suplemento daquela e ameaça concluir a criação de uma sociedade tecnológica. Essa sociedade, com sua consciência determinista, encara a recusa de participar das inovações tecnológicas e das redes sociais (tão indispensáveis para o exercício do controle social e político) como base suficiente para remover todos os retardatários do processo de globalização (ou os que discordam de sua santificada ideia) para as margens da sociedade.

Se você é um político e não aparece na TV, você não existe. Mas isso é notícia velha. A notícia nova é esta: se você não está disponível nas redes sociais, não está em lugar algum. O mundo da tecnologia não lhe perdoará essa traição. Recusando-se a se juntar ao Facebook, você perde amigos (o grotesco é que no Facebook você pode ter milhares de amigos, embora, como diz a literatura clássica, encontrar apenas um amigo para toda a vida seja um milagre e uma bênção). Mas isso não é somente uma questão de perder relacionamentos, é uma separação social por excelência. Se você não declara e não paga seus impostos por via eletrônica, fica socialmente isolado. A tecnologia não vai permitir que você se mantenha distante. *Eu posso* transmuta-se em *eu devo*. Posso, logo, sou obrigado a. Dilemas não são permitidos. Vivemos numa realidade de possibilidades, não de dilemas.

Em *Cândido, ou o Otimismo*, famoso livro filosófico de Voltaire, há um pensamento importante, expresso no reino utópico de Eldorado. Quando Cândido pergunta às pessoas daquele reino se lá existem sacerdotes e freiras (não há nenhum à vista), após alguns instantes de ligeira confusão, ele ouve a resposta de que todos os habitantes são sacerdotes de si mesmos – sendo gratos e prudentes, eles louvam continuamente a Deus, assim não precisam de intermediários. No romance de Anatole France *Os deuses têm sede*, um jovem revolucionário fanático acredita que mais cedo ou mais tarde a Revolução vai transformar todos os Patriotas e Cidadãos em Juízes.

Por esse motivo, a afirmação de que *na era do Facebook, do Twitter e da blogosfera, qualquer um que esteja na rede e escreva é por isso mesmo um jornalista* não é artificial nem estranha. Se podemos criar nós mesmos uma rede de relações sociais e participar do drama global da consciência e da sensibilidade humanas, o que sobra para o jornalismo como profissão? Será que ele não termina na situação do rei Lear, que dividiu toda a sua riqueza entre as duas filhas mais velhas (a comunicação e o debate político formando a esfera pública) e ficou só com o bobo da corte?

Nós fazemos parte da nova narrativa humana que no passado assumiu as formas do épico, da saga ou do romance, e agora se apresenta nas telas de TV e nos monitores dos PCs. A nova narrativa é criada no espaço virtual. Por isso, unificar pensamento e ação, abertura pragmática e ética, assim como razão e imaginação, se torna um desafio para o jornalismo, exigindo não apenas a estratégia sempre autorrenovada de representar e elaborar o mundo, apreender e debater os problemas, promover o diálogo – mas também um tipo de escrita que não crie barreiras onde estas deixaram de existir há muito tempo. O desafio é uma busca de sensibilidade, de novas formas de agir de maneira adequada aos seres humanos, busca que, em estrita colaboração com as ciências humanas e sociais, cria um novo campo global de compreensão mútua, crítica social e autointerpretação. Sem a emergência desse tipo de campo, não fica claro o que está à espera da filosofia, da literatura e do jornalismo. Se eles caminharem juntos, vão sobreviver e se tornar mais importantes que nunca. Caso se separem ainda mais, todos nos tornaremos bárbaros.

A tecnologia não permitirá que você permaneça à margem. *Eu posso* transmuta-se em *eu devo*. Posso, logo devo. Não se permitem dilemas. Vivemos numa realidade de possibilidades, não de dilemas. Isso é algo semelhante à ética do WikiLeaks, em que não há espaço para a moral. É obrigatório espionar e vazar, embora não esteja claro por que motivo e com que finalidade. Isso é algo que deve ser feito apenas porque é tecnologicamente viável. Há aí um vácuo moral criado por uma tecnologia que sobrepujou a política. O problema dessa consciência não é a forma nem a legitimidade do poder, mas sua quantidade. Pois o mal (a propósito, secretamente adorado) está onde haja mais poder financeiro e político. Portanto, para uma consciência assim, o mal está à espreita no Ocidente. Ele ainda possui um nome e uma geografia, mesmo que tenhamos chegado há muito tempo a um mundo em que o mal está fraco e impotente, portanto exaurido e encobrindo seus rastros. Duas manifestações do novo mal: a insensibilidade ao sofrimento humano e o desejo de colonizar a privacidade apoderando-se do segredo de uma pessoa, aquela coisa de que nunca se deveria falar, que jamais poderia se tornar pública. O uso global de biografias, intimidades, vidas e experiências de outras pessoas é um sintoma de insensibilidade e falta de sentido.

A nós, parece que o mal vive em outro local. Pensamos que ele não está em nós, mas à espreita em certos lugares, em determinados territórios do mundo que nos são hostis ou em que acontecem coisas que colocam em perigo toda a humanidade. Essa ilusão e esse tipo de autoengano ingênuos estão presentes no mundo hoje da mesma forma que duzentos ou trezentos anos atrás. A representação do mal como fator objetivamente existente foi por muito tempo encorajada por histórias religiosas e pelas mitologias do mal. Mas mesmo agora nos recusamos a procurar o mal dentro de nós. Por quê? Porque isso é insustentavelmente difícil e subverte a lógica da vida cotidiana de uma pessoa comum.

Por motivos de segurança emocional e psicológica, as pessoas geralmente tentam superar a dúvida e o estado de incerteza contínuos que encontram em si mesmas – e com isso o senso de insegurança que se torna muito forte quando não temos respostas claras e prontas para as questões que nos agitam ou até nos atormentam. É por isso que estereótipos e conjecturas são tão comuns na cultura popular e na mídia. Os seres humanos precisam deles como salvaguardas de sua segurança emocional. Como Leszek Kolakowski corretamente observou, clichês e estereótipos, em vez de atestarem o atraso ou a estupidez humanos, indicam nossa fraqueza e o medo de que seja insustentavelmente difícil viver sitiado por dúvidas constantes.

Acreditar ou não em teorias conspiratórias (que, do ponto de vista filosófico, não são mais que suposições, muitas vezes incapazes de se confirmar e sustentar, mas que ao mesmo tempo não podem ser descartadas) nada tem a ver com a verdadeira condição da ciência e do conhecimento. Intelectuais, cientistas e até céticos acreditam em teorias conspiratórias. Esse é um tema digno da antiga piada judaica: no final de uma conversa *post-mortem* entre Deus e um ateu, este último, quando indagado de que modo, não acreditando em Deus e de forma geral em coisa alguma, e duvidando de tudo, ainda assim acredita que Deus não existe, responde que, "Bem, você tem de acreditar em alguma coisa"...

No entanto, como quer que seja, a localização do mal numa nação ou num país específico é um fenômeno muito mais complexo que apenas viver num mundo de estereótipos e suposições. A moderna imaginação moral constrói um fenômeno que eu chamaria de geografia simbólica do mal. Trata-se da convicção de que as possibilidades do mal são inerentes não tanto a cada um de nós tomado individualmente, mas a sociedades, comunidades políticas e países. Talvez Martinho Lutero tenha tido uma influência nisso, em virtude de sua crença de que o mal é inerente à sociedade e às relações sociais, e que, portanto, deveríamos nos preocupar em salvar nossas almas em vez de nos envolvermos nas questões da sociedade.

Seria tolice negar que sistemas autoritários e totalitários distorcem o pensamento, a sensibilidade e as relações sociais de países inteiros, suas sociedades e indivíduos. Mas se tudo se limitasse a separações maniqueístas entre democracia e autoritarismo (*Oh, sancta simplicitas*, como se o mal não existisse em países democráticos, em pessoas que valorizam a liberdade e a igualdade, em suas escolhas morais...), isso seria apenas parte do problema. A geografia simbólica do mal não para nas fronteiras dos sistemas políticos, mas penetra em mentalidades, culturas, espíritos nacionais, padrões de pensamento e tendências de consciência.

O mundo analisado por Bauman deixa de ser uma caverna habitada por monstros e demônios da qual emanam perigos para a parte boa e inteligente da humanidade. Com a tristeza e a suave ironia que o caracterizam, Bauman escreve sobre o inferno que um ser humano normal e aparentemente bondoso, bom vizinho e homem de família, cria para o Outro, recusando-se a conceder-lhe individualidade, mistério, dignidade e uma linguagem sensível.

A esse respeito, Bauman não está distante do pensamento de Hannah Arendt – em especial quando ela, no polêmico estudo sobre Eichmann em Jerusalém e a banalidade do mal, revelou sua decepção com o mal do novo mundo. Todos esperam ver um monstro ou uma criatura do inferno, mas na verdade veem um banal burocrata da morte cujas personalidade e atividade são testemunhos de uma extraordinária normalidade e até de um elevado senso de dever moral. Não surpreende que Bauman tenha interpretado o Holocausto não como uma orgia de monstros e demônios, mas como um conjunto de condições horríveis, sob as quais os membros de uma nação fariam as mesmas coisas que os alemães e outras nações fizeram – nações que tiveram a oportunidade de interpretar rápida e simplesmente seus próprios sofrimentos e os fatos em que se envolveram. A fuga de insuportáveis dilemas humanos para um objetivo de luta sonoramente formulado e para um programa de aniquilação de um adversário ideológico é o caminho que leva à confirmação do Holocausto. Se você não tem coragem de olhar nos olhos de uma criança inocente, mas sabe que está lutando contra seu inimigo, acontece algo que poderia ser chamado de desvio de olhar, de um ser humano para a razão instrumental e para uma linguagem capaz de alterar o mundo.

Essas são circunstâncias e situações não vivenciadas por aqueles que têm uma visão clara sobre elas. Como disse Bauman durante sua palestra na Universidade Vytautas Magnus, em Kaunas, Lituânia,[1] nada é mais difícil que escrever sobre situações que você não vivenciou e nem sequer desejaria vivenciar. Por exemplo, o que você diria sobre um ser humano que, numa noite, durante a Segunda Guerra Mundial, ouve bater à porta uma criança judia em busca de abrigo, na esperança de ser salva? O ser humano deve decidir na hora, sabendo muito bem que está arriscando a própria vida e a de sua família. Essa é uma situação que não se deseja para ninguém, nem para si mesmo.

O mal não está confinado às guerras ou às ideologias totalitárias. Hoje ele se revela com mais frequência quando deixamos de reagir ao sofrimento de outra pessoa, quando nos recusamos a compreender os outros, quando somos insensíveis e evitamos o olhar ético silencioso. Ele também habita os serviços secretos, quando estes, motivados pelo amor à pátria ou pelo senso de dever (cujas profundidade e autenticidade não seriam questionadas por intelectuais especializados na ética de Immanuel Kant, nem pelo próprio Kant), destroem inflexivelmente a vida de um homem ou de uma mulher comum apenas porque talvez não houvesse outro jeito, ou por estar no lugar errado no momento errado, ou porque o serviço secreto de outra nação lhes pediu um favor, ou porque alguém precisava provar sua lealdade e dedicação ao sistema, ou seja, ao Estado e às suas estruturas de controle.

A destruição da vida de um estranho, sem haver a menor dúvida de que se cumpre o dever e de que se é uma pessoa moral, essa é a nova forma do mal, o formato invisível da maldade na modernidade líquida. Ele caminha ao lado de um Estado que se presta ou se rende totalmente a esses males, um Estado que só tem medo da incompetência e de ser superado por seus competidores, mas que nem por um minuto duvida que as pessoas não passem de unidades estatísticas. As estatísticas são mais importantes que a vida humana real; o tamanho de um país e seu poder econômico e político são muito mais importantes que o valor de um de seus habitantes, ainda que este fale em nome da humanidade. Nada pessoal, são apenas negócios, esse é o novo Satã da modernidade líquida. Mas, em contraste com o romance *O mestre e a margarida*, de Mikhail Bulgákov, e com seu protagonista, Woland – o qual revela a crença secreta dos europeus orientais de que o cristianismo não pode explicar o mal, de que o século XX torna inquestionável que o mal existe como realidade independente e paralela, e não como uma insuficiência do bem (tal como ensinado por santo Agostinho e considerado verdadeiro há séculos) –, essa modernidade líquida transforma em banalidade não o bem puro e simples, mas o próprio mal.

A verdade mais desagradável e chocante de hoje é que o mal é fraco e invisível. Assim, é muito mais perigoso que aqueles demônios e espíritos malignos que conhecíamos pela obra de filósofos e literatos. O mal é débil e amplamente disperso. A triste verdade é que ele está à espreita em cada ser humano normal e saudável. O pior não é a latência do mal presente em cada um de nós, mas as situações e circunstâncias que nossa fé, nossa cultura e nossas relações humanas não podem deter. O mal assume a máscara da fraqueza e ao mesmo tempo é a fraqueza.

Felizes eram os tempos em que havia formas evidentes de mal. Hoje não sabemos mais quais são elas e onde estão. Tudo se torna claro quando alguém perde a memória e a capacidade de ver e sentir. Eis aqui uma lista de nossos novos bloqueios mentais. Ela inclui nosso esquecimento deliberado do Outro, a recusa proposital em reconhecer e admitir um ser humano de outro tipo, ao mesmo tempo que descartamos alguém vivo, real, e que está fazendo e dizendo alguma coisa bem ao nosso lado – tudo em nome de fabricar um "amigo" no Facebook distinto de você e que talvez viva em outra realidade semiótica. Nessa lista também se encontra a alienação, ao mesmo tempo que se simula a amizade; não ver nem conversar com alguém que está conosco e usar a palavra "Sinceramente" no final de cartas dirigidas a pessoas que não conhecemos e com as quais jamais nos encontraremos – quanto mais insensível for o conteúdo, mais cortês será a saudação. Há também o desejo de nos comunicar, não com aqueles que nos são próximos e que sofrem em silêncio, mas com alguém imaginado e construído, nossa própria projeção ideológica – e esse desejo caminha de par com uma inflação de palavras e conceitos convenientes. Novas formas de censura coexistem – da maneira mais estranha – com a linguagem sádica e canibalesca encontrada na internet e que corre solta nas orgias verbais do ódio sem face, nas cloacas virtuais em que se defeca sobre os outros e nas demonstrações incomparáveis de insensibilidade humana (em especial nos comentários anônimos).

Essa é a cegueira moral – voluntariamente escolhida e imposta ou aceita com resignação – de uma época que, mais que de qualquer outra coisa, necessita de rapidez e acuidade na compreensão e no sentimento. Para que possamos recuperar nossa sagacidade em tempos sombrios, é preciso devolver a dignidade, da mesma forma que a ideia da inescrutabilidade essencial dos seres humanos, aos grandes homens e mulheres do mundo, mas também à multidão de extras, ao indivíduo estatístico, às unidades estatísticas, à massa, ao eleitorado, ao homem da esquina e ao querido povo – ou seja, todos aqueles conceitos ilusórios construídos por tecnocratas que se apresentam como democratas propagandeando a noção de que sabemos tudo que há para saber sobre as pessoas e suas necessidades, e que todos esses dados são apontados com exatidão e totalmente explicados pelo mercado, pelo Estado, pelas pesquisas sociológicas, pelas avaliações e por qualquer outra coisa que transforme as pessoas em anônimos globais.

Destituir os seres humanos de seus rostos e de sua individualidade não é uma forma de mal menos importante que reduzir sua dignidade ou procurar ameaças entre aqueles que migraram ou que cultivam crenças diferentes. Esse mal não é sobrepujado pela correção política nem por uma "tolerância" burocratizada, compulsória (frequentemente transformada em caricatura da coisa real), nem pelo multiculturalismo, que se resume a deixar a humanidade a sós com suas injustiças e degradações sob os novos sistemas de castas, contrastes de riqueza e prestígio, escravidão moderna, apartheid e hierarquias sociais – tudo justificado pelo recurso à diversidade e à "singularidade" culturais. Esse é o cínico disfarce ou, na melhor das hipóteses, uma autoilusão e um paliativo ingênuos.

Por vezes somos iluminados por textos que nos olham diretamente nos olhos e fazem perguntas. Não podemos deixar de lhes responder. Não temos o direito de ignorá-los se quisermos permanecer na zona da moderna sensibilidade teórica, política e ética. São textos como os que Zymunt Bauman tem escrito.

Não é preciso dizer que este livro, escrito com um dos maiores pensadores de nossa época, é um ponto de destaque em minha existência. Oportunidade assim só ocorre uma vez na vida. Por isso, sou imensamente grato a Zygmunt Bauman – uma grande influência, uma grande inspiração e um estimado amigo.

Este livro é um diálogo sobre uma possibilidade de redescoberta do sentido de pertencimento como alternativa viável à fragmentação, atomização e à resultante perda de sensibilidade. Também é um diálogo sobre a perspectiva ética como única saída da armadilha e das múltiplas ameaças representadas pela adiaforização da humanidade atual e de sua imaginação moral. Este texto de advertência também serve como lembrete da arte da vida e da vida da arte, já que foi formatado como diálogo teórico epistolar entre amigos. Refinando meus pensamentos, completando e resumindo minhas perguntas e insinuações para construir uma forma coerente de discurso, Zygmunt Bauman, neste livro, parece tão íntimo e afável quanto um humanista do Renascimento dirigindo-se a seus colegas de outras partes – seja esta uma alusão a Thomas More e Erasmo ou a Thomas More e Peter Giles, ou ainda a Thomas More e Raphael Hyhtloday. Esse formato permite-nos desenvolver um diálogo sociológico e filosófico sobre a triste novidade contrária à *Utopia* de More – ou seja, como eu o situo em meus aforismos como uma variação de Milan Kundera: a globalização é a última esperança fracassada de que, em algum lugar, ainda exista uma terra para a qual se possa fugir e onde encontrar a felicidade. Ou a última esperança fracassada de que, em algum lugar, ainda exista uma terra diferente da sua, opondo-se ao senso de insignificância, à perda de critérios e, em última instância, à cegueira moral e à perda da sensibilidade.

Zygmunt Bauman: A política não é o único segmento da multifacetada atividade humana no mundo a ser afetado pela insensibilidade moral. Ela pode até ser vista como dano colateral de uma peste abrangente e onívora, e não como sua fonte e motor. Se a política é a arte do possível, cada tipo de ambiente sociocultural traz à tona seu próprio tipo de política, ao mesmo tempo que torna difícil acessar e tornar efetivos todos os outros tipos de prática política. Nosso ambiente líquido moderno não é exceção a essa regra.

Quando empregamos o conceito de "insensibilidade moral" para denotar um tipo de comportamento empedernido, desumano e implacável, ou apenas uma postura imperturbável e indiferente, assumida e manifestada em relação aos problemas e atribulações de outras pessoas (o tipo de postura exemplificado pelo gesto de Pôncio Pilatos ao "lavar as mãos"), usamos a "insensibilidade" como metáfora; sua localização básica é na esfera dos fenômenos anatômicos e fisiológicos dos quais é extraída – seu significado fundamental é a disfunção de alguns órgãos dos sentidos, seja ela ótica, auditiva, olfativa ou tátil, resultando na incapacidade de perceber estímulos que em condições "normais" evocariam imagens, sons ou outras impressões.

Às vezes essa insensibilidade orgânica, corpórea, é desejada, artificialmente induzida ou autoadministrada com a ajuda de analgésicos, e saudada como medida temporária durante uma cirurgia ou um ataque, transitório ou terminal, de uma desordem orgânica dolorosa; nunca se destina a tornar o organismo *para sempre* imune à dor. Profissionais da medicina considerariam essa condição equivalente a um convite ao infortúnio. A dor é uma arma crucial do organismo em sua defesa às ameaças mortais. Ela assinala a urgência de se empreender uma ação terapêutica antes que seja tarde demais para intervir. Se a dor não enviasse a advertência de que algo está errado, exigindo uma intervenção, o paciente adiaria a busca de remédio até que sua condição atingisse o ponto em que não haveria tratamento nem melhora. As desordens orgânicas consideradas mais assustadoras, porque difíceis de curar, são as doenças que não provocam dor no estágio inicial, quando ainda podem ser tratadas e possivelmente curadas.

Da mesma forma, a ideia de uma condição para sempre indolor (ser anestesiado e tornado insensível à dor, a longo prazo) não nos atinge de imediato como algo evidente e indesejado, que dirá ameaçador. A promessa de estar livre da dor, garantido contra suas futuras aparições, é uma tentação a que poucas pessoas conseguiriam resistir. Mas a liberdade em relação à dor é uma bênção ambígua, para dizer o mínimo. Ela evita o desconforto e, por um curto período, alivia um sofrimento talvez severo; mas também pode ser uma armadilha, ao mesmo tempo que torna seus "clientes satisfeitos" propensos a cair na dor.

A função da dor, de servir de alerta, advertência e profilaxia, tende a ser quase esquecida quando a noção de "insensibilidade" é transferida dos fenômenos orgânicos e corpóreos para o universo das relações inter-humanas, e assim conectada ao qualificativo "moral". A não percepção dos primeiros sinais de que algo pode dar ou já está dando errado com nossa capacidade de conviver e com a viabilidade da comunidade humana, e que, se nada for feito, as coisas poderão piorar, significa que o perigo saiu de nossa vista e tem sido subestimado por tempo suficiente para desabilitar as interações humanas como fatores potenciais de autodefesa comunal – tornando-as superficiais, frágeis e fissíparas. É nisso que, em última instância, se resume o processo rotulado de "individualização" (exemplificado, por seu turno, pelo slogan hoje em moda "Preciso de mais espaço", traduzido como exigência de afastar a proximidade e a interferência dos outros). Não necessariamente "imoral" em sua intenção, o processo de individualização leva a uma condição que não necessita de avaliação e regulação morais, e, o que é mais importante, na qual não há lugar para isso.

As relações que os indivíduos estabelecem com os outros têm sido descritas hoje como "puras" – significando "sem nós", sem obrigações incondicionais assumidas e, assim, sem predeterminação, portanto, sem uma hipoteca para o futuro. O único alicerce e única razão para que a relação continue, como se tem dito, é a quantidade de satisfação mútua com ela obtida. O advento e a prevalência de "relações puras" têm sido amplamente interpretados como um passo gigantesco no caminho da "libertação" individual (esta última reinterpretada de modo ambivalente como livre das restrições que todas as obrigações com os outros tendem a estabelecer sobre nossas escolhas). O que torna essas interpretações questionáveis, contudo, é a noção de "mutualidade", neste caso, um enorme e infundado exagero. A coincidência de que ambos os lados da relação estejam satisfeitos não cria necessariamente uma mutualidade: afinal, isso não significa nada além de cada um dos indivíduos numa relação estar satisfeito *ao mesmo tempo* que o outro. O que não deixa a relação atingir uma genuína mutualidade é a consciência, por vezes tranquilizadora, mas outras aterrorizante e ameaçadora, de que o término da relação tende a ser uma decisão tendenciosa, unilateral; e também uma coerção para que a liberdade individual não seja subestimada.

A distinção essencial das "redes" – nome agora escolhido para substituir as antiquadas ideias, que se creem defasadas, de "comunidade" ou "comunhão" – é esse direito *unilateral* de abandoná-las. Ao contrário das comunidades, as redes são construídas individualmente, e como tal remodeladas ou desfeitas, e se baseiam na vontade do indivíduo de persistir como seu único, embora volátil, alicerce. Numa relação, porém, *dois* indivíduos se encontram. O indivíduo tornado moralmente "insensível" (a quem se possibilita, e que esteja disposto a, desconsiderar o bem-estar do outro) está, queira ou não, ao mesmo tempo situado na ponta receptiva da insensibilidade moral dos objetos de sua insensibilidade moral. As "relações puras" são o presságio não tanto de uma mutualidade da libertação, mas de uma mutualidade da insensibilidade. O "grupo de dois" de Levinas deixa de ser uma sementeira da moral. Em vez disso, transforma-se num fator de *adiaforização* (de exclusão do domínio da avaliação moral) da variedade especificamente *líquida* moderna, complementando e também ao mesmo tempo suplantando a burocrática variedade *sólida* moderna.

A variedade líquida moderna da adiaforização tem como modelo o padrão da relação consumidor-mercadoria, e sua eficácia baseia-se no transplante desses padrões para as relações inter-humanas. Como consumidores, não juramos lealdade permanente à mercadoria que procuramos e adquirimos para satisfazer nossas necessidades ou desejos; e continuamos a usar esses serviços enquanto eles atenderem às nossas expectativas, porém não mais que isso – ou até que deparemos com outra mercadoria que prometa satisfazer os mesmos desejos mais plenamente que a anterior. Todos os bens de consumo, incluindo os descritos como "duráveis", são intercambiáveis e dispensáveis; na cultura consumista – inspirada pelo consumo e a serviço dele –, o tempo decorrido entre a compra e o descarte tende a se comprimir até o ponto em que as delícias derivadas do objeto de consumo passam de seu uso para sua apropriação. A longevidade do uso tende a encolher, e os incidentes de rejeição e descarte tendem a se tornar mais frequentes à medida que se exaure com mais rapidez a capacidade de satisfazer (e de continuar desejáveis) dos objetos. Uma atitude consumista pode lubrificar as rodas da economia, e ela joga areia nos rolamentos da moral.

Essa não é, porém, a única calamidade a afetar as ações moralmente saturadas num ambiente líquido moderno. Tal como um cálculo de ganhos não pode jamais reprimir e sufocar as pressões tácitas, mas refratárias e insubordinadas, do impulso moral, a desatenção para com as regulações morais e o desprezo pela responsabilidade evocada, nos termos de Levinas, pela Face de um Outro deixam atrás de si um sabor amargo, conhecido como "dor de consciência" ou "escrúpulo moral". Nisso, também as ofertas consumistas surgem para ajudar: o pecado da negligência moral pode ser motivo de arrependimento, absolvido com presentes fornecidos pelas lojas, pois o ato de comprar, não importa quão egoístas e autorreferenciais sejam seus verdadeiros motivos e as tentações que o fizeram acontecer, é representado como um feito moral.

Tirando vantagem dos impulsos morais instigados pelas transgressões que ela própria gerou, estimulou e intensificou, a cultura consumista transforma cada loja e agência de serviços numa farmácia fornecedora de tranquilizantes e anestésicos: neste caso, drogas destinadas a mitigar ou aplacar não as dores físicas, mas a dor *moral*. Com a negligência moral crescendo em alcance e intensidade, a demanda por analgésicos aumenta, e o consumo de tranquilizantes morais se transforma em vício. Portanto, a insensibilidade moral induzida e maquinada tende a se transformar numa compulsão ou numa "segunda natureza", uma condição permanente e quase universal – com a dor moral extirpada em consequência de seu papel salutar como instrumento de advertência, alarme e ativação.

Com a dor moral sufocada antes de se tornar insuportável e preocupante, a rede de vínculos humanos composta de fios morais se torna cada vez mais débil e frágil, vindo a se esgarçar. Com cidadãos treinados a buscar a salvação de seus contratempos e a solução de seus problemas nos mercados de consumo, a política pode (ou é estimulada, pressionada e, em última instância, coagida a) interpelar seus súditos como consumidores, em primeiro lugar, e só muito depois como cidadãos; e a redefinir o ardor consumista como virtude cívica, e a atividade de consumo como a realização da principal tarefa de um cidadão.

· 1 ·

Do diabo a pessoas assustadoramente normais e sensatas

LEONIDAS DONSKIS: Depois do século XX, nós, em especial os europeus orientais, como eu, tendemos a demonizar as manifestações do mal. Na Europa Ocidental e nos Estados Unidos, humanistas e cientistas sociais se inclinam a analisar a *ansiedade da influência*, enquanto os europeus orientais estão preocupados com a *ansiedade da destruição*. A concepção de modernidade da Europa Central é semelhante à visão apocalíptica de modernidade do europeu oriental apenas por compartilhar a ansiedade da destruição (física).[1] Mas se na Europa Oriental o lado sombrio da modernidade se afirma como força absolutamente irracional, aniquilando a frágil cobertura de racionalidade e civilização, na literatura da Europa Ocidental do século XX manifesta-se um tipo totalmente diferente de modernidade – uma modernidade racional, subjugando tudo, anônima, despersonalizada, separando com segurança as responsabilidades e a racionalidade humanas em esferas distintas, fragmentando a sociedade em átomos e, por meio da hiper-racionalidade, tornando-se incompreensível para qualquer pessoa comum. Em suma, se o profeta do apocalipse da modernidade na Europa Oriental é Mikhail Bulgákov, seus equivalentes na Europa Central seriam indubitavelmente Franz Kafka e Robert Musil.

Mas, durante uma aula pública sobre a história natural do mal, em setembro de 2010, na Universidade Vytautas Magnus, em Kaunas, Lituânia, você lançou uma luz sobre os "demônios e espíritos" do mal ao relembrar o caso de Adolf Eichmann em Jerusalém, corretamente descrito por Hannah Arendt em seu instigante livro.[2] Todos esperavam ver um monstro insensível e patológico, mas foram desencorajados e ficaram amargamente desapontados com os psiquiatras contratados pelo tribunal, os quais garantiram que Eichmann era normal – um homem que poderia ser bom vizinho, marido gentil e leal, um modelo como homem de família e membro da comunidade.

Creio que a sugestão que você deu foi muito oportuna e relevante, tendo em mente nossa generalizada propensão a justificar nossas experiências traumatizantes clinicalizando e demonizando qualquer pessoa envolvida no crime em grande escala. De certa forma, isso quase coincide com a observação de Milan Kundera em *Um encontro*, escrevendo sobre o protagonista do romance *Os deuses têm sede*, de Anatole France: o jovem pintor Gamelin torna-se um fanático da Revolução Francesa, e no entanto está longe de ser um monstro em situações e intercâmbios distantes da Revolução e de seus pais fundadores, os jacobinos. E quando Kundera elegantemente liga essa qualidade da alma de Gamelin a *le désert du sérieux or le désert sans humour* ("o deserto da seriedade ou o deserto sem humor"), contrastando-o a seu vizinho Brotteaux, *l'homme qui refuse de croire* ("o homem que se recusa a crer"), que Gamelin envia à guilhotina, a ideia é bem clara: um homem decente pode abrigar dentro de si um monstro. O que acontece a esse monstro em períodos de paz, e se sempre podemos contê-lo dentro de nós, essa é outra questão.

O que acontece a esse monstro interior em nossa era líquida moderna ou nos períodos sombrios, em que mais frequentemente nos recusamos a garantir a existência do Outro, ou a vê-lo e ouvi-lo, em vez de oferecer uma ideologia canibal? Tendemos a substituir a situação existencial olho no olho e face a face por um sistema classificatório abrangente, que consome vidas e personalidades humanas como dados empíricos e evidências ou estatísticas.

Do diabo a pessoas assustadoramente normais e sensatas 27

ZYGMUNT BAUMAN: Eu não atribuiria o fenômeno da "demonização do mal" à peculiaridade de ser "europeu oriental" – condenado a viver durante os últimos séculos no *limen* que separa e vincula um "centro civilizador", formado pela Europa Ocidental, com a "ruptura moderna", de uma vasta hinterlândia, vista e vivenciada por justaposição como "incivilizada" e "carente de civilização" (subdesenvolvida, atrasada, deixada para trás). O mal precisa ser demonizado enquanto as origens da bondade (graça, redenção, salvação) continuarem a ser deificadas como o foram em todas as crenças monoteístas: a figura do "diabo" representa a incompatibilidade da presença do mal no mundo em que se vive e sobrevive com a figura do bem amoroso: um pai e guardião da humanidade benevolente e misericordioso, a fonte de tudo que é bom – a premissa fundamental de todo monoteísmo. A perene questão *unde malum*, de onde vem o mal, juntamente com a tentação de apontar, revelar e retratar uma fonte da malevolência codinominada "diabo", tem atormentado a mente de teólogos, filósofos e grande parte de sua clientela, ansiando há mais de dois milênios por uma *Weltanschauung* significativa e verídica.

Colocar a altamente visível "modernidade" (um produto humano e reconhecido como escolha humana, assim como um modo de pensar e agir selecionado e praticado por seres humanos) no papel até então reservado a Satã – invisível à maioria e visto apenas por poucos escolhidos – foi apenas um dos numerosos aspectos e consequências ou efeitos colaterais do "projeto moderno": pôr o gerenciamento dos assuntos do mundo sob gerência humana. Dada a postura monoteísta do "projeto da modernidade", plena e totalmente herdado de séculos de domínio eclesiástico, uma mudança implicava a substituição de diferentes nomes das velhas (sagradas) entidades por entidades novas (profanas) – dentro de uma antiga matriz, intocada quanto a outros aspectos.

A partir de então, a pergunta *unde malum* levava a esses endereços mundanos, terrenos. Em um deles estava a "massa" plebeia, não totalmente civilizada (purificada, reformada, convertida), dos comuns – resíduos de uma criação pré-moderna feita por "padres, velhas e provérbios" (como os filósofos iluministas chamavam a educação religiosa, a aprendizagem familiar e as tradições comunais); no outro residiam os antigos tiranos, agora reencarnados sob a forma de ditadores modernos, déspotas empregando a coerção e a violência para promover a paz e a liberdade (pelo menos de acordo com o que diziam e – possivelmente – com o que pensavam). Os moradores dos dois endereços, os apanhados em ação ou os que supostamente estavam lá, mas eram em vão procurados, foram minuciosamente examinados, revirados, radiografados, psicanalisados e medicamente testados, tendo-se registrado todos os tipos de deformidade suspeita de gestar e incubar inclinações para o mal.

Nada mais se seguiu, contudo, no sentido pragmático. As terapias prescritas e postas em prática podem ter removido ou mitigado esta ou aquela suposta deformidade, mas a pergunta *unde malum* continuou a ser feita, de vez que nenhuma das curas recomendadas se mostrou definitiva, e, claro, havia mais fontes do mal do que se podia perceber, muitas das quais, talvez a maioria, ocultadas com renitência. Elas eram, além disso, mutáveis; cada statu quo sucessivo parecia apresentar suas fontes do mal específicas – e cada tentativa de desviar ou de fechar e cortar as fontes já conhecidas, ou que se acreditava conhecer, provocava um novo estado de coisas mais garantido contra os males notórios do passado, mas desprotegido dos eflúvios tóxicos provenientes de fontes até então subestimadas e desprezadas, ou tidas como insignificantes.

No capítulo pós-demoníaco da longa história (ainda distante da conclusão) da pergunta *unde malum*, tem-se dedicado muita atenção – além da pergunta "de onde", mas ainda em sintonia com o espírito moderno – à questão do "como", à tecnologia da iniquidade. As respostas sugeridas a essas perguntas caíam geralmente em duas rubricas: coerção e sedução. Possivelmente a expressão mais extrema disso foi encontrada pela primeira vez

Do diabo a pessoas assustadoramente normais e sensatas 29

por George Orwell em *1984*; em segundo lugar, pelo *Admirável mundo novo* de Aldous Huxley. Os dois tipos de resposta foram articulados no Ocidente; na visão de Orwell, contudo, apresentada como o foi como resposta direta ao experimento comunista russo, pode-se encontrar um parentesco com o discurso do Leste Europeu, remontando a Fiódor Dostoiévski e mais além – aos três séculos de cisma entre a Igreja cristã do Ocidente e a Igreja ortodoxa oriental. Foi ali, afinal, que a desconfiança e a resistência ao princípio das liberdades pessoais e da autonomia do indivíduo – dois dos atributos definidores da "civilização ocidental" – estiveram no apogeu.

A visão de Orwell podia ser percebida como inspirada pela experiência histórica oriental, mas não ocidental; essa visão era uma antecipação do modelo do Ocidente depois de inundado, conquistado, subjugado e escravizado pelo despotismo de estilo oriental; sua imagem central era a da bota de soldado esmagando o rosto de um ser humano. A visão de Huxley, por contraste, foi uma resposta de advertência ao iminente advento de uma sociedade consumista, típica criação ocidental; seu tema principal era também a servidão de seres humanos destituídos de poder, mas nesse caso uma "servidão voluntária" (termo cunhado três séculos antes, a acreditarmos em Michel de Montaigne, por Étienne de la Boétie), ou seja, usando mais a cenoura que a vara, empregando a tentação e a sedução como principal forma de procedimento, e não a violência, a ordem explícita e a coerção brutal. Deve-se recordar, contudo, que essas duas utopias foram precedidas por *Nós*, de Yevgeny Zamyatin, em que o emprego ao mesmo tempo integrado, simultâneo e complementar das duas "metodologias da escravização", mais tarde elaboradas separadamente por Orwell e Huxley, já fora divisado.

Você está certíssimo ao colocar em primeiro plano outro motivo do debate em aparência permanente e infindável sobre o *unde malum*, conduzido em nossa pós-diabólica era moderna com o mesmo e crescente vigor dos tempos do diabo traiçoeiro, dos exorcismos, da caça às bruxas e das fogueiras. Isso refere-se aos *motivos* da iniquidade, à *"personalidade* do malfeitor" e – o que é a meu ver mais crucial – ao mistério dos feitos monstruosos na ausência de monstros, e de atos maléficos cometidos em nome de propósitos nobres (Albert Camus insinuou que os crimes mais atrozes cometidos contra os seres humanos eram perpetrados em nome do bem maior). Particularmente lúcida e oportuna é a forma como você relembra, invocando Kundera, a visão profética de Anatole France, que pode ser construída em retrospecto como a matriz original de todas as permutações, guinadas e contorções subsequentes das explicações oferecidas nos debates científico-sociais posteriores.

É altamente improvável que os que lerem no século XXI o romance de Anatole France *Os deuses têm sede*, publicado em 1912,[3] não fiquem confusos e maravilhados. Quase com certeza eles serão tomados, como eu fui, de admiração por um autor que, como diria Milan Kundera, não apenas conseguiu "furar a cortina das pré-interpretações", a "cortina pendurada diante do mundo", a fim de libertar "os grandes conflitos humanos da interpretação ingênua como uma luta entre o bem e o mal, entendendo-os à luz da tragédia",[4] o que, na opinião de Kundera, é o ofício do romancista e a vocação de toda escrita de romances – mas juntamente com o planejamento e a testagem, em benefício dos leitores que ainda não nasceram, das ferramentas a serem usadas para furar cortinas ainda não tecidas, mas que tendiam a começar a ser entrançadas com avidez e penduradas "diante do mundo" bem depois da conclusão do romance, e de forma mais ávida ainda bem depois de sua morte.

No momento em que Anatole France pôs de lado sua caneta e deu uma última olhada no romance concluído, palavras como "bolchevismo", "fascismo" ou mesmo "totalitarismo" ainda não constavam nos dicionários franceses ou em quaisquer outros; e nomes como Stálin ou Hitler não tinham aparecido em nenhum livro de história. A visão de Anatole estava concentrada, como diz você, em Évariste Gamelin, jovem iniciante no mundo das belas-artes, rapaz de grande talento e muito promissor, e com

Do diabo a pessoas assustadoramente normais e sensatas   31

uma capacidade ainda maior de desprezar Watteau, Boucher, Fragonard e outros ditadores do gosto popular – com seu "feitio, textos e desenhos deploráveis", "a total ausência de um estilo e de uma linha definidos", "o total desprezo pela natureza e pela verdade" e a admiração por "máscaras, bonecas, arrebiques e tolices infantis", que ele explicava por sua disposição a "trabalhar por tiranos e escravos". Gamelin tinha certeza de que "dali a cem anos todas as pinturas de Watteau terão apodrecido nos sótãos", e previa que "em 1893 os estudantes de arte vão cobrir as telas de Boucher com seus próprios e grosseiros rabiscos".

A república francesa, ainda filha sensível, insegura e frágil da Revolução, iria crescer para cortar, uma a uma, as muitas cabeças de hidra da tirania e da escravidão. Não havia misericórdia para os que conspiravam contra a república, assim como não havia liberdade para os inimigos da liberdade nem tolerância para os inimigos da tolerância. Às dúvidas expressas por sua incrédula mãe, Gamelin responderia sem hesitação:

> Devemos depositar nossa confiança em Robespierre, ele é incorruptível. Acima de tudo, devemos confiar em Marat. Ele é aquele que realmente ama o povo, que percebe seus verdadeiros interesses e que lhe serve. Foi sempre o primeiro a desmascarar os traidores e a frustrar os complôs.

Numa de suas intervenções autorais, poucas e espaçadas, France explica e apresenta os pensamentos e os feitos de seu herói e de seus semelhantes como o "sereno fanatismo" dos "homens comuns que destruíram o próprio trono e viraram a velha ordem das coisas de cabeça para baixo". Ao recordar sua própria trajetória, da juventude como fascista romeno à idade adulta como filósofo francês, Émile Cioran resumiu a sina dos jovens na era de Robespierre e Marat, assim como na de Stálin e Hitler: "A má sorte é sua sina. São eles que expressam a doutrina da intolerância e são eles que a colocam em prática. São eles que estão sedentos – de sangue, tumulto, crueldade."[5] Bem, todos os jovens? E só os jovens? E só nas eras de Robespierre e de Stálin? Todas essas teorias parecem obviamente infundadas. Como o mundo pareceria seguro, confortável, aconchegante e cordial se fossem os monstros, e apenas eles, os responsáveis pelos feitos monstruosos. Contra os monstros estamos razoavelmente bem protegidos, de modo que podemos ter segurança quanto a ações malignas de que eles são capazes e que ameaçam perpetrar. Temos psicólogos para identificar psicopatas e sociopatas, temos sociólogos para nos dizer onde é provável que eles se propaguem e se congreguem, temos juízes para condená-los ao confinamento e ao isolamento, assim como policiais ou psiquiatras para garantir que lá permaneçam. Infelizmente, cavalheiros e damas norte-americanos bons, comuns e amáveis não eram monstros nem pervertidos. Se não tivessem sido designados para deter o poder absoluto sobre os presos de Abu Ghraib, *nunca* teríamos sabido (ou mesmo conjecturado, adivinhado, imaginado, fantasiado) das coisas horríveis que foram capazes de cometer. Não teria ocorrido a nenhum de nós que a garota sorridente do balcão, uma vez em missão no além-mar, iria se destacar na invenção de truques inteligentes e extravagantes, iníquos e perversos para molestar, atormentar, torturar e humilhar os detentos sob sua responsabilidade. Em sua cidade natal, até hoje os vizinhos se recusam a acreditar que aqueles charmosos rapazes e senhoritas que conhecem desde a infância sejam os mesmos monstros exibidos nas fotos das câmaras de tortura em Abu Ghraib. Mas são.

Na conclusão de seu estudo sobre Chip Frederick, o suposto líder e guia do bando de torturadores, Philip Zimbardo teve de afirmar que

> não consegui descobrir absolutamente nada nesse registro que pudesse ajudar a prever que Chip Frederick se envolveria em alguma forma de comportamento sádico, destrutivo. Pelo contrário, há muito em sua ficha indicando que, caso não tivesse sido forçado a trabalhar e viver nessas condições anormais, ele poderia ter sido

Do diabo a pessoas assustadoramente normais e sensatas   33

o pôster do soldado americano por excelência, nos anúncios de recrutamento.

Opondo-se profunda e decididamente à redução dos fenômenos sociais ao plano da psique individual, Hannah Arendt observou que o verdadeiro gênio entre os sedutores nazistas foi Himmler, que – sem descender da *bohème*, como Goebbels, nem ser um pervertido sexual como Streicher, um aventureiro como Göring, um fanático como Hitler ou um louco como Alfred Rosenberg – "organizou as massas num sistema de dominação total", graças a seu pressuposto (correto!) de que em sua decisiva maioria os homens não são vampiros nem sádicos, mas trabalhadores e provedores de suas famílias.[6] Lendo *As benevolentes*, publicado por Jonathan Littell em 2007, pode-se descobrir uma crítica velada à interpretação comum, endossada pela própria Hannah Arendt, da tese da "banalidade do mal", ou seja, a hipótese de que o vilão Eichmann era um "homem insensato".

Do retrato de Littell, Eichmann emerge como qualquer coisa, menos um insensato seguidor de ordens ou escravo de suas próprias paixões básicas. "Não era certamente o *inimigo do gênero humano* descrito em Nuremberg", "tampouco era uma encarnação da *banalidade do mal*"; pelo contrário, era "um burocrata de grande talento, extremamente competente em suas funções, com uma envergadura incontestável e um considerável senso de iniciativa pessoal".[7] Como gerente, Eichmann seria decerto o orgulho de uma prestigiosa firma europeia (incluindo, pode-se acrescentar, as empresas com proprietários ou grandes executivos judeus). O narrador de Littell, o dr. Aue, insiste em mencionar que nos muitos encontros pessoais que teve com Eichmann nunca percebeu qualquer traço de preconceito pessoal, muito menos de ódio intenso pelos judeus, aos quais via como nada mais, embora também nada menos, que objetos que deveriam ser, por exigência de sua repartição, devidamente manejados. Fosse em casa ou no trabalho, Eichmann era a mesma pessoa. O tipo de pessoa que ele foi quando, por exemplo, juntamente com

seus colegas de SS, executou dois quartetos de Brahms: "Eichmann tocava lenta e metodicamente, os olhos focados na sua
partitura; não cometia erros."[8]

LD: De William Shakespeare e Christopher Marlowe em diante, ou
seja, a partir desses dois brilhantes homens de letras que pintaram
Maquiavel como uma encarnação do mal, o diabo assumiu na política uma série de interpretações, algumas das quais surpreendentemente próximas ao que consideramos características importantes
da modernidade. Por exemplo, a abolição total da privacidade, le-
vando à manipulação dos segredos das pessoas e ao abuso de sua
intimidade, que aparece como horrenda visão nas distopias *Nós*, de
Yevgeny Zamyatin, e *1984*, de George Orwell, foi prevista, anteci-
pada e inteligentemente descrita em obras do início da moderna
literatura europeia.

Basta lembrar *El diablo cojuelo*, de Luis Vélez de Guevara, texto
do século XVII em que o diabo tem o poder de revelar os interiores
das casas, ou uma variação desse tema no romance *Le diable boiteux*, de Alain-René Lesage. O que os autores do início da modernidade tomavam como força diabólica destinada a tirar dos seres
humanos sua privacidade e seus segredos agora se tornou, em
nossa era da autorrevelação, inseparável dos reality shows e outras
ações de autoexposição intencional e prazerosa. Interação de religião, política e imaginação literária, essa noção do diabo se manifesta por trás da moderna arte europeia. Recordemos, por exemplo, a
Asmodeia, do *Livro de Tobias*, uma versão feminina do diabo, retratada no quadro de Francisco de Goya de mesmo título.

Em *Modernidade líquida* você analisa a perda da privacidade
em nossa era líquida moderna. Em *Vigilância líquida*, escrito em conjunto com David Lyon, você estabelece uma distinção clara entre as
antevisões iniciais da vigilância de massa e a realidade de nossa época, caracterizada pela vigilância líquida. Afinal, parece-me que você
proclamou que a privacidade está morta. Fazendo eco a Michel Foucault e Jürgen Habermas, podemos presumir que o que aconteceu
desde o projeto pan-óptico até a colonização da privacidade foi a
derrota infligida por nossa época à ideia de indivíduo autônomo. Se

assim for, a liberdade política está a caminho do desaparecimento. E parece que estamos longe de bater os tambores diante da ameaça. Em vez disso, nós o celebramos como nossa segurança recém-adquirida e uma chance, à maneira de um reality show, de fazer o mundo lembrar-se de nossa existência.

Será essa nossa nova forma de louvar o diabo? Uma louvação líquida ao diabo?

ZB: Realmente é uma nova forma, mas não de "louvar" o diabo; nem de um confinamento lânguido e egocêntrico a delícias apenas prometidas para quando o pacto faustiano tiver sido devidamente assinado e selado, mas de se entregar aos presentes do diabo que já foram por nós recebidos, apropriados e consumidos, interiorizados e digeridos (ao mesmo tempo que apropriados, engolidos, consumidos e digeridos por ele, algo próximo ao Alien da série de filmes com esse título). E não se trata do velho e conhecido Mefisto de Goethe, mas de um diabo do tipo "faça você mesmo" – difuso e disperso, desregulado e impessoal por ter sido depositado, pulverizado e espargido sobre o enxame humano, gerando miríades de "agentes locais" depois privatizados e "terceirizados" para nós, homens e mulheres, como indivíduos. Não se trata mais de um diabo com endereço, sede e braço executivo, como os de Zamyatin, Bulgákov ou Orwell – ou, nesse sentido, com um templo em que possa convocar e reunir a congregação para uma prece coletiva; todos nós levamos tapetes para orar aonde quer que estejamos, e qualquer rua comercial serve como lugar de oração. Rezamos em público, mesmo que (ou talvez porque) a liturgia e os livros de oração sejam autorreferentes.

Você cita meu debate original com David Lyon – desde então ele se transformou num diálogo permanente, do qual permita-me citar uma de minhas sugestões:

> Quanto à "morte do anonimato" por cortesia da internet, ... submetemos à matança nossos direitos de privacidade por vontade própria. Ou talvez apenas consintamos em perder a privacidade

como preço razoável pelas maravilhas oferecidas em troca. Ou talvez, ainda, a pressão no sentido de levar nossa autonomia pessoal para o matadouro seja tão poderosa, tão próxima à condição de um rebanho de ovelhas, que só uns poucos excepcionalmente rebeldes, corajosos, combativos e resolutos estejam preparados para a tentativa séria de resistir. De uma forma ou de outra, contudo, nos é oferecida, ao menos nominalmente, uma escolha, assim como ao menos uma aparência de contrato de duas vias e o direito formal de protestar e processar se ele for rompido, algo jamais assegurado no caso dos *drones*.

Da mesma forma, uma vez dentro, tornamo-nos reféns do destino. Como observa Brian Stelter, "a inteligência coletiva dos 2 bilhões de usuários da internet e as pegadas digitais que tantos deles deixam nos sites combinam-se para tornar cada vez mais provável que todo vídeo embaraçoso, toda foto íntima e todo e-mail indelicado sejam atribuídos a sua fonte, quer esta o deseje, quer não". Levou apenas um dia para que Rich Lam, fotógrafo freelance que documentou os distúrbios de rua em Vancouver, rastreasse e identificasse um casal registrado (acidentalmente) em uma de suas fotos se beijando apaixonadamente.

Tudo o que é privado agora é feito, potencialmente, em público – e está potencialmente disponível para consumo público; e continua sempre disponível, até o fim dos tempos, já que a internet "não pode ser forçada a esquecer" nada que tenha sido registrado em algum de seus inumeráveis servidores.

Essa erosão do anonimato é produto dos difundidos serviços da mídia social, de câmeras em celulares baratos, de sites grátis de armazenamento de fotos e vídeos e, talvez o mais importante, de uma mudança na visão das pessoas sobre o que deve ser público e o que deve ser privado.

Todas essas engenhocas tecnológicas são, pelo que nos dizem, "amigáveis ao usuário" – embora essa expressão favorita dos textos de publicidade signifique, sob exame mais minucioso, um produto que fica incompleto sem o trabalho do usuário, tal como os móveis

Do diabo a pessoas assustadoramente normais e sensatas 37

da Ikea. E, permita-me acrescentar, sem a devoção entusiástica nem o aplauso ensurdecedor dos usuários. Um Étienne de la Boétie contemporâneo provavelmente ficaria tentado a falar de servidão, mas não voluntária, e sim do tipo "faça você mesmo".

Privacidade, intimidade, anonimato, direito ao sigilo, tudo isso é deixado de fora das premissas da sociedade de consumidores ou rotineiramente confiscado na entrada pelos seguranças. Na sociedade de consumidores, todos nós somos consumidores de mercadorias, e estas são destinadas ao consumo; uma vez que somos mercadorias, nos vemos obrigados a criar uma demanda de nós mesmos. A internet, com os blogs e o Facebook, versões de mercado das ruas comerciais, destinadas aos pobres, dos salões finos voltados para os VIPs, tende a seguir os padrões estabelecidos pelas fábricas de celebridades públicas; os promotores tendem a ter uma consciência aguda de que, quanto mais íntimo, picante e escandaloso for o conteúdo dos comerciais, mais atraente e exitosa será a promoção e melhores serão as avaliações (da TV, das revistas glamorosas, dos tabloides atrás de celebridades etc.). O resultado geral é uma "sociedade confessional", com microfones plantados dentro de confessionários e megafones em praças públicas. A participação na sociedade confessional é convidativamente aberta a todos, mas há uma grave penalidade para quem fica de fora. Os que relutam em ingressar são ensinados (em geral do modo mais duro) que a versão atualizada do *Cogito* de Descartes é "Sou visto, logo sou" – e quanto mais pessoas me veem , mais eu sou...

Manter-se alheio e optar por permanecer fora do jogo da publicidade torna-se quase impossível, pelos ataques simultâneos vindos de duas frentes. Uma delas tem uma longa história, herdada de uma era cujos medos e temores foram registrados pelos congêneres de George Orwell, com monitores e câmeras de TV combinados como se fossem um só, e a visão tornada possível apenas num pacote que inclui ser visto. Isso pode ter tido uma longa história, mas no último capítulo dela, escrito em nossa sociedade obcecada e viciada em segurança, essa história tem apresentado novíssimas armas de uma ubiquidade e de um poder de penetração sem precedentes e até pouco tempo atrás inimagináveis: *drones* de espionagem dotados de autopropulsão, do tamanho de um colibri ou de um inseto, são hoje uma tecnologia de ponta, mas logo estarão ultrapassados, com a chegada dos *nanodrones*.

A segunda linha de frente, aquela do tipo "faça você mesmo", tem, contudo, um passado muito curto: ela também usa engenhocas tecnológicas que progridem depressa e são cada vez mais fáceis de obter, mas seu emprego é interno, como numa indústria doméstica, e apresentado – e percebido – como voluntário.

LD: Nós aprendemos com os autores do Leste Europeu que o esquecimento e a omissão desastrosos constituem uma maldição da Europa Oriental e Central. Num dos maiores romances do século XX, um trabalho genial de advertência, e também uma história faustiana sobre o pacto de uma mulher com o diabo para salvar o amor de sua vida, um romancista atormentado confinado num asilo para doentes mentais (escrito em 1928-41 e publicado numa versão fortemente censurada em 1966-67), Mikhail Bulgákov confere ao diabo um aspecto adicional e talvez fundamental de seu poder.

O diabo pode privar um ser humano, destinado a ser confinado como uma não pessoa e uma não entidade, de sua memória. Perdendo a memória, as pessoas se tornam incapazes de qualquer questionamento crítico de si mesmas e do mundo à sua volta. Perdendo os poderes da individualidade e da associação, estão privados de suas sensibilidades básicas em termos morais e políticos. Em última instância, perdem sua sensibilidade em relação a outros seres humanos. O diabo, que espreita em segurança nas formas mais destrutivas de modernidade, priva os seres humanos do seu senso de lugar, lar, memória e pertencimento.

Não é por acaso que o personagem desse grande romance, o poeta Ivan Bezdomny ("sem-teto", em russo), que também acaba num asilo para doentes mentais como punição para sua negação infan-

Do diabo a pessoas assustadoramente normais e sensatas 39

tilmente ingênua da existência do diabo e de Deus, ou, como veremos, da Escuridão e da Luz, é um sem-teto no sentido ontológico. O fato de seu sobrenome ter esse significado representa claramente que Bulgákov assume a falta de um lugar, a falta de um lar e o esquecimento como aspectos diabólicos da versão radical ou totalitária de modernidade. Bezdomny perde os próprios alicerces de sua personalidade ao se tornar dividido, desprovido de memória e incapaz de decifrar os princípios unificadores da vida e da história. Sua doença mental, diagnosticada como esquizofrenia, é parte da punição do diabo, assim como a perda da memória e da sensibilidade.

O diabo na história e na política é um tema caracteristicamente vinculado à Europa Central e Oriental, de Mikhail Bulgákov a Leszek Kolakowski, que por muito tempo tentaram realizar um trabalho importante com esse personagem na história e na política.

Grigory Kanovich, escritor lituano-israelense, descreve a perda da memória e da sensibilidade como um aspecto inevitável do modo como o diabo afeta a humanidade durante levantes sociais, desastres, guerras e calamidades. Em seu romance (2009), ele retrata com tintas épicas o esquecimento voluntário dos crimes cometidos na Lituânia durante o Holocausto como um aspecto da obra do diabo. O vazio de consciência, a indiferença e o desejo de esquecer como o golpe final infligido às vítimas que são culpabilizadas pelos crimes contra elas cometidos – eis aqui o ato diabólico de privação da memória e da sensibilidade humanas. Em última instância, a memória histórica fiel continua sendo o único lar confiável e prometido para os judeus europeus após a Shoá.

Mas há outro lado nisso. A memória e a política da memória tornaram-se um aspecto óbvio da política externa nos últimos anos. Estamos testemunhando uma tendência sinistra cada vez mais forte nos Estados Unidos e na Europa. Os políticos se veem cada vez mais preocupados com áreas que servem como nova fonte de inspiração, a privacidade e a história. Nascimento, morte e sexo constituem as novas fronteiras dos campos de batalha da política. Como a política hoje está deixando de ser a tradução de nossas preocupações morais e existenciais numa ação racional e legítima em benefício da sociedade e da humanidade, e se torna um conjunto de práticas gerenciais e manipulações habilidosas da opinião pública, não é imprudência presumir que a rápida politização da privacidade e da história promete ser o caminho para sair do atual vácuo político e ideológico. Basta lembrar os debates mais acalorados sobre aborto, eutanásia e casamento gay nos últimos vinte anos, mais ou menos, para concluir que o pobre indivíduo humano, não importa se esteja percorrendo sua jornada no mundo, ou moribundo, ou consumando um matrimônio, continua a ser visto como propriedade do Estado e de suas instituições, ou, na melhor das hipóteses, como mero instrumento e refém de uma doutrina política.

Nada de novo sob o sol, contudo. A modernidade sempre foi e continua a ser obcecada com uma forma de controlar ao máximo o corpo e a alma humanos sem exterminar fisicamente as pessoas. O mesmo é válido em relação à memória da sociedade e ao sentimento coletivo. Como aprendemos com *1984*, de George Orwell, a história depende apenas daqueles que controlam os arquivos e registros. Uma vez que os indivíduos não têm outra forma de existência a não ser a que lhes é oferecida pelo partido, a memória individual não tem o poder de criar ou restaurar a história. Mas se a memória é controlada ou fabricada e atualizada a cada dia, a história degenera num projeto de poder e controle justificativo e legitimante. Claro, isso leva o Partido Interior a afirmar que quem controla o passado controla o futuro, e quem controla o presente controla o passado.

A história não deve ser deixada só nas mãos dos políticos, sejam eles democráticos ou autoritários. Não é propriedade de uma doutrina política ou de um regime ao qual ela sirva. Se apropriadamente entendida, a história é o projeto simbólico de nossa existência mais as escolhas morais que fazemos todos os dias. Tal como a privacidade humana, nosso direito de estudar e questionar de forma crítica a história é o alicerce da liberdade. Ao mesmo tempo, faz todo sentido reiterar as palavras de Michel Dumoulin, professor de história da Universidade Católica de Louvain, o qual fez comentários sobre a disposição dos políticos para adotar os papéis e funções tanto dos

Do diabo a pessoas assustadoramente normais e sensatas 41

historiadores quanto dos juristas: "Deixemos os historiadores fazer seu trabalho."[9]
Qual o caminho para escaparmos desse impasse da modernidade líquida? Memória demais pode nos matar, para não mencionar nosso senso de humor, mas somos incapazes de abandonar nossa memória.

ZB: Uma vez mais, em minha avaliação, há todos os tipos de demônios, e as "obras do diabo" em geral tendem a ser ambíguas e ambivalentes: um ato de intercâmbio, uma troca, um quiproquó, um olho por olho, você ganha alguma coisa ao mesmo tempo que perde outra. O poder do diabo reside em dominar a arte da contrafação.

A figura do diabo é a de um trapaceiro, vigarista, charlatão, em suma, um impostor projetado na escala de uma tela Imax, que tem em média 22 × 16,1 metros, mas pode ser ainda maior – e decerto será. Aumentado para atingir esse tamanho aterrorizante, o diabo encarna a inexorabilidade, mais ainda, a invulnerabilidade de algo que não é o que parece, nem o que finge ser, nem o que você imagina: o horror de um simulacro que só revela sua natureza ao atingir o ponto sem retorno – ou depois de este ter sido ultrapassado.

Em um de seus estudos talmúdicos, Emmanuel Levinas sugere que o poder de fascínio, genuinamente irresistível, da tentação deriva do próprio estado de "ser tentado", e não da atração dos estados que se promete, se acredita e se espera sejam introduzidos quando alguém se entrega à tentação. O que a tentação oferece tende a misturar o desejo de satisfação ao medo do desconhecido. Enquanto um estado ainda é apenas imaginado e não vivenciado, é tarefa arriscada, talvez até traiçoeira, estabelecer uma linha separando o bem e o mal. No estado de ser submetido à tentação (e até o próprio momento da capitulação), o medo do desconhecido, de traçar erradamente essa linha, é dominado pela alegria de ainda ter o lápis na mão, de estar no controle. Levinas chama esse estado de "tentação da tentação":

o estado de ser traído, em última instância, pela "subdeterminação", pelo "caráter inconclusivo", "incompleto", do momento – esse momento ilusório, brevíssimo, de liberdade, quando você já se tornou livre para escolher (tendo emergido – uma criatura atraída pela tentação – das masmorras da rotina, do tédio, da monotonia e da imobilidade), mas ainda não o fez, mantendo sua liberdade intacta e incólume.

Seria possível dizer que esse é um estado divino, um lampejo daquela potência infinita que é um atributo de Deus negado a nós, mortais. É por isso que a tentação tende a ser associada ao diabo e suas obras. O estado de tentação é blasfemo, já que se imaginar todo-poderoso constitui um sacrilégio. Permitir-se ser tentado é o ato sacrílego do qual ceder à tentação é a punição estatutária. Ser livre para decidir significa ter chegado ao vestíbulo do pandemônio do mal. Deslumbrado por seus esplendores, é fácil demais negligenciar a ladeira íngreme e escorregadia do outro lado da soleira.

Passemos agora aos principais instrumentos para imunizar a tentação contra o perigo de haver um desgaste da sua capacidade de atração pelo acúmulo de evidências de uma queda. Sim, a memória (por definição, a memória do *passado*) pode ser *manipulada* (e é) por todos os tipos de pessoa com intenções e ambições malévolas e dissimuladas, mas não sem a ajuda e o trabalho árduo de enxames de equipes contratadas – ávidas, apáticas ou relutantes, mas sempre obedientes – ou de seus cúmplices voluntários, embora por vezes inconscientes; por isso Winston Smith foi nomeado para o Ministério da Verdade); mas ela não pode ser *aniquilada*. A memória privada do evento X não é um espaço em branco, ainda é memória histórica, só que se torna a memória de uma história diferente, uma história que não contém o evento X.

(A propósito, Leonid Chestov, o grande filósofo do Leste Europeu, então vivendo na França, considerava essa proeza de "agir retroativamente" "refazendo o que já tinha sido feito", "desfazendo o que já fora realizado" e "mudando o passado", uma capacidade crucial e exclusiva de Deus, quando insistiu em que este podia mudar o passado da mesma forma que o futuro: por exemplo, podia tornar inexistente o ultraje que foi o assassinato de Sócrates por seus conterrâneos atenienses. Assim sendo, a brincadeira do diabo com o passado é apenas uma de suas arrogantes e desesperadas tentativas de representar a si mesmo como uma "alternativa a Deus" e de vencê-lo em seu próprio jogo, um jogo que é dele por direito. Dessa forma, não admira que Bezdomny não conseguisse negar o diabo sem negar a Deus. E foi precisamente essa "duplicidade" inevitável de sua negação que o levou para o asilo de lunáticos.)

O que acontece, assim, não é o aparecimento de uma "não pessoa", mas algo próximo a uma remoção ilegal de cadáveres: uma sub-reptícia substituição de pessoa (afinal, estamos cada vez mais imersos, e de modo mais profundo, numa sociedade de partes separadas e numa progressiva "ciborguização"; nos recomendam (e estamos ávidos por) recompor nossas identidades, incluindo, para início de conversa, as biografias que as compuseram, ou não estamos?). Uma pessoa *diferente* aparece, uma pessoa que ainda tem a memória de *um* passado, embora de um passado *diferente*, e, tal como sua antiga encarnação, ela usa a memória para perceber e compreender seu presente e projetar seu futuro.

No entanto, ninguém conseguiu privar os seres humanos de sua capacidade crítica, embora muitos tenham conseguido redirecionar com sucesso essa capacidade para outros fins. O que mais me preocupa, contudo, em relação à condição da "memória do passado" em nosso modo de vida atual não é a possibilidade de uma amnésia coletiva (isso é improvável) e de uma falta de moradia universal, mas a progressiva transformação do passado num contêiner cheio de partículas coloridas ou sem cor, apetitosas ou insípidas, todas flutuando (tomando de empréstimo uma noção de Georg Simmel) com a mesma gravidade específica; um contêiner receptivo e perpetuamente submetido à oportunidade de imersão – permitindo infindáveis permutações, mas desprovido de qualquer lógica própria, assim como de uma hierarquia de importância. A obra do diabo? Para sobrepujar ou substituir a ocorrência de pogroms na Lituânia pela memória de judeus lituanos colaborando com ocupantes soviéticos, poder-se-ia acender velas a Deus ou ao diabo em igual medida e com o mesmo efeito.

Além disso, naquela península norte-ocidental do continente asiático apelidada de "Europa", toda e qualquer identidade, incluindo a nacional ou étnica, é cada vez menos uma frente importante ao longo da qual coerção e liberdade, imposição e escolha, inclusão e exclusão se confrontam numa guerra de atrito e que está se transformando cada vez mais num jogo de tentações ou num exercício de evitar armadilhas, uma versão atualizada do jogo de cobras e escadas. Para todos os fins e objetivos práticos, a "identidade" está se transformando depressa (pelo menos em nossa parte do mundo) em "identenimento": está saindo do teatro da guerra pela sobrevivência física e espiritual, travada no palco dos jogos recreativos de entretenimento, para se transformar numa preocupação e num dos passatempos favoritos do *homo ludens*, substituto do *homo politicus*.

A identidade também tem sido amplamente *privatizada*, afastada e exilada da área da "Política" (com P maiúsculo) e lançada nos domínios pouco definidos, frouxamente estruturados, vulneráveis e voláteis da "política de vida", administrada pelo indivíduo – um espaço em ampla medida abandonado por governantes e legisladores, ou terceirizada, de propósito ou não, para os mercados. Tal como a maioria das funções que se transferiram ou foram transferidas para esse espaço, ela está passando por um processo rápido, mas profundo, de *comercialização*. A peça intitulada "busca da identidade" ou "construção da identidade" é apresentada por produtores rivais, cobrindo todo o espectro de gêneros teatrais, do drama épico à farsa ou ao grotesco, embora as produções ao estilo trágico tenham se tornado menos numerosas e mais espaçadas que num passado relativamente recente.

Prosseguindo: a memória histórica é sempre uma bênção *ambígua*, e com frequência uma maldição sob o disfarce superficial, embora deslumbrantemente tentador e fascinante, de uma bênção. As memórias podem servir ao mal de modo tão intenso e eficaz quanto gostaríamos que servissem à causa do aperfeiçoamento e do aprendizado a partir dos erros. Elas podem camuflar as armadilhas das tentações perigosas da mesma forma como podem servir de sinais de advertência portáteis. A vitimização, por assim dizer, degrada os vitimizadores, que desejam com ardor esquecer um episódio vergonhoso e dolorosamente inconveniente. Mas ela não enobrece os vitimizados, que desejam também com ardor manter o sofrimento vivo em sua memória, motivados sobretudo pela esperança de obter uma compensação, e na mesma moeda.

Numa entrevista recente, Artur Domoslawski, meu entrevistador, comentou que assumir a atitude correta tornaria impossível ignorar em silêncio os crimes de guerra cometidos pelo Exército israelense e a perseguição aos palestinos – e que isso era assim *por causa* do destino cruel dos judeus europeus: sofrer discriminação, pogroms, "guetifização" e, por fim, uma tentativa de destruição total. Eu me vi concordando com a sugestão de Domoslawski. Creio que a missão dos sobreviventes do Holocausto é ajudar a salvar o mundo que habitamos de outras catástrofes de caráter e magnitude similares. Para isso, eles precisam ser testemunhas das tendências horripilantes e homicidas – ocultas, mas ainda muito vivas e resistentes – embutidas nos próprios alicerces de nosso modo de coexistência.

Foi assim que Raul Hilberg, o maior dos historiadores do Holocausto, entendeu essa missão quando repetiu muitas vezes que a máquina de genocídio nazista não diferia em sua estrutura da organização "normal" da sociedade alemã: era a mesmíssima sociedade desempenhando um de seus papéis "normais", cotidianos. O teólogo Richard Rubenstein relembrava a quem quisesse ouvi-lo que – da mesma forma que higiene corporal, ideias filosóficas sutis, obras de arte refinadas e músicas maravilhosas –

a servidão, a guerra, a exploração e os campos de concentração também eram atributos banais da civilização moderna. A Shoá, concluiu ele, "não foi uma evidência da queda, mas do progresso da civilização".

Infelizmente, esse não foi o único ensinamento que pôde ser extraído do Holocausto. Houve outro, aquele que ataca primeiro começa por cima, e enquanto permanecer nessa posição não será punido. É verdade que os governantes de Israel não são os únicos que parecem ter aprendido essa sinistra lição, da mesma forma que não são os únicos a quem se deve culpar por terem oferecido a Hitler – intencional ou inadvertidamente – essa espécie de vitória póstuma. Quando isso ocorre em Israel, contudo, um país que se vê como legítimo herdeiro da fé judaica, provoca um choque mais profundo que o que aconteceria em outros casos; afinal, destrói outro mito, que todos abraçam e acalentam, de que o sofrimento enobrece e de que as vítimas da imposição da dor emergem de suas tribulações luminosamente limpas e elevadas. Em aguda oposição àquilo que gostaríamos que fosse verdadeiro, de súbito percebemos que as vítimas da crueldade ficam à espera da chance de pagar seus opressores com a mesma moeda – e se a vingança contra seus opressores de ontem, ou seus descendentes, por algum motivo for inviável ou inconveniente, eles se apressam ao menos a apagar a ignomínia e a desgraça de suas fraquezas do passado e a afastar o espectro da inferioridade herdada e persistente. Qualquer um que esteja ao alcance pode ser selecionado para a demonstração – é melhor ter um pássaro na mão que dois voando.

A triste verdade, e de fato um subsídio para o diabo, é que embora o ato de impor a dor a outras pessoas sem dúvida degrade e rebaixe seus perpetradores, os que sofrem a dor também não emergem de suas privações moralmente ilesos. A verdadeira consequência da brutalidade e da perseguição é que elas colocam em funcionamento outra "cadeia cismogenética" (empregando o termo cunhado por Gregory Bateson para denotar uma sucessão de ações e reações que aprofundam a cada etapa a obstinação

Do diabo a pessoas assustadoramente normais e sensatas   47

e a belicosidade de ambos os lados e ampliam o abismo que os divide). É necessária uma grande dose de boa vontade e trabalho duro para deixar de esticar essa cadeia indefinidamente. Dos dois males, eu preferiria ser vítima do nacionalismo a seu adepto ou praticante. O general Moczar, o homem responsável pela campanha antissemita na Polônia, causou muito mal a Janina e a mim, mas não conseguiu conspurcar nossas consciências. Pelo contrário, ele conspurcou a dele mesmo, se é que tinha consciência.

Diz você: "Memória demais pode nos matar, para não mencionar nosso senso de humor, mas somos incapazes de abandonar nossa memória." Lindamente exposto, com a perspicácia e a precisão de um bisturi cirúrgico. É difícil conceber um resumo melhor de nossa condição. Mas permita-me lembrar também que, embora se possa viver feliz sem memórias (como o fazem os animais), é quase impossível continuar vivendo sem esquecer. Não admira que bom número de mentes brilhantes e perspicazes tenha defendido as bênçãos multiformes do esquecimento – conseguindo convencer alguns (por infortúnio, muito poucos) atores históricos competentes a acompanhá-los.

Dois dias após a morte de Júlio César, Cícero solicitou ao Senado romano que condenasse a memória das "rixas homicidas" ao esquecimento eterno em nome de se estabelecerem os alicerces da paz. Luís XVIII, que recuperou o trono em 1814, decretou que se esquecessem as atrocidades, incluindo o regicídio, cometidas durante a Revolução Francesa. Ele declarou na nova Constituição francesa que "toda investigação sobre votos e opiniões anteriores à restauração está proibida. Tanto os tribunais quanto os cidadãos são obrigados a esquecê-las". Relembremos a forma suave e humana como a África do Sul, em grande parte por inspiração de Nelson Mandela, deixou para trás um longo e sombrio período de injustiça, ódio e derramamento de sangue. Hans-Georg Gadamer afirmou que "esquecer não é apenas ausência e falta, mas, como mostrou Nietzsche, condição elementar da vida mental. Só graças ao esquecimento é que a mente tem uma chance de renovação completa".[10]

Levando-se todos esses aspectos em consideração, seria melhor recordar os sofrimentos e injustiças sofridos ou esquecê-los? Quanto a isso, as opiniões continuam – de modo desconfortável, frustrante – divididas, e os tribunais estão longe de chegar a um veredicto. Suspeito que o júri irá continuar deliberando por muito tempo.

LD: O mal espreita no que tendemos a tomar como normalidade e mesmo trivialidade e banalidade na vida cotidiana, e não como casos anormais, patologias, aberrações e coisas semelhantes. Enquanto nós, na Europa Oriental, continuamos a nos preocupar com o trágico na história humana, você está inclinado a jogar mais luz sobre o banal e o prosaico. Assim, dificilmente seria possível compreender o fenômeno da perda de sensibilidade sem o conceito de adiaforização da conduta humana. *Adiaphoron* (plural *adiaphora*) em grego significa algo desimportante. Esse termo era usado na Grécia pelos estoicos; mais tarde foi adotado pelo reformador religioso Philipp Melanchthon, companheiro de Martinho Lutero, que chamou as diferenças litúrgicas entre católicos e protestantes de *adiaphora*, ou seja, coisas que não mereciam atenção. Mas, no sentido que você lhe atribui, um *adiaphoron* é uma saída temporária de nossa própria zona de sensibilidade; a capacidade de não reagir, ou de reagir como se algo estivesse acontecendo não com pessoas, mas com objetos físicos, coisas, e não seres humanos. As coisas que ocorrem são desimportantes, não acontecem a nós ou conosco. Isso ajuda a explicar a popularidade que tinham as execuções públicas, frequentadas e tidas como espetáculos agradáveis por mulheres com seus bebês, crianças, plebeus e aristocratas (estes últimos observando a distância).

A personalidade do indivíduo, difundida e dissolvida entre as massas, e as crueldades executadas publicamente destruíram qualquer relação real com a pessoa que estava sendo torturada e morta. Todos aqueles que assistiam a uma execução ficariam horrorizados caso o espetáculo os ameaçasse ou a seus entes queridos. Mas como essas crueldades eram infligidas não a "pessoas reais", porém a criminosos e "inimigos do povo" (durante, digamos, a Revolução

Francesa, quando, para grande delícia das massas, a família real, os aristocratas, os ativistas da Vendeia, os realistas conservadores provincianos e outros inimigos da Revolução foram guilhotinados), a capacidade humana de solidariedade e empatia era reprimida.

Resulta que uma "pessoa sadia e normal" pode se transformar durante um tempo em um idiota moral ou um sádico sociopata capaz de matar lentamente outro ser humano, ou em alguém que não demonstra solidariedade diante da dor de um ser humano torturado. Não são necessários termos clínicos – a insanidade moral pode acometer até os saudáveis. A banalização da violência e do assassinato durante um conflito leva a uma condição em que as pessoas param de reagir aos horrores da guerra. Por outro lado, os estímulos constantes forçam as pessoas a cessar de reagir e a prestar atenção apenas a outros estímulos sociais ou informacionais mais poderosos. A sabedoria antiga lembra-nos que, pervertendo uma elevada inflexão social ou semeando o pânico moral, mais cedo ou mais tarde você deixa de ter respostas rápidas e eficazes das outras pessoas, quando precisa da ajuda delas. Basta-nos relembrar o conto do jovem pastor que gosta de enganar os outros, fingindo ser atacado por lobos, e então não recebe auxílio quando o ataque a seu rebanho acontece de fato.

De modo semelhante, infindáveis escândalos políticos reduzem ou eliminam de todo a sensibilidade social e política das pessoas. Para que uma coisa agite a sociedade, deve ser realmente inesperada ou brutal. Assim, a sociedade e a cultura de massas os adiaforizam de forma inevitável. Os resultados da mídia não são só políticos. Ela produz indivíduos insensíveis, cuja natureza e atenção sociais só são despertadas por estímulos sensacionais e destrutivos. A estimulação torna-se um método e uma forma de autorrealização. Coisas transformadas em rotina não encantam ninguém – é preciso tornar-se um astro ou uma vítima para atrair algum tipo de atenção de sua própria sociedade.

Como você observou, somente uma celebridade ou uma vítima famosa pode ter a expectativa de ser notada por uma sociedade cheia de informações sensacionais, mas sem importância, em especial num ambiente que só reconhece a força e a violência. Celebridade e estrelato significam o sucesso que deixa as massas com a ilusão de não estar tão longe e poder alcançá-lo. Um astro é um herói para os que tiveram êxito ou os que ainda acreditam que o sucesso entrará em suas vidas.

Mas uma vítima é um herói para os que se uniram em função de seus fracassos e degradações. O herói mítico tradicional é uma projeção do poder generalizado na crença de que o presente sempre pode repetir o passado – isso, afinal, nada mais é que aquilo que o herói histórico significa no mundo de hoje. A pior combinação possível agora, em sua visão, reside na fusão de vítima e herói, que ressuscita a dignidade dos degradados, mas cobra o preço da morte do herói e da glorificação da destruição. A aniquilação física do inimigo ou sua corporificação, necessariamente acompanhada da autoaniquilação do herói, ou seja, o fato de ele transformar-se em vítima, restabelece a dignidade perdida. A mistura perfeita de herói e vítima é atingida pelo culto dos *shahids*, ou mártires, na consciência dos terroristas e daqueles que acreditam neles.

Você considera a adiaforização do comportamento um dos problemas mais sensíveis de nossa época. Suas causas são variadas: a racionalidade instrumental; a sociedade e a cultura de massas, ou seja, fazer sempre parte da massa (basta pensar na televisão e na internet); ter a massa na própria alma; e uma concepção de mundo tal que você parece estar sempre envolto por um poder graças ao qual ninguém vai reconhecê-lo, identificá-lo ou envergonhá-lo. Assim, as coisas que nós mesmos não conectamos com nossas vidas se tornam para nós sem importância; sua existência é dissociada de nosso ser e estar no mundo; e elas não pertencem à esfera de nossa identidade e autoconcepção. Alguma coisa ocorre com os outros, não conosco. Não pode acontecer conosco – esse é um sentimento comum, provocado por nossa compreensão do mundo humano tecnológico e virtual.

Quando você vê desastres de avião em filmes, começa a encará-los como ficções que nunca poderiam acontecer com você na vida real. A violência mostrada cotidianamente deixa de provocar

Do diabo a pessoas assustadoramente normais e sensatas 51

surpresa ou repulsa. É como se ela crescesse em você. Ao mesmo tempo, ela continua irreal – ainda parece que não pode acontecer conosco. Não foi conosco. Ocorreu com outra pessoa, com os outros. Esses "outros" são ficções criadas por artistas, analistas, intelectuais ou jornalistas. Real só é aquilo que acontece comigo, que ocorre comigo física e diretamente, o que pode ser por mim experimentado.

Muitas vezes deixamos de relacionar duas coisas conectadas e até condicionadas: o excesso de violência e brutalidade exibido verbal e pictoricamente em nossa mídia, por um lado, e a prática sádica e masoquista de apresentar comentários políticos buscando depreciar os outros e a si mesmo, por outro. Um tipo brutal de discurso que menospreza os outros e a si mesmo, o comentário social e político como lento processo de autonegação e autodestruição, não tem nada em comum com uma atitude crítica. Pois a crítica boa e verdadeira é uma construção de alternativas, o ensaio de um pensamento ou de uma ação a partir do lugar da lógica ou outra forma de conhecer ou pensar. O canibalismo verbal e mental, ou a mútua aniquilação moral, significa apenas uma coisa, a rejeição da livre discussão e sua asfixia antes mesmo de ela começar. A linguagem sádica em geral quer controlar, torturar e subjugar seu objeto, enquanto a linguagem masoquista é caracterizada por uma forma de fazer comentários sobre si mesmo que não ocorreria nem a um verdadeiro inimigo dessa pessoa ou de seu país.

Não seria isso suficiente para deixar implícito que corremos o perigo de nos privarmos da discussão calma e equilibrada que conhecemos há décadas? E se isso tudo fosse distorcido e se transformasse numa técnica mental ou de tecnologia da informação (TI) para provocar as reações de massa de que precisamos? E como podem existir a democracia e o domínio público sem opiniões informadas e deliberações políticas, em vez de todos esses escândalos e reality shows que hoje chamamos de política? E não correríamos o perigo de perder nossa capacidade de acompanhar o que está acontecendo no mundo e de nos solidarizarmos com as pessoas que sofrem? Será que essa intensificação da vida virtual e de seus efeitos colaterais, tais como a linguagem sádica e o canibalismo mental à espreita nos chats on-line anônimos, assim como os comentários ofensivos destinados a ferir e desencorajar aqueles que são visíveis e que se expõem, uma forma direta de perder a compaixão e a sensibilidade humanas?

ZB: Ludwig Wittgenstein observou que o sofrimento de certo número de pessoas, ou mesmo de toda a humanidade, não pode ser maior – mais agudo, profundo e cruel – que o sofrimento de um único membro da raça humana. Este é um polo do eixo moral-imoral. O outro polo é a ideia de que o cuidado com a saúde do corpo social exige uma cirurgia drástica, as partes doentes (ou com essa tendência) do corpo precisam ser amputadas. O restante do discurso moral se move entre esses dois polos.

Mas "adiaforização" para mim significa os estratagemas voltados para colocar, com intenção ou não, certos atos e/ou a omissão deles em relação a certas categorias de seres humanos *fora* do eixo moral-imoral – ou seja, fora do "universo das obrigações morais" e do reino dos fenômenos sujeitos à avaliação moral; estratagemas para declarar tais ações ou inações, de maneira implícita ou explícita, "moralmente neutras" e impedir que as escolhas entre elas sejam submetidas a um julgamento ético – o que significa assumir o opróbrio moral (um retorno forçado, poder-se-ia dizer, ao estado paradisíaco de ingenuidade anterior à primeira mordida do fruto da árvore do conhecimento do bem e do mal).

Na sabedoria popular, esse conjunto de estratagemas tende a ser coligido sob a rubrica "os fins justificam os meios"; ou "embora esse ato possa ter sido ruim, ele era necessário para defender ou promover o bem maior". Na clássica modernidade "sólida", a burocracia era a principal oficina em que atos moralmente carregados eram remodelados como adiafóricos. Hoje, suspeito, os mercados assumiram a maior parte desse papel.

Para mim o termo "adiafórico" não significa "desimportante", mas "irrelevante" ou, melhor ainda, "indiferente" ou "equili-

Do diabo a pessoas assustadoramente normais e sensatas   53

brado", segundo as intenções e sugestões de conselhos eclesiásticos ruminando sobre a concordância ou contradição de crenças específicas em relação aos cânones da fé cristã, crenças proclamadas pelo *Concílio* como "adiafóricas" poderiam ser sustentadas pelos membros da Igreja sem que estes caíssem em pecado. Da forma um tanto mais secular como eu emprego a palavra, atos "adiafóricos" são aqueles dispensados por *consenso social* (local ou universal) da avaliação ética, e portanto livres de portar a ameaça das dores de consciência e do estigma moral. Graças ao consenso social (leia-se, à maioria), a autoestima e o farisaísmo dos atores são a priori protegidos da condenação moral; a consciência moral é assim desarmada e tornada irrelevante como fator de constrangimento e limitação na escolha das ações.

Ainda que proclamadas "adiafóricas" por pessoas autorizadas a dar o veredicto (uma autoridade derivada do número ou dos cargos que ocupam), ações e inações com frequência continuam a ser objeto de uma controvérsia apaixonada; sua inocência moral é contestada com ardor. Um exemplo muito comum dessa disputa é a classificação do uso da força como defesa da lei e da ordem (ou seja, violência legítima) ou como atos de violência (ou seja, coerção ilegítima). É fácil perceber que a diferença entre essas duas denominações baseia-se, em última instância, em quem está autorizado por lei a traçar a linha divisória entre "legítimo" e "ilegítimo". O direito de traçar essa linha e os meios de implementá-la e torná-la obrigatória constituem um objetivo importante em todas as lutas de poder.

Sua preocupação quanto a se estamos "em perigo de perder nossa capacidade de acompanhar o que está acontecendo no mundo e de nos solidarizarmos com as pessoas que sofrem" é totalmente justificada. Esse perigo existe numa vida cujo ritmo é ditado pelas guerras de audiência e pelos retornos de bilheteria da mídia num espaço-velocidade (tomando emprestado um termo criado por Paul Virilio) em que a informação administrada pela TI envelhece bem antes de se estabelecer, fincar raízes e amadurecer num debate informado – uma "vida apressada", em que todos nós sofremos sob a "tirania do momento", que nem tanto nos força ou estimula a esquecer o que poderíamos ter aprendido, mas nos oferece uma pequena chance de memorizá-lo e mantê-lo em nossa memória.

O grande sociólogo italiano Alberto Melucci costumava dizer que "somos atormentados pela fragilidade da condição presente, que exige um alicerce sólido onde não existe nenhum esteio". E assim, "ao contemplar a mudança, ficamos sempre divididos entre o desejo e o medo, entre a previsão e a incerteza".[11] Incerteza quer dizer *risco*, companheiro inseparável de toda ação e espectro sinistro assombrando os tomadores de decisões e selecionadores compulsivos que temos sido desde que, como Melucci aponta com vigor, "a escolha se tornou um destino". O que separa a atual agonia da escolha dos desconfortos que sempre atormentaram o *homo eligens*, o "homem que escolhe", é a descoberta ou a suspeita de que não existem regras preordenadas e objetivos universalmente aprovados que possam ser seguidos para absolver aqueles que escolhem das consequências adversas de suas escolhas.

Os pontos de referência e as linhas de orientação que hoje parecem confiáveis amanhã serão identificados como equivocados ou corruptos. Empresas em teoria sólidas são desmascaradas como produtos da imaginação de seus contadores. O que quer que hoje possa ser "bom para você" amanhã pode ser reclassificado como veneno. Compromissos em aparência firmes e acordos assinados com solenidade podem ser rompidos da noite para o dia. E as promessas, ou pelo menos a maioria delas, são feitas só para serem traídas e quebradas. Não parece haver alguma ilha estável e segura em meio às correntes. Mais uma vez citando Melucci, "não temos mais um lar; somos sempre compelidos a construir um lar e depois a reconstruí-lo, tal como na história dos três porquinhos, ou temos de levá-lo conosco sobre nossas costas, como os caramujos".

O tsunami de informações, opiniões, sugestões, recomendações, conselhos e insinuações que inevitavelmente nos assola nos tortuosos itinerários de nossas vidas resulta numa "atitude blasé" em relação a "conhecimento, trabalho e estilo de vida" (em relação à vida em si e a tudo que ela contém), fato já observado por Georg Simmel no início do século passado como algo que estava surgindo primeiro entre os habitantes da "metrópole" – a grande e congestionada cidade moderna:

A essência da atitude blasé consiste na insensibilização do discernimento. Isso não significa que os objetos não sejam percebidos, como acontece com os imbecis, mas que o significado e os diferentes valores das coisas, e portanto as coisas em si, são vivenciados como ilusórios. À pessoa blasé, eles aparecem num tom monótono e cinzento; nenhum objeto merece sua preferência em relação a outro.[12]

Joseph Roth assinalou um dos mecanismos desse condicionamento dessensibilizante:

Quando ocorre uma catástrofe, as pessoas próximas ficam chocadas a ponto de se sentir impotentes. Sem dúvida, grandes catástrofes têm esse efeito. Parece que as pessoas têm a expectativa de que as catástrofes tenham curta duração. Mas catástrofes crônicas são tão desagradáveis para as pessoas vizinhas que estas aos poucos se tornam indiferentes, se não apenas impacientes, em relação a elas e a suas vítimas. ... Quando a emergência se prolonga, as mãos amigas voltam a seus bolsos e o fogo da compaixão esfria.[13]

Corremos a ajudar as vítimas de uma catástrofe numa suspensão momentânea de nossa rotina cotidiana habitual, num estilo carnavalesco, apenas para retornar a essa rotina após o envio do cheque. A própria brevidade do apelo nos tira do equilíbrio e da equanimidade e nos estimula à ação (tão breve quanto o apelo). Sob a tirania do momento, porém, instala-se a "fadiga da compaixão", esperando que um novo choque venha rompê-la, mais uma vez por um momento fugaz.

O horror de um grande terremoto ou inundação tem muito mais chance de nos estimular à ação que o lento (poder-se-ia dizer imperceptível) aumento da desigualdade em matéria de renda e oportunidades de vida. Um único ato de crueldade tem mais possibilidade de atrair para as ruas uma multidão de manifestantes que as doses monotonamente administradas de humilhação e indignidade a que os excluídos, os sem-teto, os degradados são expostos dia após dia. Um ato iníquo de homicídio ou uma catástrofe ferroviária atinge as mentes e os corações de forma mais poderosa que o tributo gotejante, porém contínuo, irresistível e rotineiro, pago pela humanidade na moeda de vidas perdidas ou desperdiçadas diante do monstro da tecnologia e do funcionamento impróprio de uma sociedade cada vez mais blasé, insensível, indiferente e despreocupada, já que consumida pelo vírus da adiaforização.

Em outras palavras, uma catástrofe prolongada abre o caminho de sua própria continuação destinando o choque e a indignação iniciais ao esquecimento, e assim enfraquecendo e fragilizando a solidariedade humana em relação a suas vítimas – e portanto minando a possibilidade de que se unam forças com o objetivo de evitar que haja outras vítimas no futuro.

LD: O escritor lituano Ricardas Gavelis (1950-2002) – irônico, cáustico e brilhante, embora pouco valorizado, para não dizer negligenciado, em seu próprio país –, que teve uma atuação intensa na década de 1990, um dia cunhou a expressão "era dos diletantes". Embora estivesse longe de se engajar no culto aos "especialistas puros", Gavelis temia a dominação das mediocridades agressivas, com sua capacidade de silenciar homens e mulheres de letras educados e calmos que preferem pensar duas vezes antes de dizer e fazer alguma coisa. Seu medo não era exagerado. O que aconteceu no espaço político pós-soviético foi uma revolução de diletantes. As pessoas que se tornariam as "novas velhas" classes administrativas e políticas, a comunidade empresarial, o jet set e a elite cultural foram todas recrutadas no Partido Comunista ou na Juventude Comunista, e isso era um segredo público no Leste Europeu. Na verdade, elas tinham mais redes e capital social que todos os outros segmentos da sociedade pós-comunista em conjunto.

"Diletante" nem sempre foi uma palavra negativa, contudo. Basta lembrar Tomaso Giovanni Albinoni, o grande compositor barroco de Veneza, que ousou chamar a si mesmo de diletante veneziano. Mas Gavelis estava dizendo algo diferente. O que se perde inexoravelmente na tradução é a nuance de uma independência e uma criatividade silenciosas de homens e mulheres de letras, uma espécie de *slow food* na vida e na cultura societárias que facilita e permite que se produzam coisas importantes, como livros originais, debates orientados para a sociedade civil e o nascimento de ideias políticas. Por infelicidade, não chegamos nem perto dessa *slow food* para o pensamento. Em vez disso, tendo escapado do kitsch político e da tirania ideológica dos soviéticos, tentamos desesperadamente nos equiparar à *junk food* acadêmica da Europa Ocidental. Começamos a tratar nossa doença com remédios que só farão nos distanciarmos daquilo que a educação liberal ocidental costumava ser, ao invés de nos aproximar dela.

O que ocorreu no Leste Europeu após 1990 foi a aceleração extrema de uma inédita mudança econômica, social e política, sem chance alguma de reduzir seu ritmo e produzir, por algum tempo, a reflexão. Laboratório da mudança mais rápida jamais vista na história moderna, o Leste Europeu começou a perder a oportunidade de pensar e reagir devagar. A necessidade de ação imediata ou de reação-relâmpago às demandas e aos desafios emergenciais de uma transformação radical não deixou espaço para os intelectuais independentes, obrigados a escolher entre funcionar como os novos porta-vozes e relações-públicas da corte a serviço da classe política ou aceitar ser relegados às margens da vida acadêmica internacional.

Houve, é verdade, outra opção para os intelectuais do Leste Europeu como primos pobres de seus equivalentes da Europa Ocidental, descrita com perfeição por Ernest Gellner em seu ensaio postumamente publicado sob o título de "The rest of History": uma migração permanente ou temporária através do globo sem chance alguma de reconhecimento final de seus méritos e contribuições criativas, ou mesmo uma remota possibilidade de certeza. "Um estudioso errante", "um intelectual cigano", ou, para usar um eufemismo americano para estudioso desempregado, "um acadêmico independente" (ou "intelectual não afiliado", relembrando mais uma pérola orwelliana da novilíngua aparentemente sensível falada no mundo absurdo e insensível de hoje) – tudo isso são máscaras para ocultar a face da privação existencial e intelectual de um estudioso da Europa Oriental ou Central. A menos que o mundo inteiro esteja em processo de se tornar uma Europa Central, esse símbolo e essa encarnação, consagrados pelo tempo, da incerteza, da insegurança e da falta de proteção.

Tal como a maioria dos países da União Europeia, a Lituânia está agora confinada aos novos experimentos gerenciais – oficialmente rotulados como importante reforma estrutural – que tentam transformar as universidades em órgãos semiempresariais administrados como companhias comerciais, com uma missão suprema de serviço e eficiência, em vez da pesquisa original e profunda, do ensino de alta qualidade. Esses experimentos absurdos estão longe de ser inocentes e inofensivos. Corremos o risco sério e real de darmos adeus à universidade como alicerce da cultura europeia e como instituição que tem sobrevivido a Estados e formas de governo. Mesmo na Itália, a nova classe gerencial parou de falar sobre a autonomia das universidades. A comodificação destas últimas, assim como da educação, é óbvia demais para que precisemos enfatizá-la. Mas uma coisa é ainda pior que isso: o gradual desaparecimento da política dos domínios da universidade, e também uma escorregada para a tecnocracia disfarçada de democracia e livre escolha.

Por incidente, foi *Nós*, de Zamyatin, que primeiro falou sobre a morte do clássico e a morte do passado. No sistema educacional do Estado Único, os estudos clássicos não existem mais, e as humanidades em geral desapareceram. A morte do humanismo e a proibição do estudo da história e dos clássicos na educação do mundo do futuro foram descritas já em 1770 pelo escritor francês Louis-Sébastien Mercier em seu livro de fantasia política *L'An 2440, rêve s'il en fut jamais*, dando forma aos extremos da ideologia do progresso infindável. Na distopia de Zamyatin, o passado é associado aos bárbaros, cujos atos primitivos, ameaçando a racionalidade e o progresso, não podem ser estudados, enquanto a pior doença no Estado Único é o que os antigos gregos chamavam de alma.

Qual é, em sua opinião, o significado da morte lenta das universidades modernas (no sentido que Humboldt atribuía a esse adjetivo)? Estaríamos testemunhando a morte do conceito humboldtiano de educação como o cultivo da humanidade em nós mesmos e como um despertar, em nós, do potencial que temos para moldar o mundo à nossa volta? Sem eles, como vamos sustentar e cultivar a cultura do *le devoir de mémoire* – o dever da memória – e nossas modernas sensibilidades?

ZB: Vivemos numa era de fragmentos sonoros, não de pensamentos: hóspedes calculados, como expressou George Steiner numa observação famosa, para o máximo impacto e a obsolescência instantânea. Como um jornalista francês observou com perspicácia, se Émile Zola fosse colocado hoje em dia diante das câmeras para apresentar sua posição sobre o escândalo Dreyfus, ele ganharia tempo suficiente apenas para gritar *"J'accuse!"*.

A forma-padrão de comunicação inter-humana é uma mensagem por iPhone com as palavras reduzidas a consoantes, e qualquer palavra que não consiga sobreviver a essa redução é proscrita e eliminada. As comunicações mais populares, que encontram mais eco, embora, tal como um eco, reverberem apenas por um brevíssimo instante, não podem ter mais de 140 caracteres. A amplitude da atenção humana – a mais escassa das mercadorias hoje no mercado – foi reduzida ao tamanho e à duração de mensagens que tendem a ser compostas, enviadas e recebidas. A primeira vítima de uma vida apressada e da tirania do momento é a linguagem – atenuada, empobrecida, vulgarizada e esvaziada dos significados de que seria portadora, enquanto os "intelectuais", os cavaleiros errantes das palavras significativas e de seus significados, são suas baixas colaterais.

Diletantes, diz Gavelis? Eu creio que isso é o que as pessoas dedicadas ao pensamento e às palavras *deixaram de ser*, e não *se tornaram*... Na origem, e mais de um século antes de o termo "intelectual" ter sido criado (ao que se diz, por Georges Clemenceau, para denotar o resíduo dos "homens de saber" que mantêm sua paixão, enquanto muitos de seus companheiros de armas optaram por receber bons salários na academia, na política, no jornalismo etc.), todos esses seres humanos consumidos pela paixão de explorar, examinar e entender (o termo "diletante" vem do latim *delectare*, ou seja, "deliciar-se com") eram, por assim dizer, freelancers e autônomos, ou sustentados por patrocinadores eminentes e poderosos.

Max Weber assinalou a diferença entre os políticos que viviam *para* a política e os que escolhiam viver *da* política. Encarapitados nas alturas de suas posições, esses políticos que viviam *da* política buscavam, desesperados, formas de desvalorizar os apaixonados praticantes das artes – ao mesmo tempo reprimindo sua própria nostalgia das delícias de uma paixão cuja falta agora sentiam com mágoa. Eles encontravam satisfação em rotular os sobreviventes das ruínas da "era dos diletantes" de "simples amadores", distintos de seu profissionalismo e inferiores a ele.

Os intelectuais de Clemenceau – conscientes de sua responsabilidade para com valores que transcendiam os limites de qualquer profissão num mundo conhecido por uma divisão do trabalho cada vez mais estrita, decomposta, fragmentadora e individualizante – desapareceram ou passaram por uma misteriosa conversão ao adentrar os prédios das grandes corporações ou os amplos, chuvosos e turbulentos domínios do mercado. Eles reencarnaram como os "intelectuais parciais" (um paradoxo, com certeza) de Michel Foucault: cirurgiões defendendo hospitais, atores pedindo verbas para teatros, acadêmicos preocupados com o futuro de universidades e instituições de pesquisa – e, no geral, empregados lutando para proteger seus empregos, suas fontes de renda e o que possa ter restado de seus privilégios.

Tendo se recusado a seguir o rebanho de convertidos à nova Igreja do Mercado e a abandonar sua missão, que poderiam fazer, nessas circunstâncias, os exímios atiradores diletantes do passado? Poderiam dar ouvidos a Theodor Adorno:

Para o intelectual, o isolamento inviolável é agora a única forma de mostrar algum grau de solidariedade. ... O observador distante está tão envolvido quanto o participante ativo. A única vantagem daquele é a percepção de seu envolvimento e a liberdade infinitesimal que esse conhecimento em si proporciona. ... Acima de tudo, deve-se ter cuidado em procurar os poderosos e "esperar alguma coisa" deles. A percepção de possíveis vantagens é inimiga mortal de todas as relações humanas. Destas podem resultar a solidariedade e a lealdade, mas nunca a cogitação de fins práticos.[14]

Essas palavras foram escritas no refúgio de um *émigré* ("a vida pregressa de um *émigré* é, como todos sabemos, anulada"[15]), mas na época em que foram escritas os intelectuais da variedade "diletante" haviam emigrado, à força ou por vontade própria, do admirável mundo novo dos "intelectuais parciais" e fixado firmemente seus olhos sobre as "possíveis vantagens" "advindas dos poderosos".

Muita água já passou sob a ponte desde que Adorno escreveu essas palavras tristes e sombrias. Com décadas de intensa globalização, desregulamentação e individualização fatiando vidas em fragmentos e o fluxo do tempo numa infindável série de episódios, Michel Houellebecq escreveu *A possibilidade de uma ilha*, a primeira grande distopia, até agora sem rival, de uma era líquida, desregulamentada, obcecada pelo consumo; um tratado não sobre o destino dos intelectuais, mas sobre um mundo em que o próprio conceito de intelectual iria tornar-se uma contradição em termos, se os processos das últimas décadas prosseguissem e nada fosse feito para redirecioná-los ou interrompê-los.

Comentando uma entrevista realizada com Houellebecq por Susannah Hunnewell, eu observei um tempo atrás em meu diário:

Os autores das maiores distopias de outrora, como Zamyatin, Orwell ou Aldous Huxley, registraram suas visões dos horrores que assombravam os habitantes do mundo sólido moderno: um mundo de produtores e soldados estritamente regulados e maníacos pela ordem. Esperavam que essas perspectivas chocassem seus companheiros de viagem rumo ao desconhecido, sacudindo-os do torpor de ovelhas marchando com humildade para o abatedouro: será esse o nosso destino, avisavam eles – a menos que vocês se revoltem. Zamyatin, Orwell, Huxley, tal como Houellebecq, eram filhos de seu tempo. Assim, *em contraste com* Houellebecq, apresentavam-se intencionalmente como alfaiates especializados em trajes sob medida: acreditavam em encomendar o futuro à ordem, desprezando como enorme incongruência a ideia de um futuro que se fizesse por si mesmo. Medidas erradas, modelos disformes e/ou malfeitos, alfaiates bêbados ou corruptos os assustavam; não tinham medo, contudo, de que as alfaiatarias pudessem falir, perder as encomendas ou ficar defasadas – e de fato não previam o advento de um mundo sem alfaiates.

Houellebecq, porém, escreve a partir das vísceras de um mundo exatamente assim, sem alfaiates. O futuro desse mundo é autoproduzido: um futuro do tipo "faça você mesmo" que nenhum viciado nessa modalidade consegue, deseja ou poderia controlar. Uma vez colocados em sua órbita própria, que jamais atravessa nenhuma outra, os contemporâneos de Houellebecq não precisam tanto de despachantes e condutores quanto planetas e estrelas de projetistas de estradas e monitores de tráfego. São perfeitamente capazes por si mesmos de encontrar a estrada que leva ao abatedouro. E o fazem – como fizeram os dois principais protagonistas da história, esperando (em vão, infelizmente, em vão...) encontrar no caminho. O abatedouro na distopia de Houellebecq também é do tipo "faça você mesmo".[16]

· 2 ·

A crise da política e a busca de uma linguagem da sensibilidade

LEONIDAS DONSKIS: Um interessante debate teve lugar no *Frankfurter Rundschau* (26 de setembro de 1992). Quando um entrevistador lhe perguntou se os intelectuais conseguirão manter sua relevância social, o escritor e crítico literário espanhol Manuel Vázquez Montalbán (famoso por seus romances de detetive) replicou com perspicácia que "a conexão entre a CNN e Jane Fonda será o único intelectual orgânico do mundo".

Montalbán prosseguiu acrescentando que tinha mais confiança nos intelectuais que aparecem em público coletivamente que naqueles que o fazem como indivíduos. E então concluiu que a crítica social vai sobreviver no século XXI, dando forma a novos movimentos sociais. Nas palavras dele, a única coisa em que nós, "intelectuais individualistas", continuamos sendo bons é na formação de comunidades preocupadas com a crítica. Segundo o escritor espanhol, o papel do intelectual vai decrescer, mas ao mesmo tempo surgirão críticos coletivos mais poderosos.

Sem sombra de dúvida, os intelectuais têm um futuro, embora este possa ser muito diferente do papel dos solitários Tirésias e Cassandra, dissidentes, derrotistas e personificações da consciência conhecidos por nós, da Europa Oriental e Central, nos últimos cinquenta anos. Em nossa era narcisista, obcecada com consumo, intensidade, busca de atenção, autoexposição e sensacionalismo, é difícil que um indivíduo intelectual consiga deixar de cair no esquecimento sem se tornar vítima ou celebridade.

Assim, o fato é que vivemos num mundo que deixa espaço cada vez menor para pessoas como Andrei Sakharov, João Paulo II ou Václav Havel. Uma autoridade moral em aparência inquestionável pode ser marginalizada ao assumir o nome deles, mas alterando a lógica de suas escolhas morais – em silêncio e até sem percebê-lo. Uma prática burocrática segura e uma rotina bem-estabelecida podem ser tão perigosas para a autenticidade da defesa dos direitos humanos quanto uma abordagem seletiva dessa questão.

Por exemplo, há algo muito embaraçoso, para não dizer irônico e até sinistro, na maneira pela qual os grupos políticos negociam e calculam suas opções ao sugerir nomes de defensores dos direitos humanos para o Prêmio Sakharov no Parlamento Europeu. O que espreita por trás de uma prática rotineira de *realpolitik* é a autoridade ratificadora do maior defensor dos direitos humanos, cujo nome é usado para os fins egoístas e pretensiosos dos políticos.

O anonimato e a irresponsabilidade de grupos políticos e burocráticos são tão destrutivos em relação ao destino dos grandes críticos e intelectuais quanto o kitsch político ou o culto das celebridades no mundo da mídia. Vivemos numa época em que os intelectuais à moda antiga, ou da era pré-Facebook, correm o perigo de serem relegados para as margens da política e da área pública. Correm o risco de se tornarem não entidades.

Não é uma piada, longe disso, na verdade. Se você for a público, só pode se fazer audível e visível por meio de novidades da TI e da comunicação pública ou pelos talk-shows da TV. O resto é coisa do passado. Em geral, a tecnologia ultrapassou a política. Ou você se envolve ativamente no mundo da TI ou não existe mais. Você pode, logo deve. Você pode estar on-line, logo, deve estar on-line. Se estiver off-line, deixa de participar da realidade. Ponto-final.

Mas é muito cedo para tocar a marcha fúnebre dos intelectuais. Estes podem sobreviver formando comunidades de mentalidade crítica e interpretativa, tal como sugerido por Montalbán. Além

A crise da política e a busca de uma linguagem da sensibilidade   65

disso, podem ser úteis na moldagem de novos movimentos sociais, o que se torna óbvio na era do Facebook. Os movimentos sociais, por sua vez, podem remodelar nossa vida política deixando pouco daquilo que até agora concebíamos como política convencional.

Pois tudo isso parece o fim – ou pelo menos o começo do fim – da Política com P maiúsculo em nosso mundo contemporâneo. A política clássica sempre foi associada ao poder de transformar problemas privados em questões públicas, assim como ao poder de internalizar questões públicas e transformá-las em problemas privados ou existenciais. Hoje esse mecanismo político está fora de sintonia. O que nós em nossa política pós-moderna tratamos como questões públicas são mais frequentemente problemas privados de figuras públicas.

É um segredo público, portanto, que nossa época seja aquela em que a política sai de cena. Veja os numerosos palhaços políticos que estão se tornando mais populares agora que qualquer político à moda antiga, de tipo burocrático ou especializado. Estamos nos aproximando depressa de uma fase da vida política em que o grande rival de um partido bem-estabelecido não será outro partido de corte ou tonalidade diferente, mas uma organização não governamental ou um movimento social influente.

Os autocratas russos e chineses percebem isso muito bem. Como todos nós sabemos, ONGs não são bem-vindas em regimes tirânicos; nem tampouco o Facebook, em especial após uma série de "revoluções pelo Facebook" no Oriente Médio, ou a Primavera Árabe, ou mesmo durante a revolução de Facebook dos jovens espanhóis *indignados* em Madri. Com toda a probabilidade, esses atos de resistência e inquietação social antecipam uma era de movimentos sociais virtuais que serão conduzidos ou integrados por partidos políticos novos ou convencionais. De outro modo, os partidos serão extirpados da face da Terra por esses movimentos.

Vivemos uma época de obsessão pelo poder.

Como você observou, a velha fórmula da política como uma estratégia de vareta e cenoura ainda se sustenta, embora nós, tendo visto no século XX os piores pesadelos sob a forma de varetas, estejamos mais propensos a vivenciar a dominação das cenouras. O poder manifesta-se como força e potencial financeiro e econômico, em lugar da força militar e da linguagem do militarismo. Mas a lógica continua a mesma. É a boa e velha *Wille zur Macht*, ou vontade de poder, quer assuma o disfarce de Friedrich Nietzsche ou o de Karl Marx. A questão não é se você tem uma *Weltanschauung* identificável, uma identidade forte ou uma ideologia importante, mas quanto poder você tem. Compro, logo existo.

Nós nos acostumamos a encarar um ser humano como mera unidade estatística. Não é um choque para nós vermos indivíduos humanos como força de trabalho. O poder de compra da sociedade e a capacidade de consumo tornaram-se critérios cruciais para se avaliar o grau de adequação de um país ao clube do poder – ao qual aplicamos vários títulos grandiosos de organizações internacionais. A questão de ser ou não uma democracia só se torna relevante quando você não tem poder e precisa ser controlado por meio de varetas retóricas ou políticas. Se você é rico em petróleo ou pode consumir e investir em grande escala, isso o absolve do fracasso em respeitar as modernas sensibilidades políticas e morais, ou em permanecer comprometido com as liberdades civis e os direitos humanos.

Olhando mais de perto, o que está acontecendo na Europa é uma revolução tecnocrática. Uma ou duas décadas atrás, era crucial ter provas de que se era uma democracia para se qualificar como sócio do clube. O que contava era um conjunto de valores e compromissos. Hoje, temos a probabilidade de ingressar num novo estágio da política mundial. O que realmente conta é sua disciplina financeira, se você está apto a participar de uma união aduaneira, assim como sua conduta econômica.

Recordando *Erewhon*, de Samuel Butler (como anagrama de *nowhere*, "lugar nenhum", o título desse romance antiutópico é uma clara alusão à *Utopia* de Thomas More), temos aqui a lógica política e moral da Europa virada de cabeça para baixo. Em *Erewhon*, Butler ridiculariza uma comunidade utópica em que a doença se torna uma obrigação, e o fracasso em permanecer saudável e em boa forma é

A crise da política e a busca de uma linguagem da sensibilidade 67

motivo de processo. Algo desse tipo pode ser encontrado no *Admirável mundo novo*, de Aldous Huxley, em que o fracasso em atingir a felicidade é visto como sintoma de atraso. Mas a caricatura da busca da felicidade numa longínqua sociedade tecnocrática e tecnológica não deveria nos consolar como algo distante de nossa realidade. O que temos agora na Europa é a emergência do conceito de culpabilidade da impotência econômica. Nenhum tipo de impotência política e econômica deve permanecer impune. Isso quer dizer que não temos mais o direito de fracassar – que por tanto tempo foi um aspecto inescapável de nossa liberdade. O direito de estar aberto à possibilidade de falência ou qualquer outra chance de fracasso era parte da saga europeia da liberdade como uma escolha fundamental que fazemos a cada dia ao enfrentarmos suas consequências.

Esses dias se foram. Agora você corre o risco de se tornar o coveiro da Europa ou mesmo de todo o planeta se enviar a mensagem errada ao mercado global. Você pode causar um efeito dominó global, desapontando assim tanto seus inimigos quanto seus aliados, também dependentes da mesma e única estrutura de poder mundial. Trata-se de uma nova linguagem de poder, até então não percebida nem identificada por ninguém na história mundial. Comporte-se, do contrário vai atrapalhar o jogo e nos deixar na mão. Ao fazê-lo, vai prejudicar a viabilidade de uma ordem social e moral em que nenhum país ou nação é responsável por si mesmo. Tudo tem repercussões e implicações globais.

E que dizer das nações? Costumávamos ter certeza de que as nações europeias encarnavam o princípio calvinista da predestinação, implicando a possibilidade de ser feliz nesta vida terrena e na realidade deste mundo. O princípio kantiano da autodeterminação tornou-se mais relevante no século XIX. Havia um mundo em que a busca da felicidade, assim como a possibilidade de salvação e autorrealização, falava a linguagem da república e de seus valores. Daí a emergência de nações pós-coloniais depois de duas guerras mundiais e da desintegração dos impérios.

O que há hoje nessa segunda modernidade guarda pouca semelhança, se é que guarda alguma, com a lógica da primeira, como diria Ulrich Beck. Não podemos mais vivenciar as paixões e os anseios do século XX, para não mencionar os dramas do século XIX, não importa o quanto tentemos relegitimar nossa narrativa histórica e política. Para usar termos seus, a modernidade líquida transformou-nos numa comunidade global de consumidores. O que foi a nação na era da modernidade sólida, como comunidade de memória, sentimento coletivo e opção moral, é agora uma comunidade de consumidores obrigados a se comportar a fim de se qualificar para o clube. Na era do Facebook, as nações estão se tornando unidades extraterritoriais com uma língua e uma cultura comuns. Sabíamos, na era da modernidade sólida, que a nação era constituída por diversos fatores, acima de tudo um território, uma língua e uma cultura comuns, assim como a moderna divisão do trabalho, a mobilidade social e a alfabetização. Agora o quadro é bem diferente. Uma nação parece um conjunto de indivíduos dotados de mobilidade com uma lógica de vida baseada em avanços e recuos. Tudo é uma questão de saber se você está on-line ou off-line com respeito aos problemas de seu país e aos debates em torno deles, em vez de decidir de uma vez por todas se vai permanecer naquele lugar ou votar nos mesmos atores políticos pelo resto de sua vida.

Ou você está on ou está off. Esse é um plebiscito diário numa sociedade líquida moderna.

Zygmunt Bauman: "A tecnologia ultrapassou a política", diz você, e como está certo! Como que profeticamente, pois em algum momento de meados do século XIX, quando poucas das mentes mais brilhantes, se é que alguma, imaginavam que a tecnologia iria tirar de seus criadores o direito e a capacidade de tomar decisões, Robert Thomas Babington Macaulay observou que "a galeria [da Casa dos Comuns] em que os repórteres se sentam tornou-se um quarto estado do reino". Sem dúvida alguma, ao aludir ao *terceiro* estado, que não muito tempo antes fora um recém-chegado com ambições ridiculamente excessivas, e no entanto se tornara não mais objeto de riso, mas uma voz de

A crise da política e a busca de uma linguagem da sensibilidade 69

comando na política, Macaulay previu a iminente ascensão da imprensa ao poder – uma ascensão suficiente para sobrepujar e desapossar os então reconhecidos governantes da Grã-Bretanha. Muito antes de Marshall McLuhan, Macaulay identificou um meio transformando-se em mensagem após retirar a autoridade dos formadores de opinião ao assumir e monopolizar as rotas de acesso aos potenciais e predestinados detentores de opinião. Tendo se apossado dos meios, mantendo-os perto do peito e equipando todas as entradas com torres de controle dotadas de guardiães, os jornais e, mais ainda, as fontes eletrônicas de notícias, suas sucessoras, conseguiram se apropriar totalmente, ou quase, do controle da escolha de *metas*. As mensagens sem meios para levá-las a seus pretensos endereços deviam ser natimortas ou morrer sem deixar testamento. Nesse sentido, não há nada de novo. A expropriação dos meios de comunicação continua a ser a condição do jogo, sobretudo no caso dos ditadores chineses ou birmaneses que ameaçam tirar do ar sites sociais; ou, de modo latente, como nas guerras de audiência entre empresas de radiodifusão; no meu entender, a única questão nova é se, no campo da produção e distribuição de notícias e opiniões, os expropriadores podem ser expropriados. Será que a tecnologia então indisponível, mas agora comum e de fácil acesso, seria o presságio da expropriação dos expropriadores?

A reação do establishment oficial americano à juventude iraniana expressando brevemente seu protesto nas ruas de Teerã contra as eleições fraudulentas de junho de 2009 teve impressionante semelhança com uma campanha comercial em favor dos similares de Facebook, Google ou Twitter. Suponho que alguns dos galantes jornalistas investigativos, a cujo círculo por infortúnio não pertenço, poderiam ter fornecido um grande volume de provas materiais em favor dessa impressão. O *Wall Street Journal* pontificou: "Isso não teria acontecido sem o Twitter!" Andrew Sullivan, blogueiro americano influente e bem-informado, apontou o Twitter como "ferramenta básica para a organização da resistência no Irã", enquanto o venerável *New*

York Times abusava do lirismo, proclamando um combate entre "bandidos disparando balas" e "manifestantes disparando tuítes".[1] Hillary Clinton foi a público, anunciou em seu discurso sobre a "liberdade na internet", em 21 de janeiro de 2010, o nascimento do "*samizdat* de nossos dias" e proclamou a necessidade de "colocar essas ferramentas" – "vídeos virais e posts de blogs" – "nas mãos de pessoas do mundo todo, que as utilizarão para fazer avançar a democracia e os direitos humanos".[2] "A liberdade de informação", na opinião dela, "sustenta a paz e a segurança que fornecem o alicerce do progresso global." (Permita-me observar prontamente, contudo, que não muita água havia passado sob as pontes do Potomac quando a elite política americana começou, como que seguindo a regra francesa de *deux poids, deux mesures*, a exigir restrições ao WikiLeaks e a prisão de seu fundador.) Ed Pilkington relembra Mark Pfeifle, assessor de George Bush que apresentou o Twitter como candidato ao Prêmio Nobel, e cita Jared Cohen, funcionário do Departamento de Estado que descreveu o Facebook como "uma das ferramentas mais orgânicas para a democracia que o mundo já viu".[3] Em suma, Jack Dorsey, Mark Zuckerberg e seus companheiros de armas são generais do Exército da Democracia e dos Direitos Humanos – e todos nós, tuitando e enviando mensagens pelo Facebook, somos seus soldados. O meio é realmente a mensagem – e a mensagem dos meios digitais é "abrir a cortina da informação" e revelar um novo panorama planetário de poder popular e direitos humanos universais.

Foi esse tipo de senso não comum entre a elite política e formadora de opinião americana e outros vendedores voluntários de serviços digitais que Evgeny Morozov, estudante de 26 anos recém-chegado aos Estados Unidos proveniente da Belarus, censurou, ridicularizou e condenou como "pura ilusão" (*net delusion*) em seu recente livro de mesmo título.[4] Entre muitas outras observações que Morozov conseguiu incluir em seu estudo de quatrocentas páginas estava a de que, segundo a Al-Jazeera, havia apenas sessenta contas de Twitter ativas em

A crise da política e a busca de uma linguagem da sensibilidade 71

Teerã, de modo que os organizadores das manifestações usaram sobretudo técnicas vergonhosamente fora de moda para atrair a atenção, como telefonar ou bater à porta dos vizinhos. Contudo, os inteligentes governantes do autocrático Irã, tão eficientes com a internet quanto cruéis e inescrupulosos, usaram o Facebook para encontrar vínculos com quaisquer dissidentes conhecidos, usando essa informação para isolar, prender e desabilitar os potenciais líderes da revolta – e cortar pela raiz qualquer desafio democrático à autocracia (se é que houve algum). Há muitas formas diferentes pelas quais os regimes autoritários podem usar a internet em benefício próprio, assinala Morozov – e eles os empregaram e continuam a empregar.

Para começo de conversa, as redes sociais oferecem uma forma mais barata, rápida, completa e, em geral, fácil de identificar e localizar atuais ou potenciais dissidentes que qualquer instrumento tradicional de vigilância. Como David Lyon afirma e tenta mostrar em nosso estudo conjunto,[5] a vigilância por meio de redes sociais torna-se mais eficaz graças à cooperação de seus pretensos alvos e vítimas. Vivemos numa sociedade confessional, promovendo a autoexposição pública ao posto de principal e mais disponível das provas de existência social, assim como a mais possante e a única eficiente. Milhões de usuários do Facebook competem para revelar e tornar públicos os aspectos mais íntimos e inacessíveis de sua identidade, conexões sociais, pensamentos, sentimentos e atividades. Os sites sociais são campos de uma forma de vigilância voluntária, do tipo "faça você mesmo", sem dúvida superando (tanto em volume quanto em gastos) as agências especializadas, controladas por profissionais de espionagem e detecção. Isso é algo caído do céu para qualquer ditador e seu serviço secreto, um benefício genuinamente inesperado – e um soberbo complemento para as numerosas instituições "banópticas" da sociedade democrática, preocupadas em evitar que indesejados e indignos (todos aqueles que se comportem ou tendam a se comportar de modo *inadequado*) sejam admitidos ou se infiltrem sub-repticiamente em nossa decente e autosselecionada companhia democrática. Um dos capítulos de *The Net Delusion* tem o título de "Por que a KGB deseja que você entre no Facebook".

Morozov revela as muitas maneiras pelas quais regimes autoritários, para não dizer tirânicos, podem superar os supostos militantes da liberdade em seu próprio jogo, usando a tecnologia em que os apóstolos e panegiristas do viés democrático da internet têm investido suas esperanças. Nenhuma novidade nisso. Antigas tecnologias, como nos relembra a *Economist*, foram usadas por ditadores do passado para pacificar e desarmar suas vítimas. Pesquisas mostraram que alemães orientais com acesso à televisão ocidental estavam menos propensos a expressar suas insatisfações com o regime.[6]

Quanto à informática digital, reconhecidamente muito mais potente, Morozov afirma que "a internet tem fornecido tantas doses de diversão barata e acessível aos que vivem sob o autoritarismo que se tornou bem mais difícil fazer com que as pessoas se preocupem com a política". A menos que a política seja reciclada em outra variedade empolgante de entretenimento, cheia de som e fúria, mas ineficaz, segura e inócua, algo praticado pela nova geração de "slacktivistas", os quais acreditam que "clicar numa petição do Facebook vale como ato político", "dissipando suas energias em mil distrações", cada qual destinada ao consumo instantâneo e a uma só utilização, de que a internet é o mestre supremo em matéria de produção e remoção diárias. (Um dos numerosos exemplos da eficácia do slacktivismo político em mudar os métodos e recursos do "mundo real" é o triste caso do grupo Save the Children of Africa. Ele levou vários anos para coletar a magnífica soma de US$ 12 mil, enquanto as crianças africanas que deveriam ser salvas continuavam a morrer.)

Com a desconfiança popular nos poderes constituídos se espalhando e se aprofundando, e o apreço popular pelo potencial da internet de dar poder ao povo subindo às alturas por meio dos esforços conjuntos do marketing do Vale do Silício e dos versos ao estilo Hillary Clinton, recitados e transmitidos

A crise da política e a busca de uma linguagem da sensibilidade   73

por milhares de gabinetes acadêmicos, não admira que a propaganda pró-governamental tenha melhor chance de ser ouvida e absorvida se atingir seus alvos pela internet. Os autoritários mais espertos sabem disso muito bem. Afinal, os especialistas em informática estão disponíveis para contratação, ávidos por vender seus serviços a quem oferecer o melhor preço. Hugo Chávez está no Twitter e se gaba de ter 1 milhão de amigos no Facebook, enquanto na China há um exército aparentemente genuíno de blogueiros subsidiados pelo governo (batizados de "partido dos 50 cents", pois ganham cinquenta centavos por acesso). Morozov fica lembrando a seus leitores que, como Pat Kane escreveu no *Independent* de 7 de janeiro de 2012, "o serviço patriótico pode ser uma motivação para o jovem operador sociotécnico da mesma forma que o anarquismo boêmio de Assange e seus parceiros". Os info-hackers, de forma igualmente entusiástica e com o mesmo volume de boa vontade e sinceridade, podem se unir a uma nova "Transparência Internacional" da mesma forma que a uma "Brigada Vermelha". A internet acomodaria as duas opções com a mesma equanimidade.

Essa é uma história velha, muito velha, contada e recontada: machados podem ser usados para cortar lenha ou decepar cabeças. A escolha não é dos machados, mas de quem os segura. Qualquer que seja a escolha, o machado não vai se importar. E não interessa quão afiados possam ser os gumes com que ela esteja atualmente cortando, a tecnologia em si não vai "promover o avanço da democracia e dos direitos humanos" por você (e em seu lugar).

Você mais uma vez está certo quando se recusa a investir suas esperanças de reversão da atual insensibilização da linguagem política nas instituições já existentes do Estado-nação. Isso por motivos que já debatemos, ainda que de passagem: a progressiva separação, destinada ao divórcio, entre o poder (a capacidade de fazer com que as coisas sejam feitas) e a política (a capacidade de decidir que coisas devem ser feitas); e a resultante incapacidade manifesta, ridícula e degradante da política do Estado-nação de realizar sua função. Poucas pessoas (se é que alguém) continuam a esperar a salvação vinda de cima. As garantias vocalizadas pelos sacerdotes são ouvidas (se é que o são) com uma descrença temperada de ironia – a pilha de esperanças frustradas cresce a cada dia. À plena luz das telas da TV, o espetáculo público continua a ser reapresentado. Homens e mulheres de Estado anunciam com orgulho, no jornal da noite, os passos decisivos que acabaram de tomar – medidas para restabelecer o controle sobre o curso dos negócios e pôr fim a outro problema angustiante –, só para esperar, nervosos, que a bolsa de valores abra na manhã seguinte e descobrir se as providências têm a mínima chance de implementação; e, caso o tenham, se a implementação terá algum efeito tangível.

Nossos pais podiam debater sobre o que precisava ser feito, mas eles concordavam que, uma vez definida a tarefa, a agência estaria ali esperando para executá-la – ou seja, os Estados armados ao mesmo tempo de poder (a capacidade de fazer com que as coisas sejam feitas) e de política (a capacidade de garantir que sejam feitas as coisas certas). Nossa época, porém, destaca-se pelo acúmulo de indícios de que agências dessa espécie não existem mais, e com toda a certeza não podem ser encontradas naqueles que eram antes seus lugares usuais. Poder e política vivem e se movem separadamente, e seu divórcio está prestes a ocorrer. De um lado está o poder, perambulando em segurança pela esfera global, livre do controle político e com a liberdade de escolher seus alvos; de outro está a política, espremida e destituída de todo ou quase todo o seu poder, de seus músculos e dentes. Todos nós, indivíduos por decreto do destino, parecemos estar abandonados a nossos próprios recursos, lamentavelmente inadequados às tarefas grandiosas com que já nos defrontamos, assim como para as tarefas ainda mais apavorantes às quais suspeitamos que seremos expostos, a menos que se encontre uma forma de evitá-las. No fundo de todas as crises que abundam em nossos dias está a crise das *agências* e dos *instrumentos de uma ação efetiva*. E seu derivado, o sentimento constrangedor,

A crise da política e a busca de uma linguagem da sensibilidade 75

degradante e exasperador de ter sido sentenciado à *solidão* em face dos perigos *comuns.*

Como a rede de instituições do Estado-nação não é mais um *player* em que se devam investir as esperanças de que trilhas mais transitáveis sejam abertas e equívocos mais angustiantes sejam reparados, que força (se é que existe alguma) poderá preencher o lugar e o papel vagos de agente da mudança social? Essa é uma questão problemática e muitíssimo contenciosa. Não há carência de excursões exploratórias – tentativas desesperadas de encontrar novos instrumentos de ação coletiva mais eficazes num ambiente cada vez mais globalizado que as ferramentas políticas inventadas e postas a funcionar durante a era pós-westfaliana de construção nacional; e que terão maior possibilidade de proporcionar a fruição da vontade popular do que poderiam sonhar os órgãos do Estado aparentemente "soberano", enredados num dilema. As missões de reconhecimento continuam a vir de muitos setores da sociedade, em particular do "precariado" (nome derivado do conceito de "precariedade"), um estrato em rápido crescimento, que assimila e absorve os remanescentes do antigo proletariado e parcelas cada vez mais amplas das classes médias, "unidos" apenas pela sensação de uma existência vivida sobre areias movediças ou ao pé de um vulcão.

O problema é que, além dessa sensação comum, pouco há na condição e nos interesses sociais das unidades de reconhecimento para que se possa esperar mantê-las unidas e inspirá-las a trabalhar juntas por tempo suficiente a fim de que sejam recicladas em ferramentas fidedignas, confiáveis, eficazes e capazes de substituir as antigas, cuja inadequação às tarefas presentes e cuja indolência cada vez mais evidente desencadearam a própria avalanche de experimentos. Uma dessas experiências em curso, que aparece com mais preeminência na mídia pública, é um fenômeno analisado a partir das crescentes, porém variadas, manifestações do movimento Occupy e da praça Tahrir ao Zuccotti Park e Manhattan, também conhecido como movimento dos Indignados. Harald Welzer pode estar no caminho certo quando busca as causas profundas desse fenômeno numa crescente percepção, por parte do público, de que as estratégias "individualistas têm função sobretudo sedativa. O nível da política internacional só oferece a perspectiva de mudança num futuro distante, e a ação cultural é deixada para o nível *médio*, o nível da sociedade da própria pessoa, e para a questão democrática de como as pessoas desejam viver no futuro"[7] – ainda que em muitos casos, talvez na maioria deles, esse conhecimento seja mais subliminar ou frouxamente articulado.

Se Marx e Engels, aqueles dois jovens de cabeça quente e pavio curto originários da Renânia, se dispusessem hoje a escrever seu manifesto, que agora tem quase dois séculos, poderiam muito bem iniciá-lo com a observação revisada de que "um espectro ronda o planeta, o espectro da indignação". As razões para indignar-se realmente abundam – pode-se presumir, contudo, que um denominador comum dos estímulos originais muito variados e dos influxos ainda mais numerosos que eles atraem em seu caminho seja uma humilhante premonição de nossa ignorância e impotência, negando a autoestima e a dignidade (não temos ideia do que vai acontecer e nenhum modo de evitar que aconteça). As formas antigas, supostamente patenteadas, de enfrentar os desafios da vida não funcionam mais, enquanto outras, novas e eficazes, não estão à vista ou são escassas. De uma forma ou de outra, a indignação está aí, e já se mostrou a maneira de copiá-la e baixá-la: indo para as ruas e ocupando-as. A fonte de recrutamento de potenciais ocupantes é enorme e cresce a cada dia.

Tendo perdido a fé na salvação vinda do "alto", como o reconhecemos (ou seja, de parlamentos e gabinetes governamentais), e em busca de formas alternativas de conseguir que se façam as coisas certas, as pessoas vão para as ruas numa viagem de descoberta e/ou experimentação. Elas transformam as praças das cidades em laboratórios ao ar livre, onde as ferramentas da ação política destinadas a dar conta da enormidade do desafio são planejadas ou expostas, testadas e talvez submetidas a um batismo de fogo. Por uma série de razões, as ruas das cidades são bons lugares para montar esses laboratórios; e, por uma série de outras razões, os laboratórios nelas montados parecem produzir, ainda que só por enquanto, o que em outros lugares se buscou em vão.

O fenômeno do "povo nas ruas" até agora tem mostrado sua capacidade de remover os mais odiosos objetos de sua indignação, as figuras culpadas por sua miséria – como Ben Ali na Tunísia, Mubarak no Egito ou Kadafi na Líbia. Ainda precisa provar, porém, que, independentemente de sua eficácia na proeza de limpar o terreno, também pode ser útil no posterior serviço de construção. O segundo desafio, não menos crucial, é saber se a operação de limpeza do terreno pode ser realizada com tanta facilidade em países não ditatoriais. Os tiranos tremem diante da visão de pessoas tomando as ruas sem comando nem convite, mas os líderes globais dos países democráticos, assim como as instituições por eles criadas para garantir a perpétua "reprodução do mesmo", parecem não ter notado nem estar preocupados com isso; continuam recapitalizando os bancos espalhados pelas incontáveis Wall Streets do planeta, ocupadas ou não por indignados. Como Hervé le Tellier observou com perspicácia no *Le Monde*, nossos líderes falam de "escândalo político, caos monstruoso, anarquia catastrófica, tragédia apocalíptica, hipocrisia histérica" (usando o tempo todo, observemos, termos cunhados pelos gregos, nossos ancestrais comuns, mais de dois milênios atrás), com a implicação de que as trapalhadas e transgressões de um país e de seu governo podem ser responsabilizadas pela crise que atinge todo o sistema europeu, e inocentando, na mesma medida, o próprio sistema.

As "pessoas que ocupam as ruas" podem muito bem sacudir os próprios alicerces de um regime tirânico ou autoritário que aspire ao controle total e contínuo da conduta de seus súditos, e acima de tudo privá-los do direito de iniciativa. Isso não se aplica, contudo, a uma democracia que com facilidade pode assimilar grandes doses de descontentamento em seu caminho, sem grandes turbulências, assim como qualquer volume de oposição.

Movimentos dos Indignados em Madri, Atenas ou Nova York, ao contrário de seus predecessores – por exemplo, as pessoas que ocuparam a praça Václavské, na cidade de Praga, sob o regime comunista –, ainda esperam em vão que sua presença nas ruas seja notada por seus governos; esperam menos influenciar, mesmo que só um pouco, suas políticas. Isso se aplica off-line, às pessoas nas ruas. Também se aplica, em escala muitíssimo maior, às pessoas on-line, no Facebook, Twitter, MySpace, tentando honestamente mudar a história, incluindo suas próprias biografias, produzindo blogs, destilando veneno, tocando trombetas, tuitando e convocando as outras à ação.

Em seus mais recentes estudos publicados, *Les temps des riches: anatomie d'une secession* (2011), de Thierry Pech, e *Les rémunerations obscènes* (2011), de Philippe Steiner, os dois autores colocam sob microscópio a "revolta dos ricos contra os pobres" das três últimas décadas. A redução dos impostos pagos pelos ricos e a eliminação de todos os limites ao enriquecimento das pessoas mais abastadas foram promovidas sob o lema "Quando o rico paga menos, o pobre vive melhor". A fraudulência do prometido efeito do "fomento indireto" da opulência no topo da pirâmide agora foi desnudada – para todo mundo observar de modo impotente e lastimoso –, mas as "baixas colaterais" da grande decepção estão aqui para ficar ainda por um longo tempo. Os alicerces da solidariedade social e da responsabilidade comunal foram sabotados, a ideia de justiça social comprometida, a vergonha e a condenação social conectadas à cobiça, à rapacidade e ao consumo ostensivo foram removidas e recicladas em objetos de admiração pública e de culto à celebridade. Esse é o impacto *cultural* da "revolta dos ricos". Mas a sublevação cultural agora adquiriu alicerces *sociais* próprios, nos moldes de uma nova formação social: o precariado.

Pelo que sei, foi o professor e economista Guy Standing que (acertando na mosca) cunhou o termo "precariado" para substituir, a um só tempo, os conceitos de "proletariado" e "classe média", porque ambos ultrapassaram em muito seu prazo de validade, tornando-se ampla e plenamente "termos zumbis", como o classificaria Ulrich Beck. O blogueiro oculto sob o apelido de "Ageing Baby Boomer" sugere:

> É o mercado que define nossas escolhas e nos isola, garantindo que nenhum de nós questione a forma como essas opções são definidas. Faça as escolhas erradas, e você será punido. Mas o que torna isso tão selvagem é que não leva em consideração o fato de muitas pessoas serem muito mais bem-equipadas que outras – por terem capital social, conhecimento ou recursos financeiros – para fazer boas escolhas.[8]

O que "une" o precariado, integrando esse agregado muito variado numa categoria coesa, é a desintegração, a pulverização e a atomização extremas. Qualquer que seja sua proveniência ou denominação, todos os precários sofrem – e cada qual sofre sozinho, o sofrimento de cada indivíduo é uma punição individual merecida pelos pecados individualmente cometidos de sagacidade insuficiente ou déficit de dedicação. Os sofrimentos nascidos no plano individual são semelhantes. Induzidos por uma pilha crescente de contas de luz, água, gás e mensalidades da faculdade; pela mesquinharia dos salários, superada pela fragilidade dos empregos disponíveis e pela inacessibilidade dos que são sólidos e confiáveis; pela nebulosidade da maior expectativa de vida; pelo espectro inquietante da redundância e/ou degradação – tudo isso se traduz numa *incerteza existencial*, aquela apavorante mistura de ignorância e impotência, fonte inexaurível de humilhação.

Sofrimentos como esse não agregam, eles dividem e separam os sofredores. Negam a comunidade do destino. Fazem os apelos à solidariedade parecer ridículos. Precários podem invejar ou temer uns aos outros; às vezes têm pena ou até (embora não muitas vezes) gostam uns dos outros. Poucos deles, contudo, chegariam a *respeitar* outra criatura "como eles" (ou elas). E por que deveriam? Sendo "como" eu, essas outras pessoas devem ser tão indignas de respeito quanto eu, merecem tanto desprezo e escárnio quanto eu! Os precários têm bons motivos para recusar o respeito a outros precários e, por sua vez, não esperam ser respeitados por eles. Sua condição dolorosa e miserável é marca indelével e nítida evidência de inferioridade e indignidade. Essa condição, muito visível, embora mantida sob o tapete, é testemunha de que as pessoas dotadas de autoridade, aquelas que têm o poder de permitir ou recusar direitos, negaram-se a lhes garantir os direitos concedidos a outros seres humanos "normais" e, portanto, respeitáveis. Assim, ela é testemunha indireta da humilhação e do autodesprezo que acompanham de forma inevitável o endosso social da incapacidade e da ignomínia pessoais.

O significado de ser "precário" (*precarious*), segundo o *Oxford English Dictionary*, é "ser mantido pelo favor e à disposição de outro; logo, incerto". A incerteza chamada "precariedade" transmite a assimetria preordenada e predeterminada do poder de agir; *eles* podem, *nós* não. E é por graça *deles* que continuamos a viver, mas essa graça pode ser retirada a curto prazo ou de uma hora para outra, e não está em nosso poder evitar essa retirada ou mesmo mitigar sua ameaça. Afinal, *nós* dependemos dessa graça para nossa subsistência, enquanto *eles* continuariam a viver, e com muito mais conforto e menos preocupação, se nós todos desaparecêssemos.

Na origem, a ideia de "precariedade" descrevia a sina e a experiência de vida dos amplos escalões de dependentes e outros parasitas que se apinhavam em torno das cozinhas dos grandes e poderosos. Era dos caprichos da princesa, do senhor feudal e de outras pessoas assim dotadas de prestígio e poder que dependia o seu pão de cada dia. Os dependentes deviam a seus anfitriões/ benfeitores adulação e divertimento; mas nada lhes era devido da parte dos anfitriões. Estes, ao contrário de seus atuais sucessores, tinham nomes e endereços fixos. Desde então eles

A crise da política e a busca de uma linguagem da sensibilidade   81

perderam (libertaram-se de?) tudo isso. Os proprietários das mesas frágeis e inconstantes às quais os precários contemporâneos, vez por outra, têm permissão de se sentar são sumariamente chamados por nomes abstratos como "mercado de trabalho", "ciclo econômico de prosperidade/depressão" ou "forças globais". Ao contrário de seus descendentes líquidos modernos um século depois, aos contemporâneos de Henry Ford Sr., J.P. Morgan ou John D. Rockefeller era negada a principal "arma contra a insegurança", e eles se viam incapazes de reciclar o proletariado num precariado. A possibilidade de transferir sua riqueza para outros locais – lugares cheios de pessoas prontas a sofrer sem queixas qualquer regime fabril, ainda que cruel, em troca de qualquer salário de subsistência, ainda que miserável – não estava à sua disposição. Tal como seu corpo fabril, seu capital estava "preso" ao lugar, afundado num maquinário pesado e volumoso, trancado dentro das paredes da fábrica. O fato de a dependência, portanto, ser *mútua*, e de os dois lados serem forçados a permanecer juntos por um longo tempo, era um segredo de polichinelo, do qual os dois lados tinham profunda consciência.

Confrontados por essa interdependência estrita com sua longa expectativa de vida, ambos os lados tiveram de chegar mais cedo ou mais tarde à conclusão de que era de seu interesse desenvolver, negociar e observar um modus vivendi – um modo de coexistência que incluía a aceitação voluntária de inevitáveis limites à sua liberdade de manobra, até os quais o outro lado do conflito de interesses devia ser pressionado. A exclusão estava fora desses limites, da mesma forma que a indiferença à miséria e a negação de direitos. A única alternativa ao alcance de Henry Ford e das crescentes fileiras de seus admiradores, seguidores e imitadores seria equivalente a cortar o galho em que se encontravam a contragosto empoleirados, ao qual estavam ligados tão seguramente quanto seus trabalhadores a suas bancadas, e dos quais não podiam passar para lugares mais confortáveis e convidativos. Transgredir os limites estabelecidos pela interdependência significaria a destruição das fontes de seu próprio enriquecimento; ou exaurir depressa a fertilidade do solo sobre o qual suas riquezas haviam crescido e, ao que se esperava, continuariam a crescer, ano após ano, em direção ao futuro – talvez eternamente. Em suma, havia limites à desigualdade que o capital podia suportar. *Ambos os lados do conflito haviam investido em evitar que a desigualdade saísse de controle.* E cada lado tinha um interesse investido em manter o outro no jogo.

Em outras palavras, havia limites "naturais" à desigualdade e barreiras "naturais" à exclusão social. A principal causa da profecia de Karl Marx, de que "a pauperização absoluta do proletariado" passaria a ser contraditória e se tornaria cáustica, e a principal razão pela qual a introdução do Estado social, um Estado com a responsabilidade de manter a força de trabalho em condições de presteza para o emprego, tornou-se um tema "além da direita e esquerda", uma questão não partidária. Também foi por isso que o Estado precisou proteger a ordem capitalista contra as consequências suicidas de deixar sem controle as mórbidas predileções dos capitalistas e sua voracidade de lucro rápido; e para que ela agisse de acordo com essa necessidade, estabelecendo salários mínimos ou limites de tempo para a jornada e a semana de trabalho, assim como proteção jurídica para os sindicatos e outros instrumentos de autodefesa do trabalhador. E foi esse o motivo pelo qual se evitou que a distância entre ricos e pobres se ampliasse ou mesmo, para empregar uma expressão atual, "se tornasse negativa". Para sobreviver, a desigualdade precisou inventar a arte da autolimitação. E o fez – e a praticou, ainda que de forma irregular, por mais de um século. No final, esses fatores contribuíram ao menos para uma reversão parcial da tendência: a atenuação do grau de incerteza pairando sobre as classes subordinadas e, portanto, um relativo nivelamento das forças e das chances dos dois lados desse jogo de incertezas.

Esses fatores agora estão ausentes, e de modo cada vez mais conspícuo. O proletariado se torna rapidamente um precaria-

A crise da política e a busca de uma linguagem da sensibilidade 83

do, acompanhado por uma parcela, em célere expansão, das classes médias. Um reverso dessa reencarnação não está no jogo.

A remodelagem do proletariado de outrora numa classe em luta foi altamente promovida, da mesma forma que a atual atomização do precariado, seu descendente e coveiro de sua tradição e de seu legado.

Uma mudança mais seminal também se seguiu. Ao contrário do "proletariado" de outrora, o "precariado" abarca pessoas de todas as classes econômicas. Todos nós, ou pelo menos 99% de nós (como insistem os "ocupantes de Wall Street"), somos agora "precários": os que já foram tornados redundantes e os que temem que seus empregos não sobrevivam à próxima rodada de cortes ou "reestruturação"; os portadores de diplomas universitários procurando em vão empregos adequados a suas habilidades e ambições; os empregados permanentes que tremem diante da ideia de perder seus lares e as economias de suas vidas no próximo colapso da bolsa de valores; e muitíssimos outros, que têm sólidas razões para não confiar na segurança de sua posição na sociedade.

A grande pergunta, a pergunta de vida ou morte, é se o "precariado" pode ser reclassificado como "agente histórico", tal como o "proletariado" foi (ou se esperou que fosse) capaz de agir solidariamente e buscar um conceito comum de justiça social e uma visão comum de "boa sociedade", uma sociedade hospitaleira a todos os seus membros. Essa pergunta só pode ser respondida pela maneira como nós, os precários, agimos – sozinhos, em grupos ou todos juntos. Pode-se supor, contudo, que, enquanto o "Estado social" buscou responder a essa pergunta de maneira positiva, a pressão concentrada dos atuais governos e órgãos intergovernamentais sobre cortes nos gastos sociais (cortes nas provisões para os pobres e indolentes, com aumentos para os ricos e poderosos), intencionalmente ou não, se volta para tornar implausível, se não totalmente impossível, uma resposta positiva.

Você também está certo quando observa que os motivos, itinerários e consequências da migração on-line e off-line são frouxamente coordenados, se é que chegam a sê-lo. A migração não exige mais a mudança de localização geográfica, e permanecer no mesmo lugar não é em si uma evidência de pertencimento. No entanto, a territorialidade era, por definição, o alicerce e a salvaguarda da soberania política. Tirando-se a territorialidade, o que permanece da soberania? Essa noção precisa ser relegada à classe dos "conceitos zumbis", tomando de empréstimo uma oportuna expressão de Ulrich Beck: a classe dos conceitos que já estão mortos, mas se comportam, são vistos e tratados como se vivos estivessem. Ou à classe dos "simulacros" de Jean Baudrillard, fenômenos semelhantes a doenças psicossomáticas em que é impossível decidir se o paciente está fingindo estar doente ou se ele de fato está; fenômenos compostos inteiramente de aparências, desprovidos das referências materiais e orgânicas que de hábito lhes são atribuídas ou imputadas.

Sob tais circunstâncias, a maior questão é a que você apresentou ao dizer que "esses atos de resistência e inquietação social antecipam uma era de movimentos sociais virtuais que serão conduzidos ou integrados por partidos políticos novos ou convencionais. De outro modo, os partidos serão extirpados da face da Terra por esses movimentos". Bem, minha impressão é que o tribunal ainda está decidindo. As coisas podem ir para um lado ou para outro, ou ser decididas de uma forma que não poderíamos prever. Não faz muito tempo, acompanhávamos com ansiedade os eventos da Primavera Árabe, e a "grande revolução democrática" que a maioria dos observadores ocidentais esperava como consequência quase imediata, de certa forma, mostrou-se relutante em chegar. Mas as multidões que vão para a praça Tahrir e se recusam a sair até que suas demandas sejam ouvidas provaram, não obstante, ter um efeito muito mais seminal que as tendas montadas em torno de Wall Street, da City de Londres ou dos Parlamentos grego e espanhol. Regimes tirânicos são muito mais sensíveis (e vulneráveis!) às pessoas nas ruas que as democracias, acostumadas a essa visão como parte de sua rotina comum e quase cotidiana. A tirania é incompatível com uma multidão autoconvocada. Sua coexistência é inconcebível, sua simultaneidade deve ser breve, tendendo a um desfecho violento – um ou outro deve desistir depois de tentar em vão forçar o outro lado a fazê-lo primeiro (vide o Iêmen, a Síria, o Egito, lista que decerto será ampliada).

A democracia pode levar as pessoas às ruas em sua marcha, pode tomar de empréstimo ou roubar suas bandeiras, tudo isso sem mudar a sério suas políticas, mas somente a linguagem usada para vendê-las. Wall Street até agora quase não percebeu que está sendo ocupada há meses – e pode deixar de notá-lo impunemente. Se você quisesse apontar o momento de transição, na Europa, dos regimes dinásticos/autocráticos para as modernas democracias, não seria a pior opção determinar o ponto no tempo em que a "malta", "patuleia" ou "plebe" foi substituída no vocabulário da elite política por termos como "povo", "cidadãos", "eleitorado" ou... "contribuintes".

Finalmente, você observa que "em nossa era narcisista, obcecada com consumo, intensidade, busca de atenção, autoexposição e sensacionalismo, é difícil que um indivíduo intelectual deixe de cair no esquecimento se não se tornar vítima ou celebridade". Uma vez mais, você está certo. Desde que C. Wright Mills exigiu, meio século atrás, em nome dos intelectuais, que a mídia fosse "devolvida" a "nós, a quem ela pertence por direito", quanta água rolou sob as pontes do Potomac. A mídia, nas garras do mercado e plenamente envolvida em impiedosas guerras de audiência, estabeleceu-se firme no espaço que separa a formação das ideias de sua distribuição, recepção e retenção. Esse espaço é crucial do ponto de vista estratégico: quem o ocupa assume a emissão de vistos de entrada e de saída; e, para todos os fins e propósitos práticos, controla a circulação de ideias em sua totalidade.

Régis Debray, numa frase famosa, chamou o atual estágio da história dos intelectuais de "a era da midiocridade", comprimindo num só conceito dois aspectos distintos: o poder da mídia produzindo o domínio da mediocridade. Os intelectuais que conseguem passar por essa agência de emissão de vistos controlada pela mídia são os que se conformam às normas estabelecidas nos estatutos da mídia e adotadas em suas práticas – normas pelas quais as solicitações de visto são aceitas ou rejeitadas, dependendo do impacto sobre as avaliações (números de vendas, retornos de bilheteria, números de "curtidas" ou "visitas" registrados pelos sites). São esses padrões que decidem o volume e o preço dos comerciais e também os níveis de lucro e dividendos dos acionistas.

As pessoas com solicitações de entrada aprovadas são descritas com o nome genérico de "celebridades" (pessoas que, segundo a expressão espirituosa e cáustica de Daniel J. Boorstin, são muito conhecidas por serem muito conhecidas, e cujos nomes com frequência valem mais que os serviços que prestam). Na competição por vistos de entrada, os intelectuais têm poucas chances, quando comparados aos astros de cinema e teatro, jogadores de futebol e assassinos em série. Há razões mais que suficientes para imaginar se as características necessárias para entrar no círculo encantado das celebridades são compatíveis com os recursos capazes de conduzir à realização da vocação de um intelectual – seja individual ou "coletivamente", como sugere Montalbán.

Sim, como você diz, "é um segredo de polichinelo o fato de que nossa época seja aquela em que a política sai de cena. Veja os numerosos palhaços políticos que agora estão se tornando mais populares que qualquer político à moda antiga, de tipo burocrático ou especializado". Ou o "noticiário político" se submete docilmente ao domínio do "infotenimento", ou não tem chance de ser oferecido a mais de um "nicho de audiência" reduzido e em geral marginalizado. As notícias comuns no horário nobre são transmitidas por âncoras que ficam de pé, ou com mais frequência correm, e seu mais importante recurso e qualificação é reciclar qualquer tema político em matérias de entretenimento; e a si mesmos em celebridades, vistas todos os dias em função de sua posição atual na competição por popularidade, e não pelo

A crise da política e a busca de uma linguagem da sensibilidade   87

peso das coisas que poderiam ter dito com credibilidade ou qualquer outro valor que não o entretenimento.

Em seu livro de 1989, Lutz Niethammer salientou que a ideia de "fim da história", que ganhava grande popularidade na época em que ele o escreveu, nem é apenas uma moda passageira nem está "confinada ao sentido literal do termo, de que alguma coisa, mais uma, chegou ao fim". Estamos mais propensos a falar de "nossa modernidade (Wolfgang Welsch) pós-moderna, em que a reflexividade sinaliza não o fim de uma estrutura dinâmica, mas a dissolução da esperança a ela associada".[9] O que, para todos os fins e propósitos práticos, significa a dissolução da esperança imputada aos políticos "tal como nós (ou melhor, nossos ancestrais imediatos) os conhecíamos": políticos vistos até então como os principais patrocinadores e motores da história. Niethammer cita Arnold Gehlen, ao afirmar que "nada mais se pode esperar em termos da história das ideias"[10] – "a história das ideias foi suspensa, e ... agora chegamos à pós-história. Assim, a advertência de Gottfried Benn ao indivíduo – 'Conte com seus próprios recursos' – deveria ser transmitida à humanidade como um todo". O "fim da história", podemos dizer, é apenas uma hipótese derivada do reconhecimento do "fim da política", seu principal (talvez até único) motor, cuja origem, por sua vez, pode ser rastreada até suas raízes – o suposto fim das ideias e dos intelectuais como seus principais produtores e portadores.

"Conte com seus próprios recursos." É precisamente isso que você tem em mente, suponho, quando assinala que "o que temos agora na Europa é a emergência do conceito de culpabilidade da impotência econômica. Nenhum tipo de impotência política e econômica deve permanecer impune. Isso quer dizer que não temos mais o direito de fracassar – que por tanto tempo foi um aspecto inescapável de nossa liberdade". A recusa ao direito de falhar parece ter sido instalada no veículo da modernidade – uma espécie de freio do qual se esperava que compensasse e limitasse o impacto crescente da liberdade – desde seus primórdios. Vemos isso numa das primeiras utopias modernas, a abadia de Thelema, de Rabelais, em que a felicidade é o único compromisso e a infelicidade, o único desvio do dever passível de punição.

LD: A literatura distópica descreveu os pesadelos do século XX. *Nós* de Zamyatin, *Admirável mundo novo* de Aldous Huxley, *1984* de George Orwell e *Escuridão ao meio-dia* de Arthur Koestler (embora este último se qualifique em menor grau para o clube dos romances de advertência) previram essas simulações de realidade, ou fabricações de consciência, que eram (e continuam a ser) profunda e marcadamente características do mundo dos modernos meios de comunicação de massa. Que nossas percepções do mundo e nossa consciência podem ser moldadas por esses meios, que todos nós lidamos com imagens, imposturas e fantasmas em lugar da realidade tal como ela é, isso já foi demonstrado por Jean Baudrillard.

A aclamada teoria dos simulacros, ou simulações da realidade, de Baudrillard, que você já mencionou, é muito semelhante ao que Milan Kundera descreveu de forma adequada como o mundo manufaturado pelos novos tipos de pessoa dos meios de comunicação de massa a que ele chama de imagólogos, os engenheiros e negociantes de imagens. A imagologia, a arte de construir conjuntos de ideais, anti-ideais e imagens de valor que as pessoas supostamente seguem sem pensar ou questionar da maneira crítica, é produto da mídia e da publicidade. Se assim for, como afirma Kundera no romance *A imortalidade*, a realidade desaparece. Uma velha senhora numa aldeia da Boêmia, no século XIX, tinha muito mais controle de sua própria vida, assim como do ciclo de realidade natural e mundana, que hoje tem um milionário ou político poderoso, obrigado a colocar sua vida à mercê de manipuladores de opinião.

Examinando mais de perto o romance *A possibilidade de uma ilha*, de Michel Houellebecq, percebemos visão semelhante sobre o que aconteceu à política da arte e à arte da política. Arte e ficção não podem sobreviver sem se render a imagens cheias de sexo, violência e coerção. Além disso, elas cerram fileiras com a política ficcionalizada e com as mensagens da mídia sensacionalista ao

A crise da política e a busca de uma linguagem da sensibilidade   89

combinar sensacionalismo barato, teorias conspiratórias cacofônicas, insinuações justificáveis, conjecturas e ódio habilmente traduzidos na linguagem dos cartuns e do entretenimento políticos. Mas não há razão para exagerar o papel dos imagólogos ou, no jargão político atual, dos manipuladores de opinião, já que os próprios políticos estão ávidos por agir como constructos da mídia. Eles não são da mesma estirpe ou classe de pessoas a que pertenceram desde a época da revolução puritana na Inglaterra (a primeira ação na história moderna a estabelecer o domínio da lei como princípio regulador sobre o rei) até a Segunda Guerra Mundial e o período do pós-guerra, com figuras históricas como Winston Churchill, Charles de Gaulle ou Willy Brandt. Também não são astros da cultura pop, celebridades, vítimas ou artistas. Na maioria dos casos, funcionam como a nova classe dos políticos-artistas.

Só duas coisas têm valor no mundo da sociedade tecnológica e consumista, como mostrou Houellebecq: o entretenimento da política e a política do entretenimento. É por esse motivo que comediantes do gênero *stand-up*, produtores de TV trabalhando com entretenimento político e apresentadores de programas televisivos se tornaram parte inescapável e importante do novo establishment. Políticos não vivem sem imagólogos, segundo Kundera. E não conseguem mais viver sem o humor político, ou, para ser mais preciso, sem o mundo do entretenimento. Eles podem trocar de lugar a qualquer momento. O humor político e a comunidade do entretenimento podem entrar na política, enquanto políticos se tornam prazerosamente astros de TV, preocupados com o entretenimento político ou pelo menos por ele afetados. Basta pensar em Silvio Berlusconi.

Curiosamente, as novas formas de entretenimento político andam de par com o gradual sumiço do velho bom humor. O novo humor político trata mais do ódio disfarçado que de piadas e riso, e o ódio revela ter como objeto a grosseria política atual. Esses aspectos são facilmente conversíveis e intercambiáveis. O ódio torna-se uma valiosa mercadoria política. A grosseria passa a ser uma forma aceita e assumida de serviço político de informação. Veja o chefe do Partido Liberal Democrata da Rússia, Vladimir Zhirinovsky, que, recordando a espirituosa descrição de um político alemão, após cinco minutos de conversa na Alemanha se mostrou antiliberal, após dez minutos antidemocrata, e após quinze fascista.

Foi com boas razões que o historiador britânico Peter Gay descreveu a época da invenção dos modernos cartuns políticos como a era do ódio. Se nós fazemos piadas à margem do que é permitido e no limite da permissividade, tendemos a tangenciar o ódio – tal como o principal personagem do romance de Houellebecq, Daniel, comediante de *stand-up* raivoso e de grande sucesso, cujas piadas indecentes e duvidosas sobre judeus, árabes palestinos, muçulmanos e imigrantes projetam seu nome e se tornam, por sua vez, o nome do jogo.

Em nossa sociedade tecnológica consumista, o entretenimento é preferível ao humor genuíno, que sobrevive à margem do próprio entretenimento, do poder e do prestígio. O mundo todo se tornou político. Por conseguinte, fomos libertados dos estereótipos e da irracionalidade de nossa experiência anterior. Mas também perdemos o humor, que não nascia de outra coisa senão do estereótipo – de uma irracionalidade segura num mundo inseguro – e da impotência. Isso se dá não apenas por causa das animosidades políticas e do ódio disfarçado em entretenimento e cultura popular. O problema é que a política é uma questão de empoderamento, motivo pelo qual ela não pode tolerar a fraqueza. O brilhante humor dos judeus do Leste Europeu é um exemplo perfeito da existência do outro lado do campo de poder.

O humor político de nossa época – com seu flerte seguro com o poder – é a política em sua forma mais verdadeira. Não é mais antiestrutural nem uma orgia linguística, mas um suave e gracioso ajuste à estrutura e ao campo de poder. É também uma advertência: senhoras e senhores, vocês não são os únicos aqui. Compartilhem ou irão perecer. Esse é o novo nome do jogo.

A crise geral da política pode ser uma das razões da existência desse forte desencanto com o liberalismo na Europa. A crise do liberalismo é demasiado óbvia para que precisemos enfatizá-la.

A um olhar mais próximo, o que ocorre agora na Europa parece uma enorme onda de antiliberalismo, incluindo graves violações dos direitos humanos em países que aparentemente não têm dúvidas sobre seu compromisso com a democracia e suas suscetibilidades. E o pior ainda não chegou. O ex-liberal que opta por um amálgama de racismo, xenofobia e louvor à Heimat, enquanto permanece 100% comprometido com a economia de livre mercado e seu aspecto neoliberal, dificilmente poderia ser considerado diferente dos proponentes do capitalismo sem democracia da China e da Rússia. Antigos astros do liberalismo europeu tornam-se conservadores quase que da noite para o dia e degeneram em menestréis do populismo de extrema direita. Basta relembrar Viktor Orbán, o líder do Fidesz na Hungria, ou o chefe do Partido da Liberdade (Partij voor Vrijheid, PVV), Geert Wilders, na Holanda.

Mais um detalhe revelador da profunda crise do liberalismo: quando indagado sobre as chances de essa ideologia mudar a paisagem intelectual e a lógica da vida política no Leste Europeu, o sociólogo polonês Jerzy Szacki expressou fortes dúvidas. Disse temer, e com sérios motivos, que o liberalismo plantado no solo de sociedades pós-comunistas se tornasse uma caricatura de si mesmo, transformando-se numa inversão do marxismo, celebrando e associando-se obsessivamente à economia e ao poder financeiro, em vez de se manifestar em favor da liberdade e dos direitos humanos.

Szacki estava certíssimo, e foi isso que ocorreu na Europa Central e no Leste Europeu. Após o colapso da antiga União Soviética, surgiu o que eu descreveria como matriz da política dessas regiões: o antigo Partido Comunista assumiu todo o poder financeiro, criando uma rede dentro da qual o poder econômico e político se fundiu num todo indivisível; enquanto o poder oposto, um partido conservador-nacionalista com alguns ex-comunistas remanescentes, preparava-se para pintar sua casa com novas cores quase que da noite para o dia, tornando-se seu antípoda – uma unidade ligada à religião e mais ou menos autoritária, ferozmente oposta, em espírito, à antiga estrutura de poder, mas em nada diferente desta em termos de sensibilidades democráticas.

E onde foram deixados, nesse contexto, nossos potenciais liberais? Na melhor das hipóteses, tenderam a constituir clubes isolados e semiacadêmicos para estudar e celebrar Adam Smith e um conceito grosseiramente simplificado de mão invisível. Além disso, uma explosiva proliferação de traduções de Friedrich A. von Hayek, Ludwig von Mises e outros economistas liberais com orientação no *laissez-faire* levou depressa à produção de títulos sonoros com que os liberais recém-nascidos do Leste Europeu batizaram os liberais de centro-esquerda da Europa Ocidental e dos Estados Unidos – "socialistas", "comunistas", "traidores do liberalismo" e coisas desse tipo.

Lembro-me de um rápido intercâmbio com um colega americano que ia dar uma palestra na Universidade de Ohio. Aguardando minha participação num auditório vizinho, eu lhe desejei boa sorte, ao que ele reagiu oferecendo-me uma breve exposição de suas impressões sobre a República Tcheca. Comentando o novo esboço de Constituição que iria debater, observou com ironia que o que ele ali encontrara fora uma notável versão do marxismo virado de cabeça para baixo. "Nem uma única palavra sobre cultura ou educação, somente economia", lastimou.

Mas essa foi apenas a parte insignificante de um doloroso problema. O fato de a maioria dos liberais da Europa Central e do Leste Europeu não conseguir revelar e apreciar o liberalismo de Isaiah Berlin, John Gray ou Michael Ignatieff – um arcabouço inclusivo e crítico da política do diálogo e da coexistência com base no reconhecimento mútuo e no valor humano, e não uma abordagem unidimensional, doutrinária e partidária – era lamentável, porém, não a pior das notícias. Mais estava por vir.

A mencionada matriz política da Europa Central e do Leste Europeu, abrindo espaço político para um sistema bipartidário sem um nicho autêntico para os liberais, permitiu que alguns partidos minúsculos ou de amplo espectro ideológico criados pelos novos magnatas e por pessoas em busca de revanche política fossem apresentados como forças liberais, e essa foi a verdadeira tragédia. Os antigos e ultrapassados modos de retórica e de discurso político eram um diminuto segmento do drama político pós-comunista; o fato

A crise da política e a busca de uma linguagem da sensibilidade 93

de partidos minúsculos ou várias espécies de agregados semiliberais serem aceitos na família política dos liberais europeus foi bem mais doloroso para o futuro do liberalismo. Esses cálculos e manifestações da tecnocracia política já desferiram um sério golpe nos liberais europeus. Tentando desesperadamente recrutar novos "irmãos de fé" no Leste Europeu, os liberais da Europa arriscam-se a perder sua identidade política e sua razão de ser. A caricatura das ideias liberais no Leste Europeu, onde o liberalismo foi confinado à sustentação tecnocrática do livre mercado e à consequente interpretação econômica vulgar do mundo humano, é resultado do vácuo intelectual e moral daquela região após 1990.

Por infortúnio, seus correlativos da Europa Ocidental não parecem melhores se levarmos em consideração a rejeição dos aspectos educacionais e morais da política, que constitui o câncer do novo liberalismo europeu, obcecado em encontrar um nicho e se acomodar no processo de tomada de decisão e na *realpolitik* globais. Um desdém pelas ciências humanas e pela educação liberal, acoplado à cegueira em relação à cultura e a seu papel crucial na Europa, parece a maldição dos liberais europeus.

Posso bem imaginar a reação dos que se oporiam com energia a mim lembrando-me do compromisso dos liberais com os direitos humanos. Isso é verdade até certo ponto. Mas não podemos nos iludir tomando os liberais como os únicos campeões dos direitos humanos – não faz sentido presumir aqui um monopólio moral, já que muitos liberais não conhecem os dramas dos povos e indivíduos da Europa Central e do Leste Europeu que tiveram seus nomes gravados como grandes dissidentes na memória dessa parte da Europa. Ninguém tem o monopólio da verdade em política, e o mesmo se aplica à virtude e à ética em geral.

Em nossa época de tecnocracia disfarçada de democracia, os liberais traem um ser humano cada vez que o tratam apenas em termos de força de trabalho, unidade estatística ou parte de uma maioria do "eleitorado". Esse é um tema crucial e que eles ainda devem abordar.

Outra questão é o que eu chamaria, usando seu imortal adjetivo, na verdade de caráter cirúrgico e existencial, de totalitarismo líquido. Como sabemos, o termo "totalitarismo *soft*" está nos lábios de muitos observadores. Estes sugerem que a União Europeia não é uma democracia, mas uma tecnocracia com esse disfarce. Em função dos serviços de vigilância em massa e de informações secretas que cada vez mais citam a guerra ao terror para exigir que nos submetamos ao escaneamento corporal nos principais aeroportos do mundo, ou que forneçamos todos os detalhes de nossas atividades bancárias, sem excluir a opção de expor os aspectos mais íntimos e pessoais de nossas vidas, os analistas sociais tendem a descrever essa propensão sinistra que nos expropria a privacidade como "totalitarismo *soft*".

As coisas podem estar próximas daquilo que dizem que elas são. Todos esses aspectos da modernidade, com sua crescente obsessão por controlar nossas atividades públicas sem perder o senso de alerta máximo, quando se trata de nossa privacidade, permitem-nos presumir com segurança que essa privacidade hoje está morta. Como pessoa que cresceu e se criou na era Brejnev, por algum tempo imaginei, de forma meio ingênua, que a dignidade humana era violada única e exclusivamente na antiga União Soviética. Afinal, não podíamos fazer uma ligação telefônica para outro país sem controle oficial e relatórios sobre a conversa, para não mencionar nossa correspondência e todas as outras formas humanas de intercâmbio.

Como diria você, esses foram dias de uma era da modernidade sólida em que o totalitarismo era claro, discernível, óbvio e malévolo. Para usar termos seus, na era da modernidade líquida, a vigilância em massa e a colonização do privado estão vivas e em boa forma, embora assumam aspectos diferentes. Nas grandes distopias de nossa época, o indivíduo é invadido, conquistado e humilhado pelo Estado onipotente, ao ser expropriado de sua privacidade, incluindo seus aspectos mais íntimos. A tela de TV no *1984* de George Orwell, ou relatórios sobre o vizinho, amante ou amigo de alguém (se é que faz sentido usar esses termos, já que amor e amizade, como modernos sentimentos e expressões de livre escolha, haviam sido abolidos), aparece como pesadelo da modernidade sem uma face humana, ou da modernidade em que essa face é esmagada por uma bota. O aspecto mais terrível dessa versão totalitária da modernidade foi a sugestão de que podíamos penetrar em cada um dos aspectos da personalidade humana. Um ser humano é privado de qualquer tipo de segredo, o que nos faz crer que podemos saber tudo sobre ele ou ela. E o ethos do mundo tecnológico prepara o caminho para a ação: podemos, logo devemos. A ideia de conhecer e contar tudo sobre outro ser humano é a pior espécie de pesadelo no que se refere ao mundo moderno. Por muito tempo acreditamos que a escolha define a liberdade. Eu me apressaria em acrescentar que, em especial hoje, da mesma forma o faz a defesa da ideia de incomensurabilidade do ser humano e de intangibilidade de sua privacidade.

O ponto de partida do totalitarismo líquido, em oposição ao totalitarismo sólido e real, pode ser percebido no Ocidente cada vez que vemos pessoas ansiando por reality shows e obcecadas com a ideia de perderem de livre e espontânea vontade sua privacidade, ao expô-la nas telas de TV – com orgulho e satisfação. Mas há outras formas de governo e de política, bem mais reais, que merecem atenção e são amplamente dignas desse termo. De fato, há uma grande distância entre as novas formas de vigilância em massa e de controle social no Ocidente e o divórcio aberto e explícito entre capitalismo e liberdade na China e na Rússia.

Mais que qualquer coisa, o totalitarismo líquido manifesta-se no padrão chinês de modernidade, em oposição ao padrão ocidental, com sua fórmula de capitalismo sem democracia ou livre mercado sem liberdade política. O divórcio entre poder e política que você descreve desenvolveu uma versão específica chinesa: o poder financeiro pode existir e prosperar lá, desde que não se associe ao poder político nem se sobreponha a ele. Fique rico, mas permaneça longe da política. A política ideológica é uma ficção na China, desde que Mao Tsé-Tung foi traído mil vezes por seu partido, que deixou de ser uma cidadela comunista e se transformou num grupo de elite gerencial. É impossível trair mais a Revolução Cultural chinesa e o comunismo que os modernizadores chineses sob o disfarce do toque mágico da modernidade, com a ajuda do livre mercado e da racionalidade instrumental.

Outro exemplo de totalitarismo líquido é a Rússia de Putin, com sua ideia de democracia gerenciada, equipada com o putinismo, esse vago e estranho amálgama de nostalgia da grandeza do passado soviético, capitalismo gângster e cúmplice, corrupção endêmica, cleptocracia, autocensura e remotas ilhas deixadas à opinião e às vozes discordantes na internet. Em contraste com a versão chinesa do divórcio entre capitalismo e liberdade política, a variedade putinesca implica uma fusão total de poder econômico e político com impunidade e terrorismo de Estado, abertamente entregue a gangues e grupos criminosos de variadas tonalidades.

O famoso analista, comentarista e ensaísta político russo Andrei Piontkovsky, uma das vozes dissidentes mais corajosas da Rússia de Putin, descreveu de modo adequado a notável afinidade histórica entre a União Soviética às vésperas do expurgo de 1937 e a Rússia de hoje, salientando que Ilya Ehrenburg manifestara a disposição da intelligentsia com a frase "Nunca antes tivemos uma vida tão próspera e feliz!". A ironia é que os benefícios obtidos de Stálin pela intelligentsia foram apenas o prelúdio dos horrores do expurgo. "De forma chocante, as coisas são similares na Rússia hoje", diz Piontkovsky. Tal como Stálin, Putin subornou a intelligentsia. Menos vareta e mais cenoura. No final, enquanto o stalinismo foi uma tragédia shakespeariana, o putinismo é uma farsa.

ZB: Sua declaração, Leonidas, é densamente carregada de questões, cada qual mais grave e pesada que a anterior. Ela pode ser lida como prolegômenos de toda análise futura do atual estado do jogo da política e seus vínculos com a estrutura social, a cultura, os padrões de interação humana, as visões de mundo hegemônicas. Duvido de minha capacidade de responder a todos esses conteúdos riquíssimos, que dirá fazê-lo de maneira sistemática. Prefiro limitar-me a algumas ideias inspiradas pela leitura de seu texto.

A crise da política e a busca de uma linguagem da sensibilidade 97

Você começa pela natureza mutante dos medos articulados e registrados nos textos distópicos. Agnes Heller há pouco organizou uma ampla amostra de romances históricos escritos nos tempos atuais e tentou justapor seu conteúdo e estilo aos de seus predecessores do século passado, em busca de mudanças nas perspectivas dos autores, talvez em consonância com as variações das expectativas dos leitores. Há muitas observações marcantes no estudo de Heller, mas um de seus achados vai direto ao cerne do problema que você captou e dissecou.

Enquanto os medos e tormentos tanto dos heróis quanto das vítimas nos romances históricos do século passado provinham de guerras, inimizades interdinásticas, exércitos em marcha, choques entre igrejas poderosas e outros tipos de turbulência "no topo", agora eles se originam no plano das massas, de atos difusos, dispersos, isolados, não planejados e imprevistos, assim como imprevisíveis, de indivíduos distintos; são produtos de ações *individuais*, embora haja um número maior. Só para dar um exemplo, em *O nascimento de Vênus*, de Sarah Dunant, ambientado na Florença do tempo de Savonarola, os medos emanavam de malfeitores errantes, numerosos, porém solitários, e de loucos atacando às cegas. Todos, sem exceção, são criações de um horror generalizado diante de assassinos em série à espreita ou supostamente à espreita, em ruas mal-iluminadas e esquinas sombrias, assim como de vizinhos contíguos mal-intencionados. Eles não nascem em função de exércitos invasores, ferozes e sedentos de sangue, tampouco da pestilência ou da fome. Os sofredores são isolados e largados à própria engenhosidade e perspicácia, tal como seus algozes.

Acho que devemos encarar os romances históricos como esse, de novo estilo, como outra divisão na categoria das distopias. A única diferença em relação à divisão principal é o fato de elas serem ambientadas (por definição) num espaço específico, e não num futuro (também por definição) indefinido. Não importa onde se situem, as utopias hoje escritas reciclam um novo tipo de medo: o temor mais por negligência que por ação, os horrores provindos do colapso do controle (tanto da capacidade quanto da vontade de governar), e não de seus excessos ou da ambição desmesurada. Do lado receptor, essa nova qualidade do medo se reflete na praga da solidão: na ausência de comissões a cargo da produção do medo, de uma equipe geral para comandar e direcionar seus produtos, assim como dos quartéis do poder a serem atacados, tomados e incendiados para eliminar as fontes do pavor e das fobias que atormentam a todos, estamos condenados a confrontar nossos medos individualmente e a elaborar nossos próprios estratagemas e subterfúgios para contra-atacá-los, pois os medos comuns a todos não redundam numa comunhão de interesses e numa causa comum, assim como não se fundem num estímulo a juntar forças. Resumindo, nossos medos, tal como tantos outros aspectos da vida num ambiente líquido moderno, foram *desregulamentados* e *privatizados*. Essa transformação teve lugar, em simultâneo, nos dois extremos da interface governantes-governados. E dificilmente não teria ocorrido ao mesmo tempo.

Outra questão é sobre a qualidade dos líderes políticos, na verdade, sobre a liderança política em si, que você analisou de modo tão eloquente. Nesse contexto, permita-me citar um pequeno texto que enviei à *Sociologicky Casopis*, revista de sociologia tcheca, em que tentei avaliar o significado do recente falecimento de Václav Havel:

> Alguns dias atrás, centenas de milhares de pessoas, talvez mais de um milhão, tomaram as ruas e praças públicas de Praga para dar adeus a Václav Havel, segundo muitos observadores o último grande líder político-espiritual (espiritual, em grande parte, por sua grandeza política, e político, em grande parte, por sua grandeza espiritual), em relação a quem se pode dizer que dificilmente tornaremos a ver alguém semelhante durante nossas vidas. O que também dificilmente tornaremos a ver é esse grande número de pessoas prontas a tomar as ruas em função de sua gratidão e seu

respeito por um estadista, e não pela total indignação, pelo ressentimento e desprezo em relação às pessoas que estão no poder e aos políticos tal "como os conhecemos". Em seu adeus a Havel, os participantes do cortejo fúnebre lamentavam a morte de um líder que, de forma bem distinta dos atuais operadores da política, deu poder aos impotentes, em vez de privá-los das partículas de poder que eles ainda poderiam deter.

Havel foi um dos poucos líderes político-espirituais – em número cada vez menor, e cada vez mais raros – a desafiar sozinho, e com enorme efeito, a ironia e o desprezo com que muitas vezes era tratada, por pessoas instruídas e pela opinião pública, a capacidade de um indivíduo mudar o curso dos eventos. Futuros historiadores irão confirmar também as temerosas previsões de milhões de participantes do cortejo fúnebre, que se sentiram consternados com a partida de Havel, acrescentando a esse nome a designação de "o último na linhagem dos grandes líderes políticos que moldaram o mundo em que vivemos".

Dando adeus a Havel, a maioria de nós – incluindo nossos atuais líderes nomeados/eleitos (não importa a relutância com que possam admitir isso) – tem todo o direito e o dever de olhar para si mesmo como um anão sentado nos ombros de um gigante, e Václav Havel sem dúvida alguma foi um dos maiores gigantes. Olhamos em torno procurando, em vão, pelos sucessores desses gigantes – e o fazemos numa época em que precisamos deles ainda mais que antes, até onde vai nossa memória coletiva.

Havel nos deixou numa época em que as pessoas à frente dos governos dos Estados, mesmo dos governos dos chamados "Estados poderosos", são vistas com dose cada vez maior de ironia e descrença. A confiança na capacidade das atuais instituições políticas de influenciar o curso da história, para não dizer de controlá-lo ou alterá-lo, caso necessário, está encolhendo. A confiança na política em si tem sido deixada à deriva por repetidas observações sobre a impotência dos governos, e ainda está procurando, em vão, um abrigo seguro para interromper seu curso e lançar âncora. Está cada vez mais evidente que a rede herdada de instituições políticas não pode mais realizar seu trabalho. E uma nova caixa de ferramentas para a ação coletiva, na melhor das hipóteses, ainda está em fase de planejamento, não sendo provável que entre em produção a curto prazo, nem que sequer seja reconhecida como digna de existir.

A crescente fraqueza dos poderes políticos atuais há muito foi notada, e parece que se trata de uma doença incurável. Ela é apresentada de modo flagrante demais para ser negligenciada. Os chefes dos governos mais poderosos se reunirão numa sexta-feira, a fim de debater e decidir a linha de ação correta, apenas para esperar, tremendo, que a bolsa de valores reabra na segunda-feira para descobrir se a decisão que tomaram consegue se sustentar. O presente interregno não nasceu há pouco, não muito há pouco, de qualquer modo. Sua existência cada vez mais importuna foi assinalada e reconhecida anos atrás, e refletida num crescente déficit de confiança nos veículos estabelecidos de ação coletiva, na queda do interesse pela política institucionalizada e no sentimento difuso, que se espalha inexoravelmente e que já está generalizado, de que a salvação, caso concebível, não iria e/ou não poderia vir do alto.

Podemos acrescentar que os motoristas e condutores desses veículos de ação coletiva, agindo sozinhos ou em grupo, há muito tempo têm feito tudo que se possa imaginar para colocar essa confiança à deriva, ao negarem e desqualificarem os méritos da ação conjunta, assim como para manter a confiança desancorada – ao admoestar, importunar e convencer homens e mulheres de que, mesmo que os problemas sejam sofridos em comum, eles têm causas individuais, e portanto podem e devem ser individualmente enfrentados e tratados – e individualmente resolvidos, por meios individuais.

Com divisões sociais cada vez mais evidentes buscando em vão uma estrutura política em que se vejam refletidas, assim como ferramentas políticas capazes de ajudar nessa reflexão, o principal traço, talvez o traço definidor, desse "interregno" (ou seja, sua tendência a permitir que quase tudo aconteça, mas nada seja obtido sem algum grau de confiança e certeza de sucesso) pode muito bem se manifestar com uma força sem precedentes e consequências iné-

A crise da política e a busca de uma linguagem da sensibilidade 101

ditas. Alianças construídas na fase de limpeza do terreno (coalizões de tipo arco-íris, reunindo interesses incompatíveis, inclinadas a se dissipar após o fim do aguaceiro que provocou seu estabelecimento) podem logo se desfazer ou até explodir, revelando – para que todos possam ver – a natureza de seu matrimônio ad hoc por conveniência. A fase de limpeza do terreno não precisava de líderes fortes, muito pelo contrário. Líderes assim, com uma visão corajosa e firmes convicções, podem fazer com que essas coalizões entrem em colapso muito antes de a limpeza estar concluída.

Os porta-vozes das pessoas em movimento podem declarar que estão satisfeitos (embora não necessariamente pelos motivos certos), que não possuem líderes nem necessitam deles – na verdade, podem encarar a falta de liderança como sinal de progresso político e uma das realizações mais importantes dos movimentos. Vladimir Putin, quando declarou (prematuramente, ao que tudo indica) a derrota do protesto público de massa contra o escárnio com que os poderes da Rússia tratam seu eleitorado, bateu com a cabeça na parede. Imputou o suposto fracasso da oposição à ausência de um líder capaz de preparar um programa que os manifestantes se dispusessem a aceitar e fossem capazes de apoiar.

Isso não surpreende. É o que se espera em nossa época, à qual Antonio Gramsci chamou, por antecipação, de "interregno" (termo por muito tempo e injustificadamente olvidado, mas por sorte desencavado e reposto em uso graças ao professor Keith Tester): uma época em que se avolumam a cada dia as evidências de que as antigas e já testadas formas comuns de fazer as coisas não funcionam mais, enquanto seus substitutos mais eficientes não estão à vista – ou são precoces, voláteis e incipientes demais para serem notados ou levados a sério quando (e se) forem notados.

Podemos presumir com segurança que o número crescente de pessoas que tomam as ruas hoje e se estabelecem por semanas ou meses ininterruptos em abrigos improvisados, montados em praças públicas, sabe – ou, mesmo não sabendo com certeza, tem a oportunidade de adivinhar ou suspeitar – *do que* estão fugindo. Sabem com certeza, ou pelo menos têm bons motivos para acreditar que sabem, o que elas *não* gostariam que continuasse sendo feito. O que não sabem, porém, é o que precisa ser feito *em vez disso*. E mais importante ainda, não têm ideia de *quem* poderia se mostrar poderoso e disposto o bastante para conduzir o que acreditam ser a maneira certa. Mensagens no Twitter e no Facebook convocam e enviam essas pessoas à praça pública para protestar contra "o que aí está", mas os remetentes da mensagem se mantêm calados sobre a discutível questão do tipo de "deve estar" que deveria substituir esse "está"; ou retratam esse "deve" num esboço amplo, superficial, vago e acima de tudo "flexível" o suficiente para evitar que alguma de suas partes se ossifique em pomo da discórdia. Também se mantêm, com prudência, silenciosos em relação à espinhosa questão da compatibilidade ou incompatibilidade de suas demandas. Os remetentes de mensagens do Twitter e do Facebook só podem desprezar essa cautela sob o risco de prejudicar a causa que promovem. Se desobedecessem às regras férreas de todo apelo digital às armas, e toda exitosa estratégia do on-line para o off-line, correriam o risco de suas mensagens morrerem no nascedouro ou perecerem sem deixar herdeiros. Poucas tendas seriam montadas em praças públicas em resposta a seus apelos, e bem poucas manteriam seus habitantes iniciais por muito tempo.

Ao que tudo indica, os canteiros de obras hoje estão em processo de limpeza coletiva, na expectativa de um novo tipo de gerenciamento do espaço. As pessoas em movimento fazem esse trabalho, ou ao menos tentam fazê-lo com honestidade. Mas os futuros prédios que deveriam substituir os que foram abandonados e/ou demolidos se espalham por inumeráveis pranchetas privadas, nenhuma das quais no estágio de licenciamento. Na verdade, ainda não se fincaram os alicerces de uma agência de planejamento capacitada e incumbida de emitir essas licenças. Enquanto o poder de limpar terrenos parece ter crescido consideravelmente, a indústria de construção está ficando muito para trás – e a distância entre suas capacidades e a grandiosidade do trabalho de construção continua a aumentar.

A impotência e a inaptidão, altamente visíveis, da máquina política atual constituem a principal força a mover um número sem-

A crise da política e a busca de uma linguagem da sensibilidade 103

pre crescente de pessoas em movimento e em contínuo avanço. A capacidade integradora dessa força está confinada, contudo, à operação de limpeza do terreno. Ela não se estende aos planejadores, arquitetos e construtores da pólis que será erigida em seu lugar. Nosso "interregno" é marcado pelo desmantelamento e a desabilitação das instituições que costumavam ajudar nos processos de formação e integração de perspectivas, programas e projetos públicos. Submetidas a um profundo processo de desregulamentação, fragmentação e privatização, juntamente com o restante do tecido social da coexistência humana, tais instituições permanecem privadas de uma ampla parcela de sua capacidade executiva e da maior parte de sua autoridade e confiabilidade, com apenas uma vaga chance de recuperá-las.

Qualquer criação é quase inimaginável se não for precedida ou acompanhada por um ato de destruição. A destruição, porém, não determina por si mesma a natureza de uma sequência construtiva, nem torna sua iminência uma conclusão inevitável. No que se refere à rede institucional da sociedade, em particular aos veículos de empreendimentos coletivos, integrados, é como se 2011 tivesse contribuído muito para o volume e a capacidade das escavadoras disponíveis. Ao mesmo tempo, naquele ano, a produção de guindastes e outros equipamentos de construção mergulhou ainda mais fundo numa já prolongada recessão, e os suprimentos existentes ficaram ociosos – foram estocados na expectativa de tempos mais propícios, embora estes, infelizmente, se mostrem relutantes em chegar.

Líderes de coalizões ad hoc só podem ser líderes ad hoc, trabalho bem pouco atraente para pessoas com genuínas qualidades de liderança, equipadas com algo além de charme fotogênico pessoal, habilidades em velhacaria e apetite pela notoriedade instantânea, ainda que frágil. Cada conjunto de circunstâncias externas cria seu próprio conjunto de opções realistas para escolhas individuais, mas cada opção atrai sua própria categoria de potenciais optantes. Uma política reconhecidamente impotente, preocupada sobretudo em manter seus súditos a uma distância segura, cada vez mais percorrida por publicistas e produtores de oportunidades fotográficas, e ainda mais distante das questões e preocupações cotidianas das massas, dificilmente funcionaria como ímã para indivíduos com projetos e visões cujo alcance ultrapassa a data das próximas eleições – indivíduos com as qualidades indispensáveis para formar os líderes políticos, mas não para operadores da máquina política. Os potenciais líderes políticos ainda estão nascendo. A deterioração e a crescente decadência e impotência das estruturas políticas os impedem de amadurecer.

Vladimir Putin resumiu com muita precisão o estado atual da experimentação com ferramentas alternativas de ação política para substituir as outras, ultrapassadas, cada vez menos potentes e mais débeis. Contudo, não lhe cabe (nem a ninguém) determinar por quanto tempo seu diagnóstico irá manter a validade, antes que isso seja decidido pelas pessoas que fazem a história ao mesmo tempo em que por ela são feitas, por ação ou omissão. Nesse processo, a necessidade urgente, imperativa de uma política genuína e de líderes espirituais, assim como sua probabilidade, se tornará mais e mais evidente. Os eventuais líderes deverão ter a prudência de relembrar e aprender com a experiência as realizações de Václav Havel. Pois mesmo entre as figuras políticas mais preeminentes dos últimos tempos Havel de certo modo se destacava.

Ao contrário de outros líderes políticos autênticos, Havel não tinha à disposição nenhum equipamento considerado indispensável para o exercício de uma influência tangível. Não tinha atrás de si um movimento político, acompanhado de uma máquina política ramificada e bem-entrincheirada. Não tinha acesso a grandes verbas públicas, um exército, lançadores de mísseis nem polícia, fosse ela secreta ou uniformizada, para transformar sua palavra em carne. Não possuía veículos de massa para transformá-lo em celebridade, transmitir suas mensagens para milhões e fazer com que milhões ficassem ávidos por ouvi-las e segui-las. Na verdade, Havel tinha apenas três armas para usar em seu esforço de mudar a história: esperança, coragem e obstinação – armas que todos nós possuímos em maior ou menor grau. A única diferença entre Václav Havel e o restante de nós é que, ao contrário dele, dificilmente recorremos a essas armas, e quando (ou se) o fazemos, é com uma determinação muito menor, além de mais fraca e de curta duração.

Para seguir essas recordações de Havel, permita-me observar que, não importa quão discordantes fossem entre si as grandes ideologias do espectro político do passado, todas elas concordavam em um ponto, embora se altercando com ferocidade sobre o que precisava ser feito, dificilmente discutiam sobre quem iria fazer aquilo que, em sua opinião, era necessário. E não havia necessidade de discussão, pois considerava-se evidente que a agência destinada a transformar o verbo em carne era o Estado; o Estado todo-poderoso, como as pessoas então acreditavam nele, que fundia o poder de fazer coisas à capacidade de decidir quais delas deveriam ser feitas e quais seriam evitadas, exercendo uma soberania plena – ou seja, a capacidade executiva – sobre seu território e a população que o habitava. A receita simples para conseguir que as coisas fossem feitas (o que quer que elas fossem) era assumir o aparato do Estado a fim de utilizar o poder que ele detinha. O poder era visualizado como "estocado" em armazéns do governo e pronto para uso (simbolizado na imaginação do público pelo botão que libera o lançamento de mísseis nucleares que todo presidente dos Estados Unidos tem o direito de pressionar, independentemente do partido político que o tenha colocado no Salão Oval). Quem administra o armazém tem a capacidade de fazer o que considera correto e adequado, ou apenas conveniente.

Esse, porém, não é mais o caso. O poder de fazer com que as coisas sejam feitas flutua nos "espaços dos fluxos" (Manuel Castells); é evasivo, cheio de mobilidade, irritantemente difícil de localizar, apontar ou designar e, tal como a hidra lendária, tem muitas cabeças. É imune a regras estabelecidas no local e confinadas ao território – e formidavelmente resistente a todas as tentativas de controlar seus movimentos e tornar previsíveis suas próprias ações, ou suas reações às ações dos outros. A contrapartida é a rápida diminuição da autoridade dos governos de Estado, que exibem sua impotência a toda hora, cada dia de modo mais espetacular. Creio que as visões de uma "boa sociedade" saíram de moda, em última instância, porque os poderes capazes de concretizá-las sumiram de nossa vista. Por que quebrar a cabeça tentando responder à questão "O que fazer" se não há resposta à questão "Quem o fará"? Hoje atravessamos múltiplas crises, porém, a mais profunda delas, de fato, uma "metacrise", que torna todas as outras quase insolúveis, é a *crise da agência*. E mais importante ainda, da "agência tal como a conhecemos", da herdada e atual agência do Estado, experimentada e testada pelas gerações passadas, que a montaram e que as recomendaram a nós.

De modo correspondente e complementar ao declínio e fracasso da agência (eficaz, confiável), tem havido uma mudança seminal no domínio da ideologia. Até por volta de meio século atrás, as ideologias estavam, por assim dizer, "entrelaçadas" com o Estado – seus interesses e propósitos eram estabelecidos. As ideologias de hoje estão entrelaçadas com a *ausência* do Estado como instrumento eficaz de ação e mudança. Em sua versão extrema, a ideologia está "privatizada", concentrada em escavar um nicho relativamente sólido e tranquilo na areia movediça; um refúgio seguro e protegido num ambiente social desesperada e irremediavelmente inseguro e desguarnecido (como construir um abrigo familiar num mundo inclinado para a "Destruição Mutuamente Garantida", DMG – ou comprar uma residência numa "comunidade fechada", dentro de uma cidade repleta de violência e decadência incontroláveis).

A alguma distância do polo da "individualização" e pulverização extremas das totalidades sociais, estende-se uma ampla gama de ideologias preocupadas em procurar e testar novas formas de ação coletiva como possível(eis) alternativa(s) a um Estado agora cada vez mais conspícuo. O já mencionado fenômeno das "pessoas em movimento" é uma dessas ideologias em ação. Incipiente e precoce, não plenamente constituído, mais encon-

A crise da política e a busca de uma linguagem da sensibilidade 107

tro de grupo às cegas que movimento determinado e consistente numa direção planejada e escolhida, até agora está em fase de teste. A evidência acumulada durante o teste é ambígua, para dizer o mínimo. O júri ainda está deliberando e provavelmente irá deliberar por muito tempo. Os sinais são controversos; os resultados de sucessivos testes são caleidoscópicos; o conteúdo de suas mensagens é camaleônico. A recusa a investir esperanças nas instituições políticas existentes talvez seja o único fator invariável e integrador que esses movimentos compartilham.

Outro aspecto crucial entre os muitos que você mencionou... Você diz:

> A tela de TV no *1984* de George Orwell, ou relatórios sobre o vizinho, amante ou amigo de alguém (se faz sentido usar esses termos, já que amor e amizade, como modernos sentimentos e expressões de livre escolha, haviam sido abolidos), aparece como pesadelo da modernidade sem uma face humana, ou da modernidade em que essa face é esmagada por uma bota.

Mas daí você infere que, "na era da modernidade líquida, a vigilância em massa e a colonização do privado estão vivas e em boa forma, embora assumam aspectos diferentes". Quanta verdade!

Creio que um insight mais importante deve ser trazido a esse contexto. Ele ajuda a entender o mecanismo utilizado na vigilância de massa e na "colonização do privado" e a metodologia da subordinação e da escravização espirituais específicas de nossos tempos líquidos modernos, assim como as técnicas de poder empregadas na construção desses mecanismos. Joseph S. Nye inverteu a infame recomendação de Maquiavel ao príncipe: *é mais seguro ser temido que amado*.[11] Ainda se debate se essa recomendação era certa ou não para os príncipes. Sem dúvida, porém, ela não faz mais sentido para presidentes e primeiros-ministros.

Nye concordaria que, em função de seus hábitos oscilantes, o amor não é particularmente adequado como alicerce sobre o qual a confiança a longo prazo possa se construir e manter. Mas tampouco o é, acrescenta ele, o estado de atemorização, em especial se não for reconfirmado por um príncipe que continue a proceder com base na ameaça de punição, na promessa de ser tão cruel, desumano e bestial – e acima de tudo tão incontrolável e irresistível – quanto aparentava e/ou acreditavam que ele fosse. Essa recomendação revela-se ainda mais inconfiável e frustrante se o amor (acompanhado de admiração, respeito, confiança e disposição de desculpar lapsos, delitos e impropriedades ocasionais) está ausente ou não é forte o bastante para compensar exibições de incompetência ou impotência. Em suma, presidentes e primeiros-ministros, atenção! Levando-se tudo isso em consideração, *é mais seguro ser amado que temido*. Se for preciso recorrer abertamente a hostilidades, não avalie seu sucesso pelo número de inimigos mortos, mas pela quantidade de amigos, admiradores e aliados que conseguiu reunir, adquirir e/ou confirmar.

Não acha que isso seja verdade? Basta ver o que aconteceu com a União Soviética. Ela emergiu dos campos de batalha da Segunda Guerra Mundial com um assombroso capital de admiração e respeito entre os formadores de opinião em âmbito mundial. Tudo isso só para desperdiçá-lo, afogando o levante da Hungria em rios de sangue e depois esmagando e asfixiando o experimento tchecoslovaco e seu "socialismo com face humana", para culminar a ignomínia com um desempenho econômico desastroso e a miséria produzida e reproduzida no plano doméstico sob a égide da economia planificada.

Ou veja os Estados Unidos, mundialmente reverenciados e admirados ao emergirem triunfantes de duas guerras sucessivas contra regimes totalitários só para dissipar um suprimento enorme, em aparência inexaurível, de confiança, esperança, adoração e amor, ao invadir o Iraque e o Afeganistão por motivos fraudulentos e sob falsas premissas, enquanto as armas destinadas a impor o medo se mostravam eficientes e mortais, como se acreditava. O terrível Exército de Saddam Hussein foi varrido,

A crise da política e a busca de uma linguagem da sensibilidade 109

no estilo *Blitzkieg*, e levou apenas alguns dias para que as fortalezas talibãs fossem destruídas e derrubadas como cartas de baralho, enquanto os Estados Unidos perdiam, um a um, quase todos os membros da coalizão inicial e todos os seus potenciais aliados no mundo árabe. De que valeu isso? Os Estados Unidos provavelmente mataram centenas de milhares de iraquianos, com ou sem uniforme, mas perderam milhões de simpatizantes. No mesmo livro, Nye conclui que "o modelo de liderança ao estilo militar" saiu de moda. Talvez a ideia de liderança tal como a conhecemos o tenha seguido. Ao menos, era nisso que insistiam os porta-vozes dos "ocupantes de Wall Street", transformando em mérito o fato de não terem líderes; ou o que dois em cada três americanos confirmam, relatando sua falta de confiança nos poderes constituídos; ou o que sugere uma recente pesquisa encomendada pela Xerox Company, mostrando que o sucesso em empreendimentos coletivos depende 42% do trabalho em equipe, mas apenas 10% da qualidade dos líderes.

As pessoas não são mais tão submissas como costumavam ser (ou se acreditava que fossem) e estão menos propensas a temer a punição por desobediência do que se imaginava. Ficou mais difícil coagi-las a fazer o que os poderes constituídos desejam que façam. Por outro lado, porém, tornam-se mais suscetíveis à sedução, à medida que as tentações vão ganhando amplitude e sofisticação técnica. Atuais e futuros presidentes e primeiros-ministros, tomem nota: Joseph S. Nye Jr., experimentado e testado conselheiro de presidentes e membro de muitos *think tanks* do mais alto nível, recomenda a todos os atuais e potenciais detentores do poder que se baseiem menos no poder *hard* (seja ele militar ou econômico) e mais em sua alternativa e seu complemento *soft*; ou, em resumo, no poder *inteligente*, a razão áurea dos dois, uma mistura ótima, até agora difícil demais de se achar, mas urge buscar com atenção e com a dose certa de cada um dos dois ingredientes: uma combinação ideal da ameaça de quebrar pescoços com o esforço de conquistar os corações.

Entre as elites, sejam elas militares ou políticas, Nye tem uma voz de autoridade ouvida com atenção. Ele mostra uma saída da longa e cada vez mais ampla série de aventuras militares fracassadas e derrotas mascaradas. Creio que aquilo que sua voz sinaliza e reflete é uma espécie de fim de era, a era das guerras como as conhecemos, compreendidas sobretudo como um negócio simétrico – um *combate*. Os instrumentos de coerção do "poder *hard*" não foram absolutamente abandonados, da mesma forma que aquelas armas que provavelmente perderam em termos de aceitação e uso. Mas são cada vez mais planejados com a ideia de tornar a reciprocidade, e portanto a simetria ao estilo combate, quase impossível.

Exércitos regulares raras vezes se encontram face a face; armas pouco chegam a ser descartadas. Nas atividades terroristas, tanto quanto na "guerra ao terrorismo" (a distinção terminológica reflete a nova assimetria de hostilidades), a evitação total do confronto direto com o inimigo é buscada por ambos os lados e com crescente sucesso. Dos dois lados da linha de frente desenvolvem-se duas estratégias e táticas de guerra em tudo diferentes. Cada lado tem suas próprias limitações – mas também suas vantagens, em relação às quais o outro lado não possui respostas eficazes. Portanto, as atuais hostilidades que substituem o combate de outrora consistem em duas ações unilaterais, flagrantemente assimétricas, pretendendo tornar nula e inválida a própria possibilidade de simetria.

De um lado, há uma tendência de reduzir as hostilidades a ações realizadas a uma distância suficiente para negar ao inimigo a oportunidade de replicar ou mesmo prevenir, que dirá evitar, uma resposta de mesmo tipo; essas ações são conduzidas com a ajuda de mísseis inteligentes ou *drones* cada vez mais sofisticados, difíceis de localizar e desviar. Do outro lado, pelo contrário, a tendência é de simplificação do armamento: redução de custo, tamanho e complexidade de montagem e uso. O custo de sequestrar um avião e usá-lo com efeitos materiais devastadores – além de efeitos psicológicos cada vez mais desas-

A crise da política e a busca de uma linguagem da sensibilidade   111

trosos – é apenas alguns dólares maior que o preço de uma passagem aérea. Avaliado pelos padrões da primeira tendência, o efeito tende a ser desproporcionalmente grande em relação ao gasto, mas essa não é toda a história da assimetria dos custos. A simplicidade e a facilidade de acesso aos materiais de que são construídas essas armas tornam difícil a detecção precoce de atos terroristas planejados, e portanto sua prevenção.

Mas o aspecto fundamental que disso decorre é que o custo das tentativas de evitar os inumeráveis atos terroristas previstos (com base em conjecturas e em "evitar riscos") tende a ultrapassar em muito o custo de lidar com os danos resultantes das poucas ações desse tipo realmente empreendidas. Como esses custos têm de ser cobertos pela capacidade financeira do lado que está sob ataque, eles podem muito bem, a longo prazo, se transformar na arma mais eficaz e devastadora dos terroristas (imagine só quanto custa espionar, detectar e confiscar milhões de garrafas de água, dia após dia, em milhares de aeroportos de todo o mundo, só porque alguém, em algum lugar, em algum momento, foi apanhado montando, ou era suspeito de montar, uma bomba artesanal ou caseira, misturando pequenas quantidades de líquidos). Algumas pessoas consideram que o colapso da União Soviética foi desencadeado por Reagan quando este envolveu Gorbachev numa corrida armamentista que a economia daquele país não podia enfrentar sem ir à bancarrota. Observando-se a dívida federal americana, já exorbitante e ainda em crescimento rápido, somos perdoados por indagar se Bin Laden e seus sucessores não pegaram a dica e aprenderam a lição esforçando-se por repetir o feito de Reagan.

LD: A questão de saber se a política moderna vai sobreviver ao século XXI da mesma forma como vigorou por séculos não é uma piada. O maniqueísmo de direita e esquerda, que, nas palavras de Milan Kundera, "é tão estúpido quanto insuperável", e que está fortemente fincado na Europa Ocidental e nos Estados Unidos, é muito mais que política partidária. Fosse ele simples, e seria muito seguro presumir que não haveria outra maneira de enfrentar as polaridades e visões opostas da existência humana que não a política democrática, com sua ética do compromisso racional, sem abrir mão de nossos princípios fundamentais, assim como de nossa dignidade e identidade.

Entretanto, olhando-se mais de perto, parece que não é assim. Estamos sofrendo com os encontros improdutivos, embora dramáticos, entre conceitos morais, códigos culturais e visões do mundo à nossa volta, inconciliáveis e mutuamente exclusivos, que os políticos tentam hoje assumir, acomodar e monopolizar. Mas não há uma única chance de conciliar esses dois polos e atingir um denominador comum.

Nesse ponto, o compromisso moral de nossa época, que denominamos ideologia dos direitos humanos, poderia ser bastante decepcionante mesmo no Ocidente. A indisfarçada irritação dos direitistas a cada insinuação de seus colegas da esquerda a respeito dos direitos de lésbicas, gays, bissexuais e transgêneros (LGBT) é devolvida pela esquerda quando a direita tenta singularizar a perseguição aos cristãos no mundo, ou mencionar o cristianismo como força condutora da Europa, ou ao menos como uma forma de sensibilidade moral e política – tentativa em geral frustrada pela esquerda.

Enquanto os políticos estiverem preocupados, para não dizer obcecados, com o corpo, a privacidade e a memória dos homens, eles tenderão a substituir a busca de uma boa política pela luta a favor da maioria moral, abrindo agressivamente o caminho em direção a novas formas de controle social, disfarçadas de preocupações morais e educacionais.

Foi com sólidas razões, portanto, que Michel Houellebecq descreveu esse conflito interno da modernidade como o choque de duas antropologias opostas: a do outro mundo, orientada para um ideal distante, em cujo nome seus adeptos falam e agem ao buscar cobrir o território caracteristicamente moderno da sensibilidade e da vida humanas; e a deste mundo, que nega ter um plano superior ou supremo de existência e dignidade e é abertamente materialista e hedonista. A primeira preserva a vida em todas as suas formas,

A crise da política e a busca de uma linguagem da sensibilidade 113

opondo-se com rigor ao aborto e defendendo a origem divina do ser humano; a segunda defende a relação entre o corpo feminino e sua dignidade, ou entre privacidade e liberdade.

A primeira é uma fraude, no sentido de se apresentar como uma tradição antiga e consagrada pelo tempo, falando uma linguagem moderna de poder e comportando-se como um ator de hoje com a voz de um profeta coletivo com mil anos de idade. No entanto, de certa maneira, assim também é a segunda, já que se esforça por se apresentar como a voz de hoje, embora fale em favor de uma velha ideia de antropocentrismo ancorada no Renascimento. O que é deixado para trás na luta dessas duas antropologias antagônicas e mutuamente exclusivas é uma tensão fundamental da modernidade.

O que é uma agência pública adequada (supondo-se que exista alguma) ao mistério da vida, da liberdade e da consciência humanas? Quem fala por nós? Os que nos controlam ou os que supostamente nos conhecem melhor que nós mesmos? Na verdade, nenhum deles.

E isso nos traz à próxima questão essencial: qual o potencial da política para representar a humanidade moderna, e qual será o futuro dos partidos políticos, esses agentes do poder que falam em nome da relação entre indivíduo e comunidade, traduzindo seus interesses privados em assuntos públicos, empoderando-os e conectando-os ao domínio público?

Na era do Facebook, em especial após a Primavera Árabe, tornou-se óbvio que os partidos políticos só sobreviverão até o próximo século, ou talvez só até a segunda metade do século XXI, se começarem a agir como os movimentos sociais e se ligarem a eles. De outra forma correm o perigo de se tornar irrelevantes e inúteis. Ou os partidos se aproximam dos movimentos sociais como novas expressões de vontade social e política esporádica (algo semelhante aos Indignados da Espanha), ou vão perder terreno, funcionando apenas como grupelhos antiquados e banais.

Como grupos de pessoas conscientes de seus objetivos e interesses políticos, os partidos correm o risco de serem eliminados a longo prazo por grupos politizados, corporativos ou semirreligiosos, talvez imbuídos de um vago sectarismo pós-moderno. Os vínculos humanos e a devoção conjunta são muito mais fortes nesses grupos quase religiosos que nos partidos políticos, enquanto a busca da realização de interesses econômicos pode ser muito mais eficiente em pseudopartidos organizados como novas células do mundo corporativo. Em ambos os casos, os partidos políticos à moda antiga, que sempre se basearam na clássica lógica do poder profundamente arraigada à unidade territorial, assim como no moderno casamento da política com a cultura, vão se encontrar numa situação em que é impossível vencer.

A representação e a legitimidade democrática genuínas, mais que a busca de formas eficazes de comunicação pública, parece um problema essencial da política hoje. Além disso, essa questão continua tão sem resposta quanto saber se nossas sensibilidades políticas modernas estão em sintonia ou em choque com nossas preocupações éticas e existenciais.

Não podemos deixar de lado esses problemas se quisermos evitar o pesadelo de uma política grotesca, estabelecida para terminar como reality shows, se tornar a forma predominante de vida política; e que os novos quadros políticos sejam recrutados exclusivamente no show business, no esporte e na indústria de filmes para adultos.

. 3 .

Entre o medo e a indiferença: a perda da sensibilidade

LEONIDAS DONSKIS: Nossa época é caracterizada pelo medo. Desenvolvemos uma cultura do medo que está se tornando cada vez mais poderosa e global. Nossa era de autorrevelação, fixada no sensacionalismo barato, nos escândalos políticos, nos reality shows e em outras formas de autoexposição em troca da atenção do público e da fama, valoriza incomparavelmente mais o pânico moral e os cenários apocalípticos que a abordagem equilibrada, a ironia leve ou a modéstia.

Por trás dessa tendência está o medo esmagador de desmoronar ou de ser quem se é; o medo da desimportância; de desvanecer no ar sem deixar vestígios de visibilidade e presença; de estar distante do mundo da TV e da mídia, o que equivale a se tornar uma não entidade ou ao fim da própria existência. Houve um tempo em que os filósofos fatalistas e pessimistas, com todas as suas previsões quanto à ruína final da cultura europeia ou ao colapso do mundo ocidental, pareciam uma voz do século XX com suas trágicas e sombrias experiências da Primeira Guerra Mundial, da Grande Depressão nos Estados Unidos, da ascensão de ditaduras totalitárias e outras formas de barbárie moderna.

O paradoxo é que agora é quase de bom-tom prever o colapso da Europa – financeiro, político e cultural. Os visigodos decerto estão chegando, de uma forma ou de outra: migrantes e refugiados da África, da Ásia e do Leste Europeu privam a Europa de sua identidade historicamente constituída, enquanto muçulmanos apresentam uma ameaça direta ao legado do cristianismo e a nossos direitos e liberdades fundamentais. A marcha fúnebre da Europa tornou-se um lugar-comum nos últimos cinco anos, mais ou menos.

O que foi percebido pelo perspicaz, embora sinistro e perigoso, filósofo da cultura Oswald Spengler como negação ainda não anunciada e ruptura ainda não declarada de um grande princípio unificador – o princípio claramente percebido por trás de Giotto, Masaccio, Leonardo, Rafael, Hals, Rembrandt, Vermeer, Bach, Mozart e Beethoven – é proclamado pelas novas Cassandras da internet e do Facebook como uma investida dos novos visigodos. O que o pensador austríaco Egon Friedell via como profunda crise da alma europeia, nossas novas Cassandras avaliam apenas em termos de perda de poder, domínio e prestígio. Basta mencionar um livro amador e na verdade lamentável embora popularíssimo, *Deutschland schaft Sich ab: Wie wir unser Land aufs Spiel setzen* (A Alemanha abole a si mesma: como estamos pondo nosso país em risco), uma tentativa de defender a ideia de ameaça à Alemanha e à identidade europeia empreendida por Thilo Sarrazin, ex-funcionário do Ministério das Finanças da Alemanha e senador das finanças pelo estado de Berlim.

O mais surpreendente, para não dizer incompreensível, é que vivemos numa época relativamente segura e feliz. Qualquer comparação (embora nossa era seja confusa e imprevisível) com o período das duas guerras me impressiona como algo equivocado, repugnante e em última instância imprudente. Portanto, pode-se indagar se as pessoas entendem o que estão dizendo ao comparar coisas muito diferentes e ao defender a ideia de ameaça. Livros sobre "a nova tirania liberal", "o totalitarismo *soft*", "o fascismo liberal" etc., supostamente emergentes, começaram a proliferar na última década.

A resposta não é tão fácil como parece. O medo da modernidade é notícia requentada. Cada novo fenômeno pode causar um surto de pânico moral e uma reação exagerada. Podemos ver aqui uma espécie de medo controlado ou domesticado. A questão é que o medo se tornou desde então parte da cultura popular, nutrindo nossa imaginação perturbada e apocalíptica: terremotos, tsunamis, outros desastres naturais e crimes de guerra deixaram de se situar num plano remoto da realidade. Agora estão conosco o tempo todo, alimentando nossa mídia sensacionalista e privando-nos do doce sonho de que haja em algum lugar (ou pelo menos deveria haver) uma ilha distante onde pudéssemos nos sentir absolutamente seguros e felizes. O medo usa várias máscaras. Ele pode falar a linguagem da experiência íntima e existencial. Contudo, olhando mais de perto, parece que estamos no controle de amplos segmentos do medo organizado: pense nos filmes e contos de terror, funcionando como parte insubstituível do entretenimento, nas comédias de TV e nos humoristas do gênero *stand-up*.

Não temos exatamente medo, mas o temos. Tenho medo, logo existo. Outro lado da mesma moeda, o medo alimenta o ódio e o ódio alimenta o medo. O medo fala a língua da incerteza, da insegurança e da falta de proteção que nossa época fornece em grandes quantidades e abundância. A proliferação de teorias conspiratórias e abordagens dinâmicas, embora simplistas, na União Europeia nos lembra como nossa vida pode ser difícil ou mesmo insustentável na dúvida e na incerteza constantes.

Como você diria, houve uma época em que nossa cultura racionalista costumava consolar as pessoas sugerindo que a incerteza era apenas uma pausa temporária antes da chegada de uma nova teoria plausível ou explicação abrangente. Agora temos de aprender a viver com um permanente senso de incerteza. O que chega como inspiração a um filósofo ou artista pode se tornar uma calamidade para pessoas comuns, temendo que suas vidas sejam prejudicadas e desperdiçadas. O problema é que com isso vem um político trapaceiro que promete resolver a questão e afastar todos os nossos medos e descontentamentos. Assim, o medo se torna uma mercadoria política, abrindo caminho para uma onda de populismo e xenofobia na Europa.

Diante de nossos olhos, a cultura do medo produz a política do medo.

ZYGMUNT BAUMAN: Você está certo, Leonidas – o medo não parece uma anormalidade revogável e curável, uma intumescência cancerosa no admirável mundo novo da modernidade, uma excrescência maligna que precisa ser extirpada, mas que ainda pode ser objeto de cirurgia. Tampouco é provável que, se a cirurgia fosse realizada, o paciente (a modernidade) sobrevivesse a ela e voltasse são e salvo da sala de operações. Parece que medo e modernidade são irmãos gêmeos, até *siameses*, de um tipo que nenhum cirurgião, ainda que hábil e equipado com a última palavra em tecnologia operatória, poderia separar sem colocar em risco a sobrevivência de *ambos*.

Existem, e sempre existiram em todas as épocas, três razões para se ter medo. Uma delas era (é e continuará a ser) a ignorância: não saber o que vai acontecer em seguida, o quanto somos vulneráveis a infortúnios, que tipo de infortúnios serão esses e de onde provêm. A segunda era (é e continuará a ser) a impotência: suspeita-se que não há nada ou quase nada a fazer para evitar um infortúnio ou se desviar dele, quando vier. A terceira era (é e continuará a ser) a humilhação, um derivado das outras duas: a ameaça apavorante à nossa autoestima e autoconfiança quando se revela que não fizemos tudo que poderia ser feito, que nossa própria desatenção aos sinais, nossa indevida procrastinação, preguiça ou falta de vontade são em grande parte responsáveis pela devastação causada pelo infortúnio.

Como é totalmente improvável que se venha a atingir o conhecimento pleno do que está por vir, e como as ferramentas disponíveis para prevenir essa chegada dificilmente podem ser consideradas seguras, certo grau de ignorância e impotência tende a acompanhar os seres humanos em todos os seus empreendimentos. Falando claramente, o medo veio para ficar. Os seres humanos sabem disso desde os tempos imemoriais. A visão do medo como perturbação temporária – a ser afastada do caminho e eliminada de uma vez por todas pelas tropas avançadas da Razão – foi apenas um episódio singular, mais ou menos curto, no segmento moderno da história humana. Esse episódio, como você observou, agora está quase encerrado.

Sigmund Freud escreveu em 1929, e ninguém o contradisse seriamente desde então: "Somos feitos de modo a só podermos derivar prazer intenso do contraste, e muito pouco de determinado estado de coisas." Em *O mal-estar na civilização*, ele citou a advertência de Goethe, de que "Nada é mais difícil de suportar/ que uma sucessão de dias lindos", em apoio à sua própria opinião, apenas com a ligeira ressalva de que isso talvez fosse "um exagero". Enquanto o sofrimento pode ser uma condição duradoura e ininterrupta, a felicidade, esse "prazer intenso", só pode ser uma experiência momentânea, transitória – vivida num flash, quando o sofrimento é interrompido. "A infelicidade", sugere Freud, "é muito menos difícil de experimentar."

A maior parte do tempo, então, nós sofremos, e o tempo todo tememos o sofrimento que pode advir das ameaças permanentes pairando sobre nosso bem-estar. Há três direções das quais tememos que o sofrimento advenha: do poder superior da natureza, da fragilidade de nossos corpos e dos outros seres humanos. Dado que acreditamos mais na possibilidade de reformar e aperfeiçoar as relações humanas que em subjugar a natureza e pôr fim à fraqueza do corpo humano, temos medo da inadequação das regras que ajustam as relações mútuas dos seres humanos na família, no Estado e na sociedade. Sendo o sofrimento, ou o horror que ele provoca, um acessório permanente da vida, não admira que o "processo da civilização" (essa longa e talvez interminável marcha em direção a um modo de ser e estar num mundo mais hospitaleiro e menos perigoso) se concentre em localizar e bloquear essas três fontes da infelicidade humana.

A guerra declarada ao desconforto humano em todas as suas variedades é travada em três frentes. Enquanto muitas batalhas vitoriosas têm-se dado nas duas primeiras frentes, e um número crescente de forças inimigas esteja sendo desarmado e posto fora de ação, na terceira linha de batalha o destino da guerra continua indefinido, e não parece que as hostilidades irão chegar ao fim. Para libertar os seres humanos de seus medos, a sociedade deve impor restrições a seus membros, enquanto, para continuar em sua busca da felicidade, homens e mulheres precisam rebelar-se contra essas restrições. A terceira das três fontes do sofrimento humano não pode ser eliminada por decreto. A interface entre a busca da felicidade individual e as inelutáveis condições da vida em comum será sempre um local de conflito. Os impulsos instintivos dos seres humanos tendem a se chocar com as demandas de uma civilização inclinada a enfrentar e vencer as causas do sofrimento humano.

Por esse motivo, a civilização, insiste Freud, é uma permuta: para ganhar alguma coisa dela, os seres humanos devem dar algo em troca. Tanto o que se ganha quanto o que se dá é muito valorizado e desejado; cada fórmula de troca, portanto, não passa de um acordo temporário, produto de um compromisso jamais satisfatório para nenhum dos dois lados desse antagonismo sempre latente. A hostilidade terminaria se desejos individuais e demandas sociais pudessem ser atendidos simultaneamente. Mas não é assim. A liberdade de agir de acordo com suas compulsões, inclinações, impulsos e desejos, bem como as restrições impostas a ela por motivos de segurança são altamente necessárias para uma vida satisfatória – na verdade, suportável e sustentável; segurança sem liberdade equivale à escravidão, enquanto a liberdade sem segurança significaria caos, desorientação, eterna incerteza e, em última instância, incapacidade de agir tendo em vista um propósito. Liberdade e segurança são e sempre serão mutuamente inconciliáveis.

Tendo insinuado isso, Freud chegou à conclusão de que os desconfortos e aflições psicológicos surgem sobretudo quando se cede muito da liberdade em troca de uma melhoria (parcial) da segurança. A liberdade truncada e restrita é a principal baixa do "processo civilizador", a maior e mais generalizada insatisfação, endêmica em uma vida civilizada. Foi esse o veredicto pronunciado por Freud em 1929. Imagino se ele emergiria intac-

Entre o medo e a indiferença 121

to caso Freud o elaborasse hoje, mais de oitenta anos depois. Duvido. Embora suas premissas se mantivessem (as demandas da vida civilizada e também o equipamento instintivo humano, transmitido pela evolução da espécie, têm permanecido fixos por muito tempo, e presume-se que sejam imunes aos caprichos da história), o veredicto provavelmente seria invertido.

Sim, Freud repetiria que a civilização é uma questão de permuta: você ganha alguma coisa, porém cede outra. Mas ele poderia ter situado as raízes dos desconfortos psicológicos e dos descontentamentos que ele engendra no lado oposto do espectro de valor. Poderia ter concluído que, no período atual, a insatisfação dos seres humanos com a situação geral provém sobretudo de ceder muita segurança em troca de uma expansão sem precedentes dos domínios da liberdade.

Freud escrevia em alemão. Para traduzir o significado do conceito que ele usou, *Sicherheit*, são necessárias três palavras: certeza, segurança e proteção. A *Sicherheit* que em grande parte cedemos contém: a certeza sobre o que o futuro vai trazer e os efeitos (se é que haverá algum) que nossas ações irão produzir; a segurança em nossa posição socialmente atribuída e em nossas tarefas existenciais; e a proteção contra os ataques a nossos corpos e suas extensões, nossas posses. Abdicar da *Sicherheit* resulta na *Unsicherheit*, condição que não se submete tão facilmente à dissecação e à investigação anatômica. As três partes constituintes contribuem para sofrimentos, ansiedades e medos, e é difícil apontar as verdadeiras causas do desconforto vivenciado.

A ansiedade pode ser imputada à causa errada, circunstância a que os políticos atuais em busca de apoio eleitoral podem recorrer, e com frequência o fazem, em benefício próprio – mesmo que não necessariamente em proveito dos eleitores. Claro, eles preferem atribuir o sofrimento de seus eleitores a causas que podem combater, e ser vistos combatendo (como quando propõem endurecer a política de imigração e de asilo ou a deportação de estrangeiros indesejáveis), a admitir a verdadeira origem da incerteza, que nunca tiveram a capacidade ou a disposição de enfrentar nem uma esperança realista de vencer: a instabilidade no emprego; a flexibilidade dos mercados de trabalho; a ameaça de redundância; a expectativa de redução do orçamento familiar; um nível incontrolável de dívida; uma renovada preocupação com as garantias para a velhice; ou a fragilidade geral dos vínculos e parcerias humanos.

Viver em condições de incerteza prolongada e em aparência incurável provoca duas sensações humilhantes: ignorância (não saber o que o futuro trará) e impotência (ser incapaz de influenciar em seu curso). Elas são humilhantes de verdade. Em nossa sociedade altamente individualizada, em que se presume que cada indivíduo seja responsável por seu próprio destino na vida, essas condições implicam a inadequação do sofredor para tarefas que outras pessoas, mais exitosas, parecem desempenhar graças à maior capacidade e ao maior esforço. Inadequação sugere inferioridade, e ser inferior, ser visto como tal, é um golpe doloroso contra a autoestima, a dignidade pessoal e a coragem da autoafirmação. A depressão é agora a doença psicológica mais comum. Ela atormenta um número crescente de pessoas que receberam a designação coletiva de "precariado", expressão cunhada a partir do conceito de "precariedade", denotando a incerteza existencial.

Uma centena de anos atrás, a história humana era representada como um relato do progresso da liberdade. Isso implicava, como outros relatos populares, que a história fosse guiada na mesma e inalterada direção. As recentes reviravoltas na disposição do público sugerem outra coisa. O "progresso histórico" parece lembrar mais um pêndulo que uma linha reta. No tempo em que Freud escrevia, a queixa comum era um déficit de liberdade. Seus contemporâneos estavam preparados para abrir mão de grande parte de sua segurança em troca da retirada das restrições impostas à sua liberdade. E acabaram conseguindo isso. Agora, porém, multiplicam-se os sinais de que cada vez mais pessoas não se preocupariam em abrir mão de uma parte de sua liberdade em troca de se emancipar do espec-

Entre o medo e a indiferença   123

tro assustador da insegurança existencial. Estaremos testemunhando outro giro do pêndulo? Se isso está acontecendo, que consequências pode produzir? O medo é parte integrante da condição humana. Podemos até eliminar, uma a uma, as ameaças causadoras do medo (Sigmund Freud definiu a civilização como um arranjo das questões humanas inclinado a fazer exatamente isso: limitar e por vezes eliminar as ameaças de danos causadas pela aleatoriedade da natureza, pelas fraquezas do corpo e pela inimizade do próximo). Mas até agora nossa capacidade não está nem perto de eliminar a "mãe de todos os medos", o "medo dos medos", aquele medo-mestre exalado pela consciência de nossa mortalidade e da impossibilidade de se escapar da morte. Podemos viver hoje numa "cultura do medo", mas nosso conhecimento da inevitabilidade da morte é a razão básica de termos uma cultura, é a fonte e o motor principal da cultura – de toda e qualquer cultura. Esta pode ser definida como um esforço permanente, sempre incompleto e em princípio interminável para tornar suportável a vida mortal. Ou podemos tentar avançar mais um passo e concluir que é nosso conhecimento da mortalidade, e portanto nosso eterno medo da morte, que torna humano nosso modo de ser e estar no mundo, que faz de nós seres humanos.

A cultura é o sedimento da tentativa de *tornar suportável a vida com a consciência da mortalidade*. Se por algum motivo nos tornássemos imortais, como algumas vezes (tolamente) sonhamos, a cultura interromperia seu curso, como descobriu Joseph Cartaphilus, de Esmirna, personagem de Jorge Luis Borges, que procurava infatigavelmente a cidade dos Imortais, ou Daniel25, clonado e destinado a ser eternamente reclonado, o herói de *A possibilidade de uma ilha*, de Michel Houellebecq. Como Joseph Cartaphilus testemunhou: tendo percebido sua própria imortalidade, e sabendo que, "num espaço de tempo infinitamente longo, todas as coisas acontecem a todos os homens", pelo mesmo motivo, seria "impossível que a *Odisseia* não fosse composta ao menos uma vez", e então Homero deveria reverter ao estágio de troglodita. E, como Daniel25 descobriu, uma vez eliminada a expectativa do fim dos tempos e assegurada a infinitude do ser, "o simples fato de existir já era um infortúnio", e a tentação de abrir mão voluntariamente do direito de continuar a ser reclonado e partir para "o nada absoluto, a simples ausência de conteúdo" se tornava algo impossível de resistir.

Foi o conhecimento de que tinham da morte, da brevidade inegociável do tempo, da possibilidade de as visões permanecerem *ir*realizadas, de os projetos *não* serem concluídos e as coisas *não* feitas que instigou os seres humanos à ação e fez sua imaginação voar. Foi esse conhecimento que tornou a criação cultural uma necessidade e transformou os seres humanos em criaturas da cultura. Desde os primórdios da cultura, e através de sua longa história, seu motor tem sido a necessidade de preencher o abismo que separa transitoriedade e eterno, finitude e infinito, vida mortal e imortalidade, ou o ímpeto de construir uma ponte que permita a passagem de uma extremidade à outra, ou o impulso de capacitar os mortais para imprimir na eternidade sua presença contínua, nela deixando a marca de nossa visita, ainda que breve.

Nada disso significa, evidentemente, que as fontes do medo, o lugar que ele ocupa na fórmula da vida e os focos das respostas que ele evoca sejam imutáveis. Pelo contrário, cada tipo de sociedade e cada era histórica têm seus próprios medos – específicos em relação à época e à sociedade. Embora seja bastante desaconselhável imaginar a possibilidade de uma alternativa "livre do medo", é fundamental expor as características distintivas do medo específico de nossa época e sociedade em favor da clareza de nosso propósito e do realismo de nossas propostas.

Quando tinham sede, nossos ancestrais tomavam sua dose diária de água em riachos, rios e fontes – e às vezes em poças – próximos. Nós compramos uma garrafa de plástico cheia de água numa loja vizinha e a levamos conosco o dia inteiro, a todos os lugares, bebendo um gole de vez em quando. Ora, essa é uma "diferença que faz diferença". Disparidade semelhante aparta os medos contemporâneos daqueles de nossos ancestrais. Em ambos os casos, o que faz a diferença é sua comercialização. O medo, tal como a água, foi transformado em mercadoria de consumo e submetido à lógica e às regras do mercado. Além disso, o medo tem sido uma mercadoria política, uma moeda usada na condução do jogo do poder. O volume e a intensidade do medo nas sociedades humanas não refletem mais a gravidade objetiva ou a iminência de ameaça; são, em vez disso, subprodutos da totalidade das ofertas de mercado e da magnitude da promoção (ou propaganda) comercial.

Vejamos em primeiro lugar os usos comerciais do medo. Sabe-se muito bem que a lógica de marketing de uma economia "desenvolvida" (compulsiva, obsessiva e viciosamente em desenvolvimento) não é governada pelo compromisso de satisfazer necessidades existentes, mas de expandir as necessidades até o nível da oferta e suplementá-las com desejos só de longe relacionados a necessidades, embora correlacionados às técnicas de tentação e sedução do marketing. Este dedica-se à descoberta ou à invenção de perguntas cujas respostas os produtos recém-apresentados parecem oferecer, e então a induzir o maior número possível de potenciais clientes a fazer essa pergunta com frequência cada vez maior.

Como todas as outras, a necessidade de proteção contra ameaças tende a ser amplificada e adquire um ímpeto autopropelente e autoacelerante. Uma vez no jogo da proteção contra o perigo, nenhuma das defesas já adquiridas parece suficiente, e está assegurado o potencial de sedução e tentação das "novas e aperfeiçoadas" engenhocas e geringonças. Por outro lado, quanto mais profundo o engajamento em defesas que sempre se reforçam e se enrijecem, mais profundo e agudo é o medo da ameaça: a imagem desta última cresce em horripilância e capacidade de aterrorizar proporcionalmente à intensificação das preocupações com segurança e à visibilidade e intrusividade das medidas para garanti-la. De fato, se estabelece um círculo vicioso, ou um raro caso de moto-perpétuo "autossustentável", que não precisa mais receber energia de fora, extraindo-a de seu próprio impulso. As obsessões com segurança são inexauríveis e insaciáveis, uma vez deixadas à solta, não há como pará-las. São autopropelentes e autoexacerbantes, quando ganham novo impulso, não precisam mais do reforço de fatores externos – produzem, numa escala sempre crescente, suas próprias razões, explicações e justificativas. A febre acesa e aquecida pela introdução, o fortalecimento, a utilização e o enrijecimento das "medidas de segurança" torna-se o único reforço necessário para que medos, ansiedades e tensões de insegurança e incerteza se autorreproduzam, cresçam e proliferem. Radicais que sejam, os estratagemas e dispositivos planejados, obtidos e postos a funcionar para fins de segurança dificilmente se mostrarão radicais o bastante para acalmar os medos – não por muito tempo, de qualquer modo. Qualquer um deles pode ser ultrapassado, abandonado e tornado obsoleto em função de conspiradores traiçoeiros que aprendem a contorná-los ou ignorá-los, superando assim cada obstáculo erguido em seu caminho.

Moazzam Begg, islamita britânico preso em janeiro de 2002 e solto sem acusações após três anos nas prisões de Bagram e da baía de Guantánamo, assinala corretamente em seu livro *Enemy Combatant* (2006) que o efeito geral de uma vida levada sob alertas de segurança incessantes – beligerância, justificativas para tortura, prisão arbitrária e terror – é "ter tornado o mundo muito pior". E, acrescentaria eu, nem um pouco mais seguro. Sem dúvida alguma, o mundo se sente bem menos seguro hoje que uma ou duas décadas atrás. É como se o principal efeito das profusas e custosas medidas extraordinárias de segurança tomadas no último decênio fosse um *aprofundamento da sensação de perigo, da densidade dos riscos e da insegurança*. Disseminar as sementes do medo resulta em grandes colheitas em matéria de política e comércio. O fascínio de uma safra opulenta inspira os que estão em busca de ganhos políticos e comerciais a forçar continuamente a abertura de novas terras para plantar o medo.

Em suma, talvez o efeito mais pernicioso, seminal e prolongado da obsessão com segurança (o "dano colateral" que ela produz) seja solapar a confiança mútua, plantar e cultivar a suspeita recíproca. Com a falta de confiança, traçam-se fronteiras; com a suspeita, elas são fortificadas, ocasionando prejuízos mútuos, e transformadas em linhas de frente. Um déficit de confiança leva a uma quebra da comunicação; com a retração da comunicação e a falta de interesse em sua renovação, o "estranhamento" dos estrangeiros tende a se aprofundar e adquirir tons cada vez mais sombrios e sinistros, o que por sua vez os desqualifica ainda mais como potenciais parceiros de um diálogo e na negociação de um modo de coexistência mutuamente seguro e agradável.

O tratamento dos estrangeiros como simples "problema de segurança" é subjacente a uma das causas do verdadeiro "moto-perpétuo" nos padrões de interação humana. A desconfiança em relação aos estrangeiros e a tendência a estereotipar todos eles, ou algumas categorias selecionadas, como bombas-relógios prontas a explodir crescem em intensidade a partir de uma lógica e de um ímpeto próprios, sem necessidade de apresentar novas provas de sua adequação nem estímulos adicionais provenientes de atos de hostilidade por parte do pretenso adversário (ou seja, eles mesmos produzem provas e estímulos em profusão). Em geral, o principal efeito da obsessão com a segurança é o rápido *crescimento* (e não a redução) da sensação de insegurança, com todos os acessórios de pânico, ansiedade, hostilidade, agressão, mais o esvaziamento ou supressão dos impulsos morais.

Tudo isso não significa que a segurança e a ética sejam inconciliáveis e devam permanecer assim. Apenas assinala as armadilhas que a obsessão com segurança tende a espalhar pela estrada que leva a uma coexistência pacífica, mutuamente lucrativa e segura (na verdade, uma cooperação) de etnias, credos e culturas em nosso globalizado mundo de diásporas. Com o aprofundamento e a consolidação das diferenças humanas em quase todos os ambientes e vizinhanças, um diálogo respeitoso e simpático entre as diásporas se torna condição cada vez mais importante, na verdade crucial, para a sobrevivência planetária comum. No entanto, por infortúnio, pelos motivos que tentei relacionar, ele está cada vez mais difícil de atingir e de defender das contingências presentes e futuras. Ser difícil, contudo, significa apenas uma coisa: a necessidade de muita boa vontade, dedicação, disposição para o acordo, respeito mútuo e aversão a todas as formas de humilhação humana; e, evidentemente, a firme determinação de restaurar o equilíbrio perdido entre o valor da segurança e o da adequação ética. Cumpridas todas essas condições, e só dessa maneira, o diálogo e o acordo (a "fusão de horizontes" de Hans Gadamer) podem (apenas podem), por sua vez, se transformar no novo "moto-perpétuo" predominante nos padrões de coexistência humana. Essa mudança não fará vítimas, só beneficiários.

Isso me leva a trazer a nossa consideração mais um estímulo que alimenta, exacerba e intensifica as obsessões com segurança, ao mesmo tempo que torna as nuvens do medo ainda mais densas e sombrias: a necessidade de legitimação do Estado na era da globalização.

A incerteza e a vulnerabilidade humanas são os alicerces de todo poder político: é desses acessórios gêmeos da condição humana, amplamente abominados, embora constantes, assim como do medo e da ansiedade que eles tendem a gerar, que o Estado moderno prometeu proteger seus súditos; e é sobretudo a partir dessa promessa que ele extrai sua razão de ser, assim como a obediência e o apoio eleitoral de seus cidadãos.

Numa sociedade moderna "normal", a vulnerabilidade e a insegurança existencial, assim como a necessidade de viver e agir em condições de incerteza profunda e desesperadora, são garantidas pela exposição das ocupações da vida às forças do mercado, sabidamente voláteis e imprevisíveis. Com exceção da tarefa de criar e proteger as condições legais para o exercício das liberdades de mercado, não há necessidade de que o poder político contribua para a produção de incerteza e o consequente

Entre o medo e a indiferença 129

estado de insegurança existencial. Os caprichos do mercado são suficientes para erodir os alicerces da segurança existencial e manter pairando sobre a maioria dos membros da sociedade o espectro da degradação, humilhação e exclusão sociais.

Ao exigir de seus súditos obediência e observância à lei, o Estado pode basear sua legitimidade na promessa de *reduzir* a amplitude da vulnerabilidade e da fragilidade que caracterizam a atual condição de seus cidadãos: *limitar* os danos e prejuízos produzidos pelo livre jogo das forças do mercado, *blindar* os vulneráveis em relação aos infortúnios dolorosos e garantir os inseguros contra os riscos que a livre competição produz. Esse tipo de legitimação encontrou sua expressão máxima na autodefinição da moderna forma de governança como um *"État-providence"*, uma comunidade que toma para si mesma, para sua administração e seu gerenciamento, a obrigação e a promessa que costumavam ser atribuídas à divina Providência – proteger os fiéis das inclementes vicissitudes do destino, ajudá-los na ocorrência de infortúnios pessoais e prestar-lhes socorro em suas aflições.

Essa fórmula de poder político (sua missão, tarefa e função) está recuando para o passado. Instituições do "Estado previdenciário", voltadas para encarnar e substituir as práticas correspondentes da divina Providência, um pouco menos abrangentes, além de frustrantes e confusamente irregulares, agora são esfaceladas, desmontadas ou eliminadas, enquanto se removem as restrições antes impostas às atividades comerciais e ao livre jogo da competição do mercado e suas consequências. As funções protetoras do Estado estão limitadas e "enxugadas", reduzidas à cobertura de uma pequena minoria dos não empregáveis e dos inválidos, embora mesmo essa minoria tenda a ser reclassificada, passo a passo, de preocupação em termos de proteção social para uma questão de lei e ordem.

A incapacidade de o indivíduo se engajar no jogo do mercado segundo suas regras estatutárias, usando seus próprios recursos e por sua própria conta e risco, tende a ser cada vez mais criminalizada, reclassificada como sintoma de intenção criminosa ou pelo menos de potencial para o crime. O Estado lava as mãos quanto à vulnerabilidade e à incerteza provenientes da lógica (da falta de lógica) do livre mercado. A deletéria fragilidade da condição social agora é redefinida como assunto privado – uma questão com que os indivíduos devem lidar e se confrontar usando seus próprios recursos. Como disse Ulrich Beck, agora se espera que os indivíduos procurem soluções biográficas para contradições sistêmicas.[1]

Essas novas tendências têm um efeito colateral: elas solapam os alicerces sobre os quais o poder de Estado se sustentou durante a maior parte da era moderna, quando afirmava desempenhar papel crucial na luta contra a vulnerabilidade e a incerteza que assolavam seus súditos. O crescimento da apatia política, a perda do interesse e do compromisso políticos ("não há mais salvação pela sociedade", como Peter Drucker proclamou, numa expressão famosa) e uma ampla retirada da população no que se refere a participar da política institucionalizada são testemunhos do esfacelamento dos alicerces remanescentes do poder de Estado.

Suspendendo a antiga interferência programática sobre a incerteza e insegurança existenciais produzidas pelo mercado, e proclamando, pelo contrário, que eliminar uma a uma as restrições residuais a atividades lucrativas é a principal tarefa de todo poder político que cuide do bem-estar de seus súditos, o Estado contemporâneo precisa procurar outras variedades, *não econômicas*, de vulnerabilidade e incerteza para sustentar sua legitimidade. Essa alternativa parece se situar (em primeiro lugar e de modo mais espetacular, embora absolutamente não exclusivo, no caso do governo dos Estados Unidos) na questão da *segurança pessoal*: os medos atuais ou previstos, abertos ou ocultos, reais ou supostos, de *ameaças aos corpos, propriedades e hábitats humanos*, quer venham de dietas ou estilos de vida pandêmicos e nocivos à saúde, quer de atividades criminosas, de condutas antissociais da "subclasse" ou, mais recentemente, do terrorismo global.

Ao contrário da insegurança existencial proveniente do mercado, evidente demais para ser questionada e negada a sério, além de abundante e óbvia demais para permitir uma acomodação, essa insegurança *alternativa*, destinada a restaurar o monopólio perdido do Estado sobre as oportunidades de redenção, deve ser artificialmente alimentada; ou pelo menos altamente dramatizada, a fim de inspirar um volume suficiente de medo e ao mesmo tempo superar, ofuscar e relegar a posição secundária a insegurança *economicamente gerada*, sobre a qual a administração do Estado quase nada pode fazer, sendo seu maior desejo não fazer nada. Em oposição ao caso das ameaças à subsistência e ao bem-estar geradas pelo mercado, a gravidade e a extensão dos perigos à segurança pessoal devem ser apresentadas com as cores mais sombrias, de tal modo que a não materialização das ameaças divulgadas e dos infortúnios e sofrimentos previstos (com efeito, qualquer coisa que represente menos que os desastres prenunciados) possa ser aplaudida como uma grande vitória da razão governamental sobre o destino hostil, como resultado da vigilância, do cuidado e da boa vontade louváveis dos órgãos do Estado.

Há uma condição de alerta permanente: perigos que se diz estarem à espreita bem ali na esquina, fluindo e vazando de acampamentos terroristas disfarçados em escolas e congregações religiosas islâmicas; de subúrbios habitados por imigrantes; de ruas perigosas infestadas de membros da subclasse; de "distritos turbulentos", incuravelmente contaminados pela violência; de áreas de acesso proibido em grandes cidades. Perigos representados por pedófilos e outros delinquentes sexuais à solta, mendigos agressivos, gangues juvenis sedentas de sangue, vagabundos e *stalkers* (os caminhantes furtivos). As razões para ter medo são muitas. Já que é impossível calcular seu verdadeiro número e intensidade a partir da limitada perspectiva da experiência pessoal, acrescenta-se outra razão, possivelmente mais poderosa, para ter medo: não há como saber onde e quando as palavras de advertência irão se fazer carne.

LD: Numa realidade adiaforizada, a experiência de vitimização exitosa e convincente e a narrativa de sofrimento persuasiva tornam-se um caminho para o sucesso e o reconhecimento, não pelo triunfo da humanidade e da sensibilidade nesse mundo, mas porque um elemento antagônico acompanha o sofrimento, o martírio e a vitimização – assim como a competição econômica ou as lutas de poder (uma vítima exitosa também entra no mundo do poder e do prestígio). Vítimas e mártires competem, quem é mais convincente e que lado tem mais autenticidade? O sofrimento exitoso e uma história que afeta a maioria abrem as portas para a estrutura da autoridade, do poder e do reconhecimento simbólicos – ou pelo menos de fórmulas seguras e de uma fraseologia por trás das quais se encontram a influência e o poder políticos.

Em termos simples, vítimas são celebridades e celebridades são vítimas. Essa é a história de sucesso na modernidade líquida. Num mundo de consumo, o sofrimento também é consumido, tal como as vítimas e as histórias – tudo que seja intenso, que possa ser apaixonadamente vivenciado a uma distância segura ou por meio de uma relação de poder vigilante e amorosa. A adiaforização também opera aqui, pois, afinal, não estamos falando de uma relação de solidariedade com seres humanos, mas sobre o acesso ditado por uma distância segura da dor ou por uma relação de poder e proteção.

As novas redes sociais, como o Facebook, servem para mostrar fragmentos de sua privacidade na expectativa de que você também receba atenção numa era de consumo indiferente, ação social rotinizada e anestesia moral. A entusiástica demonstração de sua privacidade (acompanhada de relatos sobre seu trabalho, sucesso e família, com fotos pessoais e dos parentes apresentadas a centenas e milhares de "amigos" virtuais) torna-se um substituto da esfera pública e ao mesmo tempo uma nova – líquida – esfera pública. É nesta esfera que as pessoas buscam inspiração, reconhecimento, atenção, novos temas e protótipos de personagens para potenciais criações literárias, ao mesmo tempo que ela se torna uma arena em que se forma um público quase global de admiradores e amigos.

Relembrando as palavras de Malcolm Muggeridge, isso é um *cri du coeur* do homem tecnológico lutando desesperadamente com seu senso de insignificância e buscando superar a apatia em seu ambiente, o doloroso silêncio cognitivo e o vazio moral que se espalham em editoriais alarmistas e manchetes sensacionais, os slogans publicitários e as declarações sobre conspirações globais e o fim do mundo. É a solitária e desesperada busca de uma pessoa por um espaço próprio que irá protegê-la, se não fisicamente, ao menos no plano virtual. A esse respeito, o fenômeno do Facebook representa uma luta contra a não existência e a não presença da pessoa no mundo. É um protesto inconsciente e esporádico da multidão virtual e seus excedentes contra o fato de constituírem não seres, uma ficção de importância e significado, de vez que é como se tudo no mundo fosse feito em nome deles.

A luta contra a insignificância, a insensibilidade, o fracasso em reagir e estender o reconhecimento dá origem a formas de luta compensatórias, como a crença que se espalha loucamente, em teorias conspiratórias (o que ao menos confirma sua intuição de que alguém está tentando aniquilá-lo, de que existe alguém que se interessa por você), assim como uma inflação de palavras incômodas. Termos importantes que se referem a experiências humanas horripilantes, como *holocausto, genocídio, crime contra a humanidade* e *apartheid*, são usados de modo cada vez mais livre e irresponsável quando se fala sabe-se lá do quê. Eles são adaptados como uma velha mobília a um design de interiores mais moderno: uma forma de vida e cultura que já foi vibrante transforma-se em decoração insossa. Nesse caso, o sofrimento e a aniquilação da humanidade de outra pessoa se tornam, na melhor das hipóteses, um modo de voltar a atenção para si e uma forma própria de falar (ou uma "verdade" própria).

A histérica fusão de campos semânticos e a ressemantização de termos, realizadas com o propósito de chamar atenção para si ou fortalecer sua fé ou doutrina política (que não interessa nem empolga a ninguém, até você anunciar que sabe que ela vai reparar os pecados do mundo ou pelo menos mostrar a verdadeira face do mal) também têm aí suas raízes.

Por conseguinte, há uma explosiva e incontrolável proliferação de "holocaustos" e "genocídios". Só quando você se torna uma vítima exitosa e ultrapassa essa camada anestesiada é que será admitido no campo do poder e da atenção distribuídos. Se você carece de poder real, mas é autêntica e singularmente impotente, pelo menos tangenciou esse poder e tem uma noção acerca de seu outro lado, o sombrio. Você não era empoderado, mas desempoderado. Nesse caso, ainda pode ser uma testemunha do poder – apenas por um ângulo diferente. Você pode, logo é. Graças a seu desempoderamento, outros podem – mais uma vez você é, só que de forma diferente.

Como Daniel J. Boorstin observou com precisão e bom humor, uma celebridade é uma pessoa conhecida por sua fama, assim como um best-seller é um livro que vende bem pelo sucesso de vendas. Mas o que é autoridade e o que significa detê-la numa sociedade e numa situação social assim? Autoridade é o que faz crescer o número de espectadores ou leitores.

Em outras palavras, pesquisas de opinião pública, questionários, enquetes por telefone e verificações de audiência obsessivamente conduzidas são aquilo que cria autoridade, elas próprias constituindo uma autoridade anônima, difusa, que os engenheiros da imagem e da opinião pública, os imagólogos, como Milan Kundera os chama, estão prontos a encarnar na pessoa de algum herói do momento. Como e de que outra forma a autoridade poderia ser conformada numa sociedade que perdeu suas metas, sua visão, a direção de seu desenvolvimento e os critérios de avaliação?

O poder e os papéis sociais dos imagólogos são também reforçados pela fronteira cada vez mais indefinida entre o privado e o público. O espaço público, conhecido na antiga Grécia como ágora, tornou-se no século XXI cada vez mais um eufemismo para banheiro – sobretudo na antiga União Soviética. Hoje, os debates públicos não passam de compilações de avaliações e experiências privadas, facilmente reconhecíveis e observadas e comentadas por pessoas privadas. Estas últimas são transformadas, apenas por um momento, em figuras públicas pelos imagólogos ou seu pessoal técnico e de apoio (incluindo produtores e empresários, os quais, na ausên-

Entre o medo e a indiferença 135

cia de imagólogos, perderiam sua existência e suas funções sociais).
Essa simulação da esfera pública, construída e demolida instanta-
neamente, convence os extras desta vida de que eles também são
vistos, ou seja, de que existem – ainda que por um curto período e
graças aos imagólogos.

Aqui temos uma realização parcial das sombrias profecias dis-
tópicas de Zamyatin, Aldous Huxley e George Orwell – um rápido
desaparecimento da esfera privada, embora não num sistema tota-
litário, mas numa sociedade e numa cultura de massa em que todas
as coisas (incluindo as pessoas, suas funções e seus artefatos) são
mutuamente substituíveis. O que observamos nos mais diferentes
reality shows e em várias discussões públicas em programas de TV
voltados para as massas, acompanhados de histórias sentimentais
"de partir o coração" e de revelações sadomasoquistas (sem que os
apresentadores e participantes sequer suspeitem de estar sendo
manipulados), é o que Jürgen Habermas identificava como o desaparecimento da esfera privada. Em sua opinião, a publicidade com-
pletou a invasão da esfera privada, conquistou-a e colonizou-a. O
que quer que signifique isso, ao mesmo tempo, diante de nossos
olhos, o espaço público também é desmembrado. Trata-se de dois
processos mutuamente condicionantes.

Você está reagindo, com Jürgen Habermas, à profecia de Richard
Sennett sobre o fim do homem público e fala de uma tendência
paralela e evidente: o fim da privacidade e mesmo sua colonização
no discurso público e na cultura de massa atuais. A privacidade tornou-se uma das mercadorias mais raras. Não é apenas renegada
com alegria em reality shows e programas de TV irreverentes ou
por palhaços políticos em geral; tornou-se uma chave para o sucesso comercial e a popularidade de massa. Isso é a fusão das duas
tendências: se o conteúdo de nossa vida pública é firmemente conquistado pela vida privada das celebridades (que na verdade está
se tornando nossa vida pública), isso significa que a pessoa pública
e a esfera pública começam a chegar ao fim. Sennett estava certo.
Mas de qualquer modo, como você observou, o processo tem lugar
em ambas as direções: também não sobra nada para a privacidade.

Nesse ponto também poderíamos oferecer algumas reflexões sobre o fim (ou pelo menos o princípio do fim) da Política com P maiúsculo em nosso mundo contemporâneo. Como você observa, a política clássica sempre se associou ao poder de transformar problemas privados em questões públicas, assim como ao de internalizar questões públicas e transformá-las em questões privadas ou mesmo existenciais. Hoje esse mecanismo político está fora de sintonia. O que nós, em nossa política pós-moderna, tratamos como questões públicas com muita frequência são problemas privados de figuras públicas.

As consequências são dramáticas. Já não está mais claro o que significa liberdade. Seriam os resquícios de nossa privacidade e nossa decisão de não sacrificá-los às novas redes sociais online, à popularidade de massa e ao espaço público deformado? Ou, pelo contrário, seria nossa participação no espaço público, que aparentemente necessita apenas de nossas experiências extremas e estáticas, assim como as da multidão virtual? Deveríamos tentar aceitar esse novo jogo sem regras e apoiar o espaço público ao menos como alternativa mínima? Ou seria melhor parar de buscar uma moral e uma ética pública eficazes porque de qualquer modo tudo logo fica deformado diante de nossos olhos? Mas qual é então o destino da política?

E qual é então nosso verdadeiro lugar? No jogo social cujas regras desconhecemos, e que só tentamos imaginar após termos começado a jogar e a participar dele (já que ninguém conhece as regras, incluindo seus organizadores)? Ou nas formas do passado, que são rejeitadas como fictícias apenas porque não penetram na esfera das estatísticas, do consumo de massa e dos índices de audiência, que em nossa cultura sem padrões nem critérios talvez seja a única esfera que deveria determinar seu valor? Mas o que é pertencer a um (e num) mundo que não tem critérios claros e fidedignos?

Na modernidade sólida, em que a importância de um território identificável correspondia ao rosto reconhecível de um indivíduo num retrato (coincidindo, indivíduo e retrato, com a corroboração do caráter factual da realidade e com seus critérios de fidedigni-

Entre o medo e a indiferença 137

dade), esses critérios vigoravam. Mas na modernidade líquida o consumo do mundo e de si mesmo cria outro tempo e lugar: um tempo pontilhista descontínuo, tal como o pontilhismo na pintura, transforma a impressão ou o estado momentâneo numa coisa mais real que os projetos de longo prazo, a história, os cânones clássicos e o passado.

ZB: Deixe-me primeiro voltar ao ponto em que você começou. Você mencionou uma tendência seminal demais para que a percamos em meio aos outros temas importantes. Você disse que, "numa realidade adiaforizada, uma experiência de vitimização exitosa e convincente e uma narrativa de sofrimento persuasiva tornam-se um caminho para o sucesso e o reconhecimento". Bem, estamos falando aqui não apenas de um concurso de vaidades, mas de uma versão atualizada do mercado medieval de indulgências, em que pessoas com recursos podiam comprar o perdão de seus pecados antes mesmo de cometê-los. A moeda utilizada na atual versão desse mercado é um registro de vitimização e sofrimento infligido, sob o pressuposto de que as vítimas tendem a emergir dessas provações moralmente enobrecidas e, portanto, com poucas chances de serem desonradas por suas ações posteriores, não importa quão torpes elas sejam.

Em sua versão vulgarizada, talvez sugerida por advogados trapaceiros farejando lucros, esse pressuposto é reciclado no direito à compensação dos sofredores: superar a dor que sofreram apropriando-se do direito de infligi-la aos outros – quer esses outros sejam culpados por suas agonias do passado, quer sejam apenas suspeitos de maquinar novos tormentos para o futuro. A vitimização, como sugere Gregory Bateson, adquire prontamente seu próprio ímpeto e capacidade de autopropulsão e autointensificação. As "cadeias cismogenéticas" de Bateson são como um nó górdio que, como reza a antiga tradição, só pode ser cortado, nunca desatado. Mas será que teríamos facas adequadas para a tarefa de cortá-los? E ainda realizar esse trabalho sem outra rodada de derramamento de sangue e sem que se desdobrem novas e não menos sinistras cadeias cismogenéticas? Essa questão continua em aberto, não encontrei resposta convincente para ela.

Mas permita-me passar agora a outros temas de sua explanação. Assim escreveu Thomas L. Friedman no *New York Times* de 12 de agosto de 2011.

A Primavera Árabe desencadeia rebeliões populares contra autocratas por todo o mundo árabe. O Verão Israelense leva para as ruas 250 mil pessoas protestando contra a falta de moradias acessíveis e a forma como seu país é agora dominado por uma oligarquia de capitalistas acumpliciados. De Atenas a Barcelona, as praças das cidades europeias estão tomadas por jovens que se manifestam contra o desemprego e a injustiça da crescente desigualdade de rendimentos.

As pessoas tomaram as ruas e as praças públicas. Primeiro fizeram isso na praça Václavské de Praga, já em 1989, e logo depois nas capitais dos países do bloco soviético, uma após outra. Depois, num ato famoso, na principal praça da cidade de Kiev. Em todos esses lugares, assim como em alguns outros, novos hábitos começaram a ser testados: não se tratava mais de uma marcha, uma manifestação, de um ponto de encontro até seu destino. Era uma espécie de ocupação permanente ou um cerco destinado a durar enquanto as demandas não fossem atendidas.

O que foi tentado e testado recentemente transformou-se em norma. As pessoas tendem a se estabelecer em praças públicas com a clara intenção de aí permanecer por um bom tempo – o necessário para atingirem ou receberem o que quer que estejam desejando. Levam consigo barracas e sacos de dormir para mostrar sua determinação. Outras vêm e vão, mas com regularidade, todo dia, toda noite ou toda semana. Uma vez na praça, o que elas fazem? Ouvem discursos, aplaudem ou vaiam, levam cartazes ou bandeiras, gritam ou cantam. Querem que algo mude. Em cada caso esse "algo" é diferente. Ninguém sabe ao certo se isso significa o mesmo para todos os que estão ali. Para muitos, o significado está longe de ser cristalino. Mas, independentemente do que seja esse "algo", eles saboreiam a mudança que já está ocorrendo: permanecer dia e noite na praça Rothschild ou na Tahrir, cercados por multidões sintonizadas na mesma onda de emoções, é essa mudança que já está ocorrendo e sendo usufruída. Primeiro, ensaiada verbalmente no Facebook e no Twitter, agora vivenciada em carne e osso. E sem perder as características que a tornaram cativante quando foi empreendida na web: a capacidade de usufruir o presente sem hipotecar o futuro, direitos sem obrigações.

A experiência intoxicante do convívio (talvez, quem sabe, seja muito cedo para dizer), a solidariedade... Essa mudança que já está em curso significa: sozinho nunca mais. Custou tão pouco realizá-la, nada além de digitar um "d" no lugar de um "t" na desagradável palavra "solitário". Solidariedade por encomenda e que só dura enquanto existe a demanda (e nem um minuto a mais). Solidariedade nem tanto em compartilhar a causa escolhida, mas em ter uma causa, você, eu e todo o resto de nós ("nós", o povo na praça) com um propósito, a vida com um significado.

Em 14 de julho de 1789, o rei da França, Luís XVI, registrou em seu diário uma única palavra: *"Rien."* Naquele dia, uma multidão de *sans-culottes* parisienses invadiu as ruas que não costumavam ser visitadas pelos *misérables*, pelo menos não *en masse* – e certamente não para ficar por muito tempo. Dessa vez eles o fizeram, e não sairiam até dominar os guardas e tomar a Bastilha.

Mas como Luís XVI poderia saber disso? A ideia de uma multidão (aquela "plebe suja", como Henry Peter Brougham se referia com desprezo a outras pessoas que tomavam outras ruas algumas décadas depois da queda da Bastilha) virando a história de cabeça para baixo ou de cabeça para cima, dependendo de seu ponto de vista, ainda não era algo a ser levado a sério. Muita água teria de correr no Sena, no Reno ou no Tâmisa antes que a chegada e a presença da "gentalha" no palco histórico pudessem ser notadas, reconhecidas e temidas, para nunca mais serem desprezadas.

Depois dos avisos e advertências feitos por gente como Gustave le Bon, Georges Sorel ou Ortega y Gasset, os autores de diários jamais anotariam *"Rien"* ao ouvir multidões percorrendo as praças do centro das cidades; provavelmente, contudo, a substituiriam por um grande ponto de interrogação. Todos eles: os que contemplam, como Hillary Clinton, a visão de um parlamento democraticamente eleito erguer-se das cinzas da fúria popular; os que examinam com nervosismo a multidão invadir a praça Tahrir em busca do potencial fundador da próxima república islâmica; e os que sonham com a multidão corrigindo os erros dos malfeitores e trazendo justiça aos responsáveis pela injustiça.

Joseph Conrad, homem do mar por opção, é lembrado por ter proclamado que "nada é tão sedutor, tão convincente nem tão cativante quanto a vida no mar". Enquanto alguns anos mais tarde Elias Canetti escolheria o mar (com o fogo, a floresta, a areia etc.) como uma das metáforas mais pungentes e esclarecedoras da multidão humana. Ela talvez fosse mais adequada ainda para uma das diversas variedades de multidão que ele designou a multidão *reversa*, aquela, por assim dizer, *revolução instantânea*, que num átimo transforma as coisas em seu oposto: prisioneiros em guardas, guardas em prisioneiros, rebanhos em pastores, pastores (solitários) em rebanhos – e que comprime e condensa um monte de migalhas num todo monolítico, enquanto transforma a multidão num indivíduo: um sujeito indivisível do tipo *"Nous sommes rien, soyons tout"*.

Pode-se ampliar essa ideia de "reverso" para abarcar o próprio ato de reverter: "Na multidão", escreveu Canetti, "o indivíduo sente que está transcendendo os limites de sua própria pessoa." O indivíduo não sente que está se dissolvendo, mas se expandindo; é ele, o desprezível *solitário*, que agora reencarna como *os muitos* – a impressão que a sala de espelhos tenta reproduzir com efeito limitado e inferior.

A multidão também significa a liberação instantânea de fobias: "Nada causa mais temor a um homem que o toque do desconhecido", diz Canetti. "Ele quer ver o que vem em sua direção e ser capaz de reconhecê-lo ou pelo menos de classificá-lo. O homem sempre tenta evitar o contato com qualquer coisa estranha." Mas na multidão esse medo do desconhecido é paradoxalmente anulado, ao ser invertido; o medo de ser tocado dissipa-se numa tentativa pública de comprimir o espaço interindivíduos – no curso da transformação de muitos em um, e de um em muitos, o indivíduo recicla seu papel de separar e isolar na função de fundir e misturar.

A experiência formativa que levou Canetti a essa leitura da psicologia das massas se deu quando, em 1922, ele participou de um grande protesto contra o assassinato de Walther Rathenau, o industrial e estadista judeu alemão. Na multidão, descobriu ele "uma total alteração da consciência" que é ao mesmo tempo "drástica e enigmática". Como sugeriu Roger Kimball, ele descreveu seu primeiro encontro com uma multidão como algo próximo a uma espécie de experiência cujo relato é encontrado em certos tipos de literatura mística:

> Uma embriaguez; você estava perdido, esquecido de si mesmo, sentia-se tremendamente distante e no entanto realizado; tudo que sentia, não sentia por si mesmo; era a coisa mais abnegada que você já tinha conhecido; e como a abnegação era algo mostrado, comentado e *ameaçado* de todos os lados, você precisava dessa experiência de altruísmo violento como do toque da trombeta no Juízo Final... Como era possível que tudo acontecesse ao mesmo tempo? Que era isso?[2]

Agora podemos imaginar por que motivo a multidão, tal como o mar, é sedutora e cativante. Porque na multidão, da mesma forma que no mar, mas não em terra firme, repleta e coberta de cercas e totalmente mapeada, tudo ou quase tudo pode acontecer, ainda que nada ou quase nada possa ser feito com certeza.

Alianças se formam com tanta rapidez e facilidade quanto se desfazem e dissipam. Visões convergem tão prontamente quanto se dividem. Diferenças e divergências são suspensas apenas para reaparecer como uma vingança. Aqui, o impossível torna-se possível, ou ao menos parece se tornar. As pessoas nas ruas pressagiam a mudança. Mas será que também prenunciam a transição? Transição significa mais que mera mudança, significa uma passagem do *aqui* para o *lá*. No entanto, no caso das pessoas nas ruas ou praças, só o "aqui" de que desejam esquecer é dado, e o lá pelo qual anseiam, na melhor das hipóteses, está envolto num nevoeiro. As pessoas tomam as ruas na esperança de achar uma sociedade *alternativa*. O que até agora encontraram foi o meio de se livrar da sociedade *presente*; e, o que é mais importante, de se livrar da característica dessa sociedade em que sua indignação difusa – ressentimento, irritação, rancor e ódio – por um momento tem se concentrado.

Como esquadrões de demolição, as pessoas que tomam as ruas são perfeitas, ou quase. As falhas aparecem, contudo, quando o terreno já foi limpo e chega o momento de lançar fundações e erguer novos prédios. As falhas devem sua importância aos mesmos aspectos aos quais os esquadrões de demolição devem sua fantástica eficiência: à suspensão de *variedade, contradição e mesmo incompatibilidade de interesses* durante a demolição, aspectos reconhecidos e que ganham relevo no momento em que o trabalho se conclui; e à realização da proeza de conciliar o inconciliável mediante uma sincronização das *emoções*, qualidades notórias, por serem tão fáceis de despertar quanto inclinadas a se consumir e desaparecer – consumindo-se e desaparecendo muito mais rápido que o tempo necessário para planejar e construir uma sociedade alternativa, em que a única razão para as pessoas tomarem as ruas seja saborear a alegria do convívio e da amizade.

Ou, como Richard Sennett descreveu a modalidade da espécie de humanismo que ele invocava com urgência: em prol da cooperação informal, irrestrita. Informal porque as regras da cooperação não são estabelecidas de antemão, mas surgem no curso da cooperação. Irrestrita porque nenhum dos lados entra na cooperação com o pressuposto de saber de antemão o que é verdadeiro e correto – cada um deles, em vez disso, ajustado para desempenhar o papel de aprendiz, assim como de mestre. E cooperação porque a interação está voltada para o benefício mútuo dos participantes, e não para sua divisão entre vitoriosos e derrotados.

Parece que esse projeto estranho, sinistro, nebuloso, utópico é impossível de se pôr em prática? Bem, ao contrário das expectativas eletronicamente inspiradas e incrementadas, leva tempo – muito tempo – para tornar possível o impossível. Também são necessárias muitas ideias, muitos debates, paciência e resistência para realizá-lo. Todas essas qualidades até agora continuam bem escassas – e continuarão assim enquanto carecermos de *ambientes sociais* mais adequados à sua produção do que aqueles de que comumente dispomos. Há alguma probabilidade de que o ano de 2011 seja registrado na história como o "Ano das pessoas em movimento". Quando elas se movem, surgem duas questões. A primeira é de onde estão vindo? A segunda, para onde estão indo? Não tem havido escassez de respostas para a primeira pergunta, ao contrário, há excesso – respostas refletidas e irrefletidas, sérias e frívolas, críveis e quiméricas. Até agora, porém, todos nós – o que é mais importante, incluindo as pessoas em movimento – temos procurado em vão uma resposta para a segunda pergunta.

O hiato crescente entre a consciência pública do que precisa ser (leia-se, deseja-se que seja) interrompido, abandonado ou removido e a consciência pública do que precisa ser (leia-se, deseja-se que seja) colocado em seu lugar tem sido uma das características mais notórias do "Ano das pessoas em movimento". Outra característica importante foi o crescimento de um poder de protesto unificador, socialmente integrador, voltado contra o impacto divisionário, socialmente desintegrador, da falta de eficácia dos projetos políticos disponíveis.

Quanto mais pronunciados e permanentes os efeitos desse ano se mostrarem, maior a probabilidade de que o ano seguinte entre para a história como o da renovada relevância dos conflitos sociais e de um redesenho de suas fronteiras e interfaces. Todo o sucesso obtido pela fase de "limpeza do terreno" deveu-se a uma espécie de camuflagem temporária e, portanto, à aparente redução do denso e tortuoso emaranhado de contradições sociais – e assim, efetivamente, a uma suspensão ou pausa temporária de sua cristalização, articulação e manifestação. Quando (ou se) os objetivos diretos desse protesto que coloca as pessoas em movimento forem alcançados, o verniz de unidade, reconhecidamente tênue, irá se romper, revelando e expondo a realidade da discordância; e (pelas razões indicadas) pegando os atores dos eventos despreparados e perigosamente carentes de uma ideia clara de suas próprias identidades e interesses (como vimos na sequência da Primavera Árabe e provavelmente veremos na Líbia ou na Tunísia).

Mas talvez "nosso tempo de vida" seja uma perspectiva temporal indevida e excepcionalmente extensa para ter alguma utilidade em nossa condição fluida e mutante. Um dos prováveis efeitos da passagem da fase de "demolição" para a de "construção" desse interregno talvez seja – apenas talvez – tornar nossa condição mais convidativa e hospitaleira à arte meio esquecida da política e da liderança espiritual, embora mais adversa e resistente aos mestres em gerenciamento de palco e manipulação dos fatos, em agenciar casamentos e divórcios e em disputar jogos de faz de conta.

LD: Quanta verdade, Zygmunt!

Foi com boas razões que o filósofo francês André Glucksmann fez muito barulho ao produzir uma crítica devastadora da União Europeia, por não ter apoiado o espírito e o anseio de liberdade que se manifestou de forma tão poderosa no Oriente Médio e no mundo árabe. Bem diante de nossos olhos – na internet e na mídia global, que hoje se tornaram nosso lar longe de casa –, ocorreu uma

Entre o medo e a indiferença 145

singular mudança política global, talvez a segunda maior em escala e importância, perdendo apenas para a queda do Muro de Berlim e o subsequente colapso da antiga União Soviética. Mas ela chegou a nós no inverno de nosso descontentamento, e não num período de alegria. O que aconteceu conosco? Por que permanecemos tão complacentes, para não dizer insensíveis, à coragem e à determinação dos povos árabes que se revoltaram contra seus tiranos, criando assim uma reação em cadeia global e um efeito dominó na política mundial?

Na opinião de Glucksmann, a União Europeia estava totalmente despreparada para uma reviravolta na política mundial. Na verdade, os Estados Unidos também. Glucksmann insistiu em que a União Europeia e os Estados Unidos estavam obcecados demais com "proteção e segurança" regionais a longo prazo, supridas em tese por "nossos bandidos" e por "nossos leais e previsíveis" ditadores, como Hosni Mubarak no Egito, Pervez Musharraf no Paquistão e até Muammar Kadafi na Líbia – a julgar pela calorosa relação anterior entre Líbia e Itália em suas políticas de migração e operações de segurança.

Há um aspecto ainda mais desagradável nessa hesitação. Deixando de lado todas as pérolas da correção política, o mundo árabe moderno há muito tem sido percebido por europeus e americanos como o domínio do ardor religioso, de atraso, intolerância e fanatismo, o lugar onde o Estado de direito, a liberdade política e a democracia não se aplicam, quase que por definição, e no qual nada disso teria chance de florescer.

Daí a aliança com os ditadores que foram espertos o bastante para entrar no jogo com o Ocidente, em vez de o irritarem e se assustarem com cenários de alternativas civilizacionais do tipo russo ou chinês. Tal como em casos semelhantes de alheamento e complacência dos Estados Unidos e da União Europeia, amortecidos e suavizados por incontáveis diatribes sobre a singularidade identitária e de cultura não ocidentais, o que estava subjacente, e assim continua, era uma profunda descrença na pura e simples verdade de que o mundo árabe é constituído de pessoas como nós. Um aspecto simples, mas surpreendentemente revelador, reiterado nas últimas semanas pelo historiador britânico Simon Schama.

Mas há um aspecto ainda mais fundamental da modernidade líquida. Ele tem sido bem abordado pelo escritor e jornalista britânico David Aaronovitch, segundo quem as teorias conspiratórias refletem nosso insuportável medo da indiferença, em relação a nós, do mundo à nossa volta. Descrevendo de forma apropriada o efeito paradoxalmente reconfortante da teoria conspiratória, que em sua opinião nos protege da – para usar a expressão cunhada pelo dr. Stephen Grosz, psicanalista americano estabelecido em Londres – "catástrofe da indiferença", Aaronovitch nos lembra que:

> Todo mundo conhece o famoso adágio de Oscar Wilde: "Só há uma coisa no mundo pior que ser falado: é não ser falado." Menos pessoas terão ouvido o inteligente desenvolvimento dessa ideia feito por Susan Sontag: "Eu invejo os paranoicos. Eles realmente acham que as pessoas estão prestando atenção neles." Se o "conspiracionismo" é uma projeção da paranoia, pode ser que ele exista para nos garantir que não sejamos objetos totalmente desconsiderados num processo cego. Se Marilyn foi assassinada, então ela não morreu, como tememos e observamos, de modo solitário e inglório. Uma catástrofe ocorreu, mas não a catástrofe maior que está à espera de todos nós.[3]

Como a expressão "ninguém se preocupa com você" parece um cruel veredicto equivalente à prova de que somos uma não pessoa ou uma não entidade, temos apenas uma ferramenta à mão para nos constituirmos e realizarmos como aqueles que importam neste mundo – ou seja, para convencer o mundo à nossa volta de que merecemos ser um grupo-alvo, ou de que nos qualificamos como objetos de uma conspiração/desejo de nos destruir. Num mundo de busca desesperada de atenção, a indiferença torna-se um fracasso, quando não um ônus.

De certa maneira, a teoria conspiratória da sociedade tem grande semelhança com fenômenos da era da indiferença, como a vitimização, o martírio e o sensacionalismo exagerados e politicamente explorados de todos os aspectos da vida pública e da política, assim como uma visão escandalizada da realidade. Para quebrar a armadura de um mundo indiferente e tentar obter pelo menos uma quantidade mínima de sua atenção temporária, precisamos de um surto de histeria coletiva, um escândalo envolvendo sexo ou corrupção, ou uma teoria conspiratória plausível sobre como o mundo nos odeia e tenta nos subverter ou nos expulsar. Portanto, de modo muito semelhante às celebridades da TV ou a vítimas exitosas, os mentores das conspirações e das teorias conspiratórias ganham onde as pessoas comprometidas a longo prazo e com uma forma moderada de falar e pensar tendem a perder – eles quebram o gelo do silêncio e chamam a atenção do mundo. O vencedor leva tudo.

A teoria conspiratória da sociedade aparece como um *cri du coeur* contra o muro das formas líquidas modernas de alienação social, indiferença moral, desengajamento político e silêncio. Tal como o martírio político autoinfligido e um senso de vitimização autocultivado, a teoria conspiratória é uma tentativa desesperada de ganhar os corações e mentes de um mundo de retórica mecânica e indiferença cortês. Este é um universo em que ninguém responde às nossas cartas ou mensagens por e-mail, onde ninguém retribui nossos esforços, a menos que surjamos com uma novidade política ou um relato plausível de nosso sofrimento; ou a menos que nós mesmos nos tornemos uma boa evidência empírica capaz de sustentar a teoria social ou a doutrina política de outra pessoa.

Como o historiador e intelectual público Tony Judt (há pouco falecido) sutilmente observou, ao resenhar o livro *The Captive Mind*, de Czeslaw Milosz, e comentando o fenômeno do *Ketman* (termo árabe para "segredo", "ocultação"), "escrever para a gaveta da escrivaninha torna-se um sinal de liberdade interior",[4] que é a triste sina do intelectual europeu obrigado a escolher entre seu país e sua consciência.

Vem então a parte fundamental da perspicaz resenha, quando Judt revela o medo da indiferença como uma força motriz básica subjacente às acrobacias mentais e maquinações imorais descritas por Milosz como *Ketman*. Judt faz uma citação de *The Captive Mind*: "O medo da indiferença com que o sistema econômico do Ocidente trata seus artistas e intelectuais está generalizado entre os intelectuais do leste. Eles dizem que é preferível lidar com um demônio inteligente que com um idiota bondoso."

E aqui deparamos com outro aspecto crucial do medo da indiferença. Por vezes forças odiadas e destrutivas assustam menos um intelectual ou qualquer outro indivíduo angustiado e encurralado que a indiferença que os relega às margens da história e da existência. Como diz Martin Buber: "Quem odeia diretamente, não importa quem seja, está mais próximo de uma relação que aqueles que não sentem amor nem ódio."[5]

Vivemos não apenas numa era de inflação monetária, mas também de uma inflação – portanto, desvalorização – de conceitos e valores. Declarações feitas sob juramento são desmentidas diante de nossos olhos. No passado, ao quebrar um juramento, a pessoa perdia o direito de participar do fórum público e de ser porta-voz da verdade e dos valores. Seria destituída de tudo, menos de sua vida pessoal e privada, e ficaria incapaz de falar em favor de seu grupo, de seu povo ou de sua sociedade. Os juramentos também sofreram uma desvalorização. Era uma vez uma época em que, se voltasse atrás em sua palavra, você era despojado do mínimo grau de confiança. Os conceitos também estão desvalorizados, não se reservam mais à tarefa explícita de descrever detalhes precisos da experiência humana. Tudo está se tornando uniformemente importante e desimportante. Minha própria existência me coloca no centro do mundo.

Em minha experiência, o auge da inflação de conceitos foi atingido dez anos atrás, quando deparei com artigos na imprensa americana descrevendo o "holocausto" de perus às vésperas do feriado de Ação de Graças. Esse não foi um simples exemplo de uso impensado ou irresponsável de uma palavra. O desrespeito por conceitos e pela linguagem só temporariamente encobre o desrespeito pelos outros; e esse desrespeito acaba ascendendo à superfície.

Nas últimas décadas, o conceito de genocídio tem passado por uma perigosa desvalorização. Nesse ponto, gostaria de enfatizar que essa desvalorização não foi sustentada por uma preocupação com a humanidade como um todo ou com a condição do humanismo contemporâneo; pelo contrário, é um sintoma da história da reavaliação do self como umbigo do mundo e, ao mesmo tempo, insensível em relação à humanidade. Mais que isso, o uso imoderado dessa palavra ameaça sufocar o diálogo.

Uma vez que a política que busca o martírio se tornou, em nosso mundo sobrecarregado de total indiferença, ferramenta eficiente para atrair a atenção, se não um passaporte para o céu do reconhecimento, o Holocausto é percebido como um padrão exitoso da política da memória. Falando com cinismo, ele é tratado como uma história de sucesso em nosso mundo de martirologia comparada. Assim, espera-se que a torta seja fatiada e dividida entre os atores vitimizados da história – judeus, árabes palestinos, afro-americanos, indígenas, latino-americanos, muçulmanos e europeus orientais. Isso significa dizer que uma martirologia convincente, ou um relato plausível do sofrimento, torna-se uma senha para cruzar os portões do poder e do reconhecimento. Temos de nos tornar uma celebridade ou uma vítima em nossos tempos líquidos modernos para obter mais atenção e portanto ganhar visibilidade – que agora equivale à existência social e política, como diz você. Quanto mais convincente você for como vítima, mais atenção e publicidade terá. Quanto mais tentarmos pensar o impensável e dizer o indizível, mais próximos nos tornaremos de nos qualificarmos para um nicho na estrutura de poder, seja ela local ou global.

Como já mencionei, a inflação de conceitos e termos leva a uma tentativa de invalidar noções éticas, para não dizer transformá-las em zumbis, instrumentalizando-as e popularizando-as como um aspecto conveniente das políticas externas. Na maioria dos casos, ela baseia-se em conceitos e interpretações populares equivocados sobre a história moderna; por vezes essa inflação se apresenta sob o disfarce de vitimização e de busca de atenção modernas, elas próprias um aspecto oculto do poder e do prestígio.

Daí a ideia de duplo genocídio generalizado na Lituânia e em outros países, com base no pressuposto da simetria de sofrimento dos judeus do Leste Europeu como vítimas do Holocausto e de seus compatriotas e vizinhos não judeus como vítimas do stalinismo e do comunismo – como que para dizer que o Holocausto se refere só aos judeus, enquanto o stalinismo foi hostil só com os povos bálticos e outros não judeus, já que os judeus contribuíram para as causas comunistas.

Não é preciso dizer que a distorção histórica é aqui muito óbvia para precisarmos enfatizá-la, mas ela ilumina ainda mais o motivo e o modo como a onda de ofuscação e trivialização do Holocausto se tornou possível na Lituânia, onde se fez uma tentativa de igualar o Holocausto como grande crime contra a humanidade aos crimes do comunismo; como que para dizer que vivenciamos não um, mas dois Holocaustos, duas realidades paralelas de horror e ódio, um Holocausto dos Judeus e um Holocausto dos Gentios, o primeiro orquestrado pelos nazistas, o outro pelos comunistas.

Permita-me deixar de lado todas as considerações sobre o aspecto moral e político dessa campanha ou tendência sinistra da memória política. Temos de compreender como o mecanismo funciona, já que ele está em vias de se tornar um padrão para a reescrita da história, sequestrando a narrativa de outros, inflacionando os conceitos e então fundindo deliberadamente as vítimas e os perpetradores no arcabouço de uma teoria da simetria ou de uma perspectiva de martirologia comparada.

O mecanismo é óbvio, e não precisamos enfatizar que identidade, memória e vitimização tendem a se tornar interligadas cada vez que se busca uma narrativa histórico-política plausível dentro do arcabouço da autolegitimação política, a qual é ela própria um aspecto central do processo de legitimação política. A vitimização como modo discursivo e estrutura de significado dentro de uma narrativa histórica não se torna um caminho rumo à nossa compreensão solidária dos outros, à compaixão humana e a um sentido de pertencimento. Em vez disso, reforça nossa sensação de termos sido designados por aqueles que representam a estrutura de poder. Assim, o mundo nos

Entre o medo e a indiferença 151

deve alguma coisa, e essa coisa é um passaporte para o poder. Como foi mencionado, a vitimização exitosa é uma possível convocação a compartilhar o poder, a fatiar a torta da atenção global e garantir o acesso à *realpolitik* e ao vocabulário político tradicional.

Tive uma vez o privilégio de presenciar um surpreendente diálogo entre um músico de jazz e seu público. Foi em 22 de novembro de 2006, quando o virtuoso trompetista americano Arturo Sandoval, nascido em Cuba, se apresentou no Kaunas Jazz Festival. Esse intercâmbio revelador ocorreu depois da interpretação de algumas composições musicais comprovando que estávamos ouvindo um dos maiores trompetistas de nosso tempo, uma lenda do jazz, como seu grande parceiro Dizzie Gillespie.

De repente, Sandoval fez uma pausa, virou-se para a plateia e perguntou: "Algum de vocês conheceu o trompetista Timofei Dokshizer, que morava em Vilnius e faleceu há pouco?" Talvez algumas pessoas tenham respondido, mas a maior parte da plateia ficou em silêncio, depois de urrar deliciada e de aplaudir de pé o fascinante virtuoso de jazz, verdadeira orquestra de um homem só. (Sandoval improvisou maravilhosamente não apenas com o trompete, mas também com a voz, mostrando no palco, aos jovens de sua seção rítmica, os segredos do suingue e do improviso.) Era evidente que a plateia estava confusa. Fora ouvir um músico mundialmente famoso, não histórias sobre personalidades locais desinteressantes, de que ninguém tinha ouvido falar.

"Timofei Dokshizer foi um grande músico e professor de trompete", disse Sandoval. "Quero homenagear sua memória e dedicar uma música a ele. Será que sua esposa está presente?" Uma mulher pequena, humilde, levantou-se. Era a viúva de Dokshizer. "Obrigado", disse Sandoval, acenando para ela. Naquele momento, a plateia pareceu comover-se com o episódio, mas logo estava imersa nos sons e ritmos mágicos do artista.

Quem foi esse Timofei Dokshizer (1921-2005)? Por que Sandoval reservou algum tempo para homenagear um músico cujo nome também era um enigma para mim? De repente me ocorreu que ele estava falando do grande virtuoso do trompete nascido na Ucrânia e famoso no mundo todo, cujo som inimitável já se havia arraigado em mim quando, muitos anos antes, eu frequentava a escola e estudava música clássica. Um dos milagres sonoros foi o solo de trompete em "Dança de Napoleão", do balé *O lago dos cisnes*, de Piotr Tchaikóvski. Outro foi "O voo da abelha", da ópera *O conto do czar Saltan*, de Nikolai Rimski-Korsakov. O trompetista cujas gravações eram inseparáveis de meu amor precocemente descoberto por música clássica não era outro senão Timofei Dokshizer, que em 23 de dezembro de 2011 completaria noventa anos.

Mesmo eu, um apaixonado amante da música, caí na armadilha montada pelo tempo e por minha consciência. Não sabia que em seus últimos anos Dokshizer tinha vivido e trabalhado na Lituânia, que passara muitos anos e morrera em Vilnius. Recebi uma lição de um americano nascido em Cuba sobre como ser sensível à memória e à história locais que me fez refletir seriamente sobre o paradoxo da memória.

Qual o lar da memória? De onde ela vem? A memória é apenas um processo cognitivo e um sistema de códigos culturais que nos conectam com os outros e com um passado comum? Ou seria algo mais – talvez uma sensibilidade a alguma coisa que se torna nossa língua, nossa existência cotidiana, nossa experiência, além de episódios de nossa vida que consideramos compreendidos? Perderíamos a memória se fôssemos cercados apenas por pessoas como nós, que não se tornariam para nós um desafio, que não imporiam a necessidade de nos conhecermos mais profundamente a nós mesmos, nosso passado e tudo aquilo em que nos transformamos – todas as imagens, sons, sensações e palavras que nos formaram e constituíram nossa identidade silenciosa, inarticulada e íntima?

Será que a memória mora aqui, perto de nós? Ou talvez ela more dentro de nós? Ou, pelo contrário, vem até nós de algum outro lugar? Será que nos tornamos mais sensíveis ao nosso ambiente apenas por vivermos fisicamente aqui? A história da Europa está cheia de exemplos de artistas e intelectuais de um país descobrindo os gênios de outro. No século XIX, Claude Monet descobriu Frans

Entre o medo e a indiferença 153

Hals e sua escola no Haarlem; Téophile Thoré descobriu Johannes Vermeer; Édouard Manet considerava o mestre do barroco espanhol Diego Velázquez um gênio de todos os tempos, o pintor dos pintores (nas palavras de Manet, *"C'est le peintre des peintres"*); e Vincent van Gogh dizia que fora Rembrandt quem lhe ensinara e o inspirara. A lista prossegue: William Shakespeare não ingressou no hall dos gênios da literatura graças a seus colegas ingleses, mas a Johann Wolfgang von Goethe e Friedrich Schiller.

A memória nos chega de fora. Ela vem do Outro. Apenas nos parece que preservamos a memória de determinado lugar. Na realidade, ela vem a nós de outro lugar e nos protege. Precisamos de uma sensação que crie, estabeleça e relate o mundo à nossa volta, mas na realidade são os outros que dão testemunho sobre nós ao mundo. A memória que nos livra de não ser vem de outra parte. Ela não vive aqui, mas em outro lugar.

Nós nos reconfortamos com narrativas sobre como somos nós (e não outra pessoa) que preservamos a história e a memória de nosso país. Mas a verdade capaz de deixar muitos chocados é que a memória chega à nossa existência a partir de fora, pois ela é basicamente um diálogo cognitivo e existencial com o ser e o estar no mundo de nós mesmos e com toda a comunidade de nossa sensibilidade e de nosso sentimento. Outros encontram em nós o que nós mesmos perdemos; nós perecemos ao esquecer, como diria Milan Kundera.

Aquilo de que dolorosamente precisamos em nossa era de constante mudança que a tudo esmaga é uma doce mentira para nós mesmos, agradáveis atos de autoengano sobre um passado brilhante que se encaixe num modelo teórico e histórico purificado – nossa armadura protetora, um manancial de nossa fé no futuro. Tudo isso seria humano, compreensível e não problemático se na política real e por motivos extremamente práticos não necessitássemos de uma narrativa político-histórica para justificar nossas ações políticas e nossas escolhas morais do presente. Por vezes essa narrativa só é necessária como um aspecto de nossa política externa ou como um código de nosso sistema de informação e comunicação pública.

Em nossa estranha era – de incessante autodescoberta e autor-revelação –, precisamos sempre ser motivados por um discurso legitimante, sustentado por sensações, por um moderno sistema destinado a inventar um passado glorioso e por um fluxo de histórias que nos estabelece e legitima num mundo ao qual transmitimos notícias sobre como somos singulares e especiais. Assim, o paradoxo da memória é que outros precisam de nós sobretudo como partes da realidade e da história, não como uma comunidade imaginada, unida por uma sensibilidade e um sentimento coletivos. Desse modo, a memória que de fato nos preserva (e não nos determina ideologicamente) vem de fora de nós. A memória não vive aqui, mas em outro lugar. E o esquecimento deliberado não é uma fantasia, mas um fato. De muitas maneiras, não somos uma comunidade da recordação, mas do esquecimento organizado, deliberado e sistemático. Nosso senso de significado após a modernidade totalitária, com suas guerras mundiais e todas as outras catástrofes sociais, todos os traumas relacionados à negação da identidade e à supressão da memória, poderia renascer e preservar nosso presente e nosso passado, em vez de nos constituir como vítimas perfeitas ou uma nova celebridade política. Por infortúnio, nossa memória é como uma peça trágica da imaginação construindo monumentos a si mesma, e não uma rede de conexões ligando um self autocrítico a uma identidade de mente aberta.

A espada do esquecimento deliberado cai sobre aqueles que nos relembram nossos vícios e fraquezas. Dificilmente poderia ser acidental o silêncio que cerca Ricardas Gavelis. Ele é ignorado como se tivesse sido eliminado de nossa consciência pública e oficial, embora todos nós tenhamos muito a agradecer a esse escritor de primeira linha, esse jornalista irônico, profundamente crítico e astuto, pela intensidade e precisão com que identificou e descreveu com coragem os aspectos mais problemáticos de nossa vida depois que a Lituânia recuperou sua independência – pelo que também devemos nosso reconhecimento.

Por isso, não nos deveria surpreender que algumas vezes tenhamos de recuperar nossa memória e aprender a ter sensibilidade com o nosso presente e o nosso futuro por intermédio de um trompetista americano nascido em Cuba que veio à Lituânia nos lembrar de outro grande trompetista que já tínhamos quase esquecido, um gênio de Vilnius nascido na Ucrânia e de língua russa, o memorável solista da "Dança de Napoleão".

A quantidade de informações negativas, imagens brutais e violência na mídia lituana suscita a questão de saber se as razões de divulgar esse tipo de informação estão no comercialismo extremo ou num disfarçado culto ao poder. As primeiras páginas de jornais que se proclamam "sérios" mostram informações sobre choques violentos e brutais numa baiuca dedicada à venda de bebidas alcoólicas a parceiros e casais embriagados. As crônicas criminais na Lituânia são de tal modo infladas e exageradas que está ficando difícil acreditar que vivemos num país que não passa pelas agonias da guerra e ainda consegue manter a paz social interna. É quase impossível encontrar outra nação que apresente tantos relatos de violência e tantas informações negativas em sua mídia.

Essa tendência em geral é explicada culpando-se o crescimento dos tabloides e a comercialização do jornalismo como um todo. Qualquer que seja o caso, esse argumento não é convincente. Em muitos países, a imprensa e a televisão atravessam um processo de comercialização acelerada. Mas nem na Inglaterra, onde a imprensa e a televisão também são afetadas pela comercialização acelerada e incontrolável, nem nos países da Escandinávia ou do grupo Benelux se pode ver tal abundância de cenas violentas. Para não mencionar que mesmo os tabloides desses países hesitariam em apresentar o tipo de informação que "alimenta" os lituanos.

Assim, como se poderia explicar a irrupção dessa brutalidade e desse culto ao poder na Lituânia e identificar abertamente suas causas? Será que o comercialismo consumado é apenas encorajado pela falta de um jornalismo de qualidade ou de uma mídia alternativa válida, ou será que as razões estão em outro lugar? Estaríamos ficando para trás em relação ao Ocidente, ou, ao contrário, estaríamos livres da alta cultura, e nos veríamos em meio a uma vanguarda bárbara moderna, muito à frente do Ocidente, onde uma rica herança civilizacional ainda consegue interromper e restringir esse surto de primarismo e vulgaridade? Será que estamos enredados no novo barbarismo, que ainda abre caminho no Ocidente? Um capitalismo sem democracia (até agora, esse é o modelo da China ou da Rússia atual, mas a possibilidade de ele se espalhar pelo mundo não deve ser desprezada)? Um livre mercado sem liberdade pessoal? O fortalecimento da ditadura econômica, a concomitante morte do pensamento político e a transformação final da política em parte da cultura de massa e do show business? O poder e a governança reais nas mãos não de um representante eleito, mas de alguém escolhido pelo segmento mais poderoso da sociedade, fora do controle público, mas na vanguarda da burocracia central, dos negócios e da mídia?

Ainda que haja apenas um pequeno traço de verdade nesses pressupostos tenebrosos, eles ainda não conseguem explicar nossa extraordinária capacidade de criar um inferno emocional e apresentar nosso país como se fosse afligido por uma catástrofe ou tivesse se tornado o lugar mais terrível do planeta. É estranho que esse inferno interno seja criado pela própria Lituânia. Tenho me reunido com meus alunos, que são de Kosovo, Albânia, Bósnia-Herzegovina e Sérvia, países que tiveram e continuam a ter problemas reais. Queixas ou conversas sobre os problemas da Lituânia parecem superexageradas e até impróprias em comparação a países cuja situação atual é verdadeiramente trágica e opressiva.

A chave para resolver esse problema pode estar num simples detalhe: não estamos associando (contraditoriamente) dois fatores relacionados e determinantes – a superabundância de relatos de violência e brutalidade e sua representação na mídia, por um lado, e as implicações psicanalíticas de nossa crítica política, indubitavelmente sádica e masoquista, em que o objetivo predominante é diminuir os outros e a si mesmo. Nossa forma brutal e degradante de falar sobre os outros e sobre nós mesmos, ou seja, nossa crítica política como lento processo de autonegação e destruição, nada tem a ver com crítica.

A crítica saudável é a construção de alternativas e o teste de pensamentos ou ações a partir de perspectivas lógicas, ou outros conhecimentos ou formas conhecidas de pensar. O canibalismo verbal e mental ou a mútua destruição moral só pode significar uma coisa: a rejeição da discussão livre e aberta e sua morte antes mesmo de começar. A linguagem sádica em geral é usada para controlar, atormentar e, assim fazendo, subjugar o objeto da discussão, enquanto a linguagem masoquista é tipificada pela espécie de autocrítica que nem o pior inimigo de um indivíduo ou país imaginaria fazer.

Como observou Erich Fromm, só aqueles que não se interessaram por esses temas pensarão que sadismo e masoquismo são aspectos da estrutura de um caráter ou personalidade que se colocam em oposição recíproca. Na verdade eles são intimamente relacionados e muitas vezes se enredam num nó sadomasoquista porque se originam da mesma fonte – o medo da solidão, da rejeição pelo mundo e do isolamento. Sendo a liberdade em geral entendida pelos indivíduos mais fracos como algo nu e indefeso diante de um mundo sombrio e hostil, a única forma de salvar-se é destruir o espírito do estranho ou sua própria personalidade.

Não entendam com esses comentários que tenho em mente a servidão autoritária dos que não fazem mais que ler e assistir à mídia violenta. Não estou falando das vítimas. A personalidade autoritária cria esse tipo de mídia, que é sua vingança contra o mundo, assim como a dialética da obediência e do poder, a satisfação de menosprezar a si mesmo e aos outros.

. 4 .

Universidade do consumo: o novo senso de insignificância e a perda de critérios

LEONIDAS DONSKIS: Meu amigo finlandês, filósofo e professor de Helsinque, disse-me certa vez que, para alguns de seus colegas, a Estônia é um exemplo do pior pesadelo da política libertária. Essa observação, se divulgada, seria um golpe no doce sonho dos lituanos de estar aos pés da Estônia, aproveitando a vizinhança da Finlândia e celebrando a setenta quilômetros de distância algo radicalmente diferente dos traumas e dilemas dolorosos do pós-comunismo. O sonho foi destruído por meu colega como um castelo de cartas.

Muito individualismo, atomização e fragmentação dos laços sociais, pouca sensibilidade e compaixão, um hiato grande demais entre o jet set e as pessoas comuns, a falta de um Estado de bemestar social – estes foram os principais argumentos apresentados por meu colega finlandês. É irônico que o povo comunista, que sempre imaginou o Ocidente como um paraíso de liberdade e direitos civis – juntamente com algumas iniquidades do capitalismo –, se veja admirando os efeitos colaterais da economia de livre mercado que se manifestam em nossos hábitos da mente e do coração.

"Enquanto a vida em Helsinque é como uma permanente tarde de domingo, a vida em Riga é sempre uma manhã de segunda", como disse certa feita um aluno de pós-graduação da Letônia, após um seminário que realizei em Helsinque. Eu iniciara o debate com a

Universidade do consumo   159

observação de que nós, europeus do leste, parecemos ter pulado o estágio do individualismo moral e político da era industrial. Isolados da transformação social e política ocorrida no Ocidente por mais de cinco décadas, nós nos encontramos na era da modernidade líquida, como você diz, e com nossas caixas de ferramentas para incrementar os poderes de associação – para usar uma expressão sua, a estratégia do *faça você mesmo* e a mentalidade de *assumir responsabilidade diante do mundo*, o Facebook como a encarnação da amizade líquida, a fragilização dos vínculos humanos, e as redes sociais da internet como uma nova política de inclusão e exclusão.

Faça *você mesmo*, FVM – esse é um novo código de comportamento amplamente assumido como uma nova responsabilidade moral pelo indivíduo moderno. Houve um tempo em que tínhamos bons motivos para cultivar a expectativa de ser, digamos, um intelectual que sabia claramente que haveria um editor com um designer capaz de fornecer o layout do livro e um gerente capaz de montar uma estratégia inteligente para promovê-lo e vendê-lo. Por fim, mas não menos importante, tínhamos a expectativa de sermos pagos por nosso esforço, em vez de pagarmos ao editor pelo trabalho realizado em seu benefício.

Hoje as coisas tendem a mudar, e de várias formas. Na maioria dos casos – embora, felizmente, não em todos eles –, temos de pagar, depois fornecer a cópia do livro pronta para o processo gráfico e também assumir a responsabilidade por uma boa estratégia de marketing. Faça você mesmo. Seja ao mesmo tempo estudioso, intelectual e gerente. Consiga o dinheiro para sua pesquisa, realize-a, publique uma monografia e depois tente bolar uma ação de relações públicas para promovê-la. Faça você mesmo. Faça de si mesmo o que desejar, e será um homem ou mulher que se fez por si mesmo, por aclamação e omissão, e não por livre escolha. Não se trata mais do sonho do conde Giovanni Pico della Mirandola, de um indivíduo humano capaz de moldar a si mesmo. O paradoxo é que o indivíduo agora é moldado pela globalização e suas forças anônimas.

De algum modo, isso me lembra muito o sonho de Karl Marx. Há muitas razões para perceber o marxismo como algo originário de uma forma de determinismo tecnológico. A animosidade de Marx em relação à moderna divisão do trabalho como principal motivo subjacente à fissura da personalidade humana, e a resultante alienação de seus produtos e criações, lança muita luz sobre o marxismo como desastrada reação à modernidade sólida.

A humanização da ciência e da tecnologia, segundo Marx, só pode ocorrer no comunismo como nova formação socioeconômica que coincide com o fim da pré-história e o início da história real. Portanto, o comunismo irá harmonizar a personalidade humana após a fissura provocada pela moderna divisão do trabalho e pelo capitalismo. Ele o fará ao liberar plenamente o potencial criativo da humanidade, até então reprimido pelos modos de produção baseados na divisão do trabalho e numa especialização excessivamente estimulada. Seremos capazes de labutar e nos regozijar com o trabalho físico, ao mesmo tempo que cultivamos nossa mente, nossa alma e todas as outras faculdades de nossa criatividade e imaginação. Vamos mostrar nossas magníficas habilidades como trabalhador, intelectual ou artista, como o desejarmos ou a pedido de outros. Aqui vemos o momento manifestamente utópico do marxismo, não obstante suas diatribes contra as utopias anteriores e contra o socialismo utópico francês.

Hoje isso não é piada. Em vez de harmonizar e conciliar as faculdades da alma, nós nos tornamos indivíduos à revelia. Supõe-se que atuemos em favor do mundo. Temos de enfrentar todos os problemas criados pelas gerações precedentes. Espera-se que encontremos uma forma de escapar aos embaraços dolorosos da modernidade – como indivíduos corajosos, audazes, autossuficientes, conscientes e capazes de correr todo tipo de risco. Quem se importa com o fato de você ter nos advertido tantas vezes de que não há soluções locais para problemas produzidos globalmente, e que os indivíduos não podem agir como uma resposta viável e suficiente a desafios sociais e políticos que se tornaram parte de nossas vidas por acidente e capricho da história, e não por escolha consciente? Como isso é verdadeiro quando se fala da região báltica, o laboratório de uma mudança insuportavelmente suave, rápida e incessante.

O que me passa pela cabeça com respeito ao destino de sermos indivíduos por aclamação do mundo, ou simplesmente por omissão, é a cena de um filme do grupo Monty Python feita com um toque de genialidade, *A vida de Brian*. Brian, um jovem de Jerusalém confundido com Jesus, acorda após uma deliciosa noite com o objeto de sua paixão e aparece nu na janela. É saudado pela multidão. Desesperado, tentando se livrar do som e da fúria daqueles crentes fanáticos, Brian diz: "Mas todos vocês são indivíduos! Todos vocês são diferentes!" "Sim, somos todos indivíduos", repete a multidão. E uma única voz replica: "Eu não sou."

Sim, somos todos indivíduos hoje. Nós o somos por aclamação ou omissão, e não por uma escolha moral dramática e intensa. A modernidade busca controlar nossa memória e nossa linguagem. No romance *1984*, Winston Smith tenta relembrar uma apreciada canção de infância que é concluída pelo personagem O'Brian, suposto amigo e irmão de armas na sagrada causa da resistência ao regime, mas na verdade funcionário graduado do Partido Interior. A Oceania, onde o livro de Orwell cria uma nova língua, a novilíngua, é supostamente um lugar onde a percepção e a compreensão humanas do espaço e do tempo foram transformadas. Com essa língua, ninguém conseguirá entender Shakespeare.

Isso significa que a realidade representada na imaginação literária clássica se tornará irreconhecível. Mudar radicalmente o campo de referências e o sistema de conceitos de todos tornaria mais fácil afastar a dimensão do passado. Ao controlar seu campo de referências e seu sistema de conceitos, a história da humanidade pode ser apropriada da forma exigida pelo solipsismo coletivo professado pelo Grande Irmão e pelo Partido. Como foi mencionado, *Nós*, de Yevgeny Zamyatin, fala da morte do clássico e da morte do passado. No contexto das distopias de Zamyatin, Huxley e Orwell, a expressão composta "totalitarismo tecnocrático" seria um pleonasmo, já que nenhuma outra forma de totalitarismo seria possível para eles.

Que tipo de imaginação constrói utopias e distopias? É difícil apresentar uma resposta abrangente. Trata-se de uma forma de imaginação em que as tramas exigiam um pensamento e uma sensibilidade liberais, conservadoras e socialistas. Mas as utopias e as distopias não teriam nascido sem a trajetória conservadora dessa forma de imaginação e sem a sensibilidade conservadora à espreita na imaginação moral moderna. *Nós* de Yevgeny Zamyatin, *1984* de George Orwell e *Admirável mundo novo* de Aldous Huxley retratam um mundo sem memória, privado de arquivos públicos de história e de humanidades em geral, da mesma forma que *O ano 2440*, de Louis-Sébastien Mercier, apresenta um mundo do futuro em que não há lugar para a história. O estudo e o ensino dessa disciplina são abandonados na França do século XXV, já que estudar uma série de loucuras e ações irracionais humanas é uma desgraça. Como poderia um ser humano racional estudar um passado profundamente permeado pela superstição e pelo atraso?

Nas implicações filosóficas da literatura de Kundera, a história aparece como alternativa moral significativa e silenciosa à brutalidade da geopolítica e do poder político desempenhado pelos poderosos. A memória torna-se uma ferramenta dos pequenos e dos fracos, enquanto o esquecimento serve aos interesses dos grandes e poderosos. Dessa maneira, a memória manifesta-se como imaginação moral alternativa em oposição à lógica do poder. A memória dos poderosos nada mais é que uma celebração da prática exitosa, no sentido do conceito de *verità effetuale* de Maquiavel. A memória é uma prática, e não uma ambígua habilidade ou um potencial humano.

Mas esse fio do pensamento de Kundera não exaure sua compreensão de como funciona a memória no mundo moderno. O que está implícito em seus textos é que a memória revela sua essência como um esforço consciente para continuar ou prolongar a existência do que merece existir. Assim, o cânone cultural é um modo de existência da memória organizada. Dentro desse arcabouço de memória organizada, Shakespeare, Van Dyck, Hals, Vermeer ou Rembrandt, descrevendo, retratando ou individualizando de outra forma seus contemporâneos, tornam-se parte do processo de continuidade consciente da existência de outra pessoa.

A questão de saber se a universidade vai sobreviver no século XXI como instituição clássica e identificável de educação e cultura não parece mais ingênua nem incorretamente formulada. Acho que, ao observarmos o que está ocorrendo agora na Europa e em especial na Grã-Bretanha, é justificado ponderarmos as estratégias intelectuais para o futuro. Então, o que fazemos? Observar as universidades morrerem lentamente, ou criar algumas alternativas que irão durar mais tempo que os poucos mandatos cumpridos por políticos no parlamento e no governo?

A questão é muito clara, pode ser explicada em termos simples e linguagem direta. A grande transformação das universidades teve início com Margaret Thatcher, que desmantelou o antigo sistema acadêmico britânico. Como seria de esperar, só as melhores universidades resistiram e sobreviveram às reformas por ela introduzidas, embora nelas também tenham ocorrido algumas mudanças bizarras. As mais ansiosas por mudança foram as universidades que se sentiam menos seguras – em outras palavras, instituições situadas um pouco ou muito abaixo das principais em matéria de avaliação.

Mais estranha é a circulação desse processo pela Europa. Por muitos anos o sistema acadêmico finlandês (com o qual estou bastante familiarizado) foi invejado por colegas de outros países europeus. Hoje tudo mudou, e a Finlândia introduziu uma mistura dos modelos americano e britânico, cuja ideia geral é a mesma: consiga você mesmo o dinheiro, sem ajuda do Estado nem da universidade. O fato, agora reconhecido por observadores e analistas da vida acadêmica nos Estados Unidos e na Grã-Bretanha, é que o que existe no caso americano como modelo de governança interna das escolas da Ivy League e das grandes universidades da Califórnia, e nunca teve nada em comum com as estratégias de nenhum governo, tornou-se na Europa uma política governamental imposta de cima. Aconteceu uma revolução de burocratas falando em nome da liberdade e da competição, mas dilapidando esses valores a cada dia.

Imitando as universidades e faculdades de administração privadas americanas, burocratas e políticos da Grã-Bretanha e da Europa continental adotaram tudo, de um jargão gerencial reminiscente da novilíngua orwelliana a uma governança universitária baseada nas grandes empresas. O mais triste de tudo é que endossaram uma lógica de realizações e resultados rápidos. Em essência, uma universidade, que em teoria deve seguir uma lógica (fielmente seguida durante séculos) de pensamento deliberado, criatividade paciente e existência equilibrada, é agora forçada a se tornar uma organização capaz de reagir depressa às flutuações do mercado, assim como às mudanças da opinião pública e do ambiente político. Esse é o preço que pagamos pela educação superior das massas numa democracia e numa sociedade de massas.

Talvez uma lógica do rápido consumo e da célere reação tenha permitido a formação dos critérios de eficiência de fábricas, oficinas, empresas e lojas da era industrial. Transferida, porém, para as universidades e instituições de pesquisa da era pós-industrial e da informação, essa lógica se torna grotesca e absurda. É possível atingir resultados rápidos em sistemas simples ou trabalhando na educação popular. Mas uma educação realmente boa, projetos fundamentais e ciências humanas e sociais que mudam o mundo das ideias não podem, ao contrário de aplicações da tecnologia ou da teoria popular, se desenvolver rapidamente e se dedicar ao consumo fácil só porque sua preocupação básica é com escolas de pensamento e com processos de autocorreção que não podem ser consumados em um ou dois dias.

Relembro uma história que ilustra bem esse arremedo macabro de tudo aquilo que até pouco tempo atrás simbolizava os valores de alta cultura europeus. Um colega meu da Universidade Tallin vivenciou inesperadamente sérias dificuldades quando o Ministério da Educação de seu país expressou dúvidas quanto a ele merecer o posto de professor. Revelou-se que esse especialista em cultura renascentista e literatura italiana tinha poucas publicações comparado a outros colegas, que haviam produzido pilhas de artigos lidos em conferências e publicados em periódicos. Não foi fácil para o professor provar ao Ministério que, enquanto alguns de seus colegas publicavam um artigo atrás do outro sem apresentar muita coisa em termos de novidades, argumentos sólidos, endossos e referências, ele, especialista em Renascimento, preparara comentários para uma nova edição estoniana da *Divina comédia* de Dante. Com efeito, será possível para um intelectual da área de estudos clássicos ter sonho maior que preparar comentários e introduções a obras de Dante, Petrarca ou Shakespeare? Mas tente explicar isso a um burocrata do Ministério que contou o número de publicações e somou os pontos. Nessa perspectiva, Dante não é argumento.

Receio que durante as próximas décadas as disciplinas humanísticas que não tenham sido dizimadas, deformadas, restringidas ou esvaziadas continuem a existir somente nas universidades de elite da Europa e dos Estados Unidos. Todos os outros criadores e consumidores da *junk food* acadêmica irão sacrificar as ciências humanas em favor de projetos (como de administração, gerenciamento, economia, direito, ciência política, serviço social e enfermagem) com grande demanda (e valorizados exatamente por terem grande demanda).

Assim, a única esperança restante estará na Ivy League, nas universidades de elite da Califórnia e no máximo em cinquenta das melhores instituições europeias que preservam a lógica da *slow food* intelectual e criativa. Todo o resto terá passado para a categoria de *junk food*. Um gourmet preferiria passar fome a se enganar com *junk food*. É melhor consumir menos coisas, porém mais autênticas, cuja origem, valor e método de preparação você conhece. É o que faz Giacomo Maioli com seu movimento Slow Food International.

A capitalização das universidades e o modelo literalmente libertário de seu desenvolvimento, imposto a partir de cima pela burocracia do Estado, são algo tão grotesco que os grandes liberais – acima de tudo os economistas e pensadores políticos liberais – nunca sonharam com isso. São capitalismo acadêmico sem liberdade, uma espécie de tirania tecnocrática e burocrática implementada em nome da liberdade e do progresso. Ao mesmo tempo, é um simulacro tecnocrático de livre mercado, em que a competição se produz a partir de critérios escolhidos de modo tão tendencioso que certas instituições favorecidas têm a garantia de vencer.

Vale a pena dedicar alguma atenção ao capitalismo acadêmico que se difunde compulsoriamente por meio da governança burocrática e da destruição da autonomia universitária e da liberdade acadêmica. Não seria surpresa ouvir coisas assim sobre China, Cingapura ou Rússia, mas na Europa isso é assustador. A propósito, essa lógica não é acidental. A tecnocracia não é hoje uma ameaça menor à democracia que Estados como China ou Rússia, onde a tirania política anda de mãos dadas com a ideologia do livre mercado, a aplicação seletiva de seus elementos práticos e uma corrupção governamental endêmica.

Que significa liberdade acadêmica para a burocracia e uma classe política simbioticamente ligada a ela? Nada mais que um impedimento a uma forma de controle social possibilitada pela tecnologia que exige que professores e pesquisadores apresentem relatos padronizados de suas atividades, fornecendo com isso uma base para a distribuição e o dispêndio de verbas públicas. Acadêmicos que não se curvam e pensam não dever obrigações a ninguém merecem ser mantidos em estado de ignorância e tensão permanente para perceber quem é o dono da situação e pagar seu débito à universidade, projeto ou departamento, pelo privilégio ou benefício que receberam. Então se tornam vassalos e esbirros, e esquecem toda a retórica de liberdade e autonomia.

Apesar disso, essa é uma lógica muito rasa. A governança das universidades privadas nos Estados Unidos funciona bem não apenas porque a tradição de patrocínio e apoio privados é incomparavelmente mais profunda nesse país que na Europa; mas também porque há um forte e arraigado compromisso de parceiros sociais e doadores (incluindo ex-alunos) com suas universidades, em vez de uma exploração vertical desses parceiros e doadores para o engrandecimento dos políticos e da burocracia de Estado. Os conselhos de administração que supervisionam as faculdades e universidades americanas são diferentes dos conselhos universitários agora constituídos em alguns países europeus. Os primeiros são eticamente guiados pela responsabilidade cívica e intelectual e pelo compromisso de longo prazo, enquanto os últimos são coletivos ad hoc, cria-

Universidade do consumo 167

dos para destituir (ou deliberadamente manter em seus lugares) alguns administradores de alto nível.

Assim, a ameaça básica à Europa é que, em muitos países com uma classe política fraca e pouca tradição democrática, a destruição da liberdade acadêmica e da autonomia universitária irá inevitavelmente deformar a política. Se mesmo na Itália, terra da Universidade de Bolonha, a autonomia não é mais oficialmente invocada, que podemos esperar de países onde os políticos veem a liberdade de pensamento como algo que só existe quando permite que eles ouçam o que querem ouvir? Desse modo, os políticos cortam o próprio galho em que estão empoleirados.

Onde estão os recursos para renovar a vida política, criar uma classe política digna e educar figuras públicas, se não há mais ilhas de liberdade nas quais se atribui grande valor não a responder depressa a perguntas complicadas, mas a preservar as tensões criativas e reflexivas por várias décadas, de modo que as gerações posteriores possam receber muitas respostas esclarecedoras?

De modo mais geral, como vamos formar a próxima geração de intelectuais e políticos europeus se os jovens nunca tiverem a oportunidade de vivenciar o que é uma universidade invulgar, não pragmática, não instrumentalizada? Se os alunos nunca virem um professor que não se curva diante de ninguém, nem um pesquisador que siga o princípio do *pauca pacis* ("um pouco para os poucos"), onde aprenderão a reconhecer e respeitar a liberdade de pensamento e a integridade intelectual?

Mais de uma vez em sua história, as universidades da Europa sobreviveram às instituições políticas, aos centros de poder e até aos Estados. Vamos esperar que também sobrevivam no futuro, embora esta possa ser, em alguns casos, uma vitória de Pirro e custar-lhes a insígnia do refinamento civil numa era de barbarismo moderno. Hoje governos e burocratas mantêm comunidades acadêmicas numa zona de ambiguidade, obscuridade e insegurança. E eles reformam e deformam permanentemente as universidades e privam os intelectuais de seu sentido de segurança. A mudança permanente torna-se uma forma perfeita de controle social.

ZYGMUNT BAUMAN: Você disse que "a grande transformação das universidades teve início com Margaret Thatcher, que desmantelou o antigo sistema acadêmico britânico". Eu substituiria "com" por "sob", sinalizando uma coincidência temporal, e não uma relação causal e uma alocação inflexível e peremptória de autoridade e vitimização. Recordo-me de Stuart Hall, um dos gênios mais perspicazes e astutos que encontrei, lembrando-nos, muitos anos atrás, que, ao contrário do caso das Falklands (Malvinas), Margaret Thatcher não enviou forças expedicionárias com batalhões de fuzileiros e porta-aviões para realizar essa obra de destruição. A ruína foi produzida por nossas próprias mãos, as mãos dos intelectuais, num surto de entusiasmo e com todo o fervor, inteligência e engenhosidade que poderíamos reunir.

Nós fizemos fila e disputamos o ingresso nos esquadrões de demolição. Somos todos cúmplices nesse feito, mesmo aqueles poucos de nós que sentiam vontade de protestar e nunca reuniram coragem e determinação suficientes para evitar o pior. Claro, eu nunca negaria que Thatcher acendeu o sinal verde e deixou a fera sair da gaiola. Mas creio que – com Thatcher ou sem ela – a possibilidade de desmantelar "o antigo sistema acadêmico britânico" era um barril de pólvora à espera de uma faísca, e que nenhum detonador, mesmo o mais poderoso, teria colocado "a transformação" em seu curso explosivo se não tivessem enchido esse barril até as bordas.

Permita-me acrescentar que muitos anos após o veredicto de Stuart Hall, ele ainda não perdeu sua atualidade. No número da primavera de 2012 da *Hedgehog Review*, dedicado ao fenômeno do chamado "professor corporativo", sua substância foi reafirmada como a descrição correta e adequada da situação atual das universidades. Os colaboradores dessa edição, como os organizadores o resumem, concentram-se nas "maneiras pelas quais os próprios professores aceitaram a cultura corporativa da universidade, ou por ela foram moldados, e parecem estranhamente desarticulados quanto aos propósitos e ao valor da educação superior". Um dos colaboradores, Mark Edmundson (com "Sob o signo de Satã: William Blake na universidade corporativa"), admite que "por vezes pensa que há mais intelectuais idealistas em potencial entre os administradores que no corpo docente"; enquanto Gaye Tuchman (com "Pressionado e avaliado; professores na Wannabe U.") reconhece isso, encontrando professores "que tentam ansiosamente atingir as metas de produtividade e o impacto com mais avidez, em muitos casos, que os administradores"; quanto a estes, ela observa, "uma vez que a reitora da Wan acreditava no planejamento corporativo, tal como seus antecessores, ela aceitou a ambição da universidade de atrair clientes por meio do reconhecimento da marca e a melhora de sua posição no ranking". Os organizadores dessa edição terminam com uma pergunta retórica que não estão prontos para responder: "Se os professores não conseguem articular aquilo que fazem nem dizer por que isso importa em termos não contemplados pelo mercado, quem poderá fazê-lo?"

Em busca das causas mais profundas e das ramificações mais amplas da situação aflitiva em que se encontram as universidades americanas, Henry A. Giroux circulou muito além das fronteiras dos campi universitários, buscando a causa da "grande mentira" que "propaga o mito de que o sistema de livre mercado é o único mecanismo que garante a liberdade humana e sustenta a democracia", ela própria consequência do já entranhado "déficit educacional e da onipresente cultura do analfabetismo (social e político) que o sustenta".[1] Como epígrafe de seu estudo, Giroux selecionou uma citação de Martin Luther King, Jr.: "Nada no mundo é mais perigoso que a ignorância sincera e a estupidez conscienciosa."

Semear, espalhar, propagar e cultivar "a ambiguidade, a obscuridade e a insegurança", como você corretamente afirma, é de fato a estratégia de dominação usada na modernidade líquida para pôr de lado as estratégias ultrapassadas, incômodas, conflituosas e caríssimas da disciplina mediante a supervisão meticulosa e a detalhada regulação normativa. Seria bizarro se as universidades ficassem isentas dessa tendência universal à desregulamentação que sustentou tudo isso. Não há quase nenhuma diferença entre universidades e outras empresas do ponto de vista de governos inflamados pela regra da "neutralidade de valores" (leia-se, indiferença aos valores) dos mercados de capitais, das bolsas de valores e dos agentes financeiros.

No caso das universidades, da mesma forma que ocorre com outras entidades em relação metabólica com o capital livremente flutuante e em busca de lucros, aplica-se o preceito do "deixe-os chegar ao seu próprio nível" (articulado pela primeira vez por Norman Lamont em seu anúncio público de que a libra esterlina estava abandonando a "serpente monetária"). O que você descreve como instabilidade acadêmica e tolices nascidas da necessidade de observar e seguir – depressa, prontamente e sem permissão para pensar duas vezes – toda e qualquer pequena mudança de disposição do mercado (essa "mãe de todas as incertezas") são consequência da estratégia de dominação do "deixe que flutuem" (leia-se, deixe que nadem ou afundem) – menos onerosa e incômoda (e mais adequada à redução de custos) que aquela que ela difama e, em última instância, substitui. Essa estratégia está por trás do casamento forçado entre universidades, com seus olhos voltados para coisas eternas, e mercados e feiras, mascateando suas mercadorias em busca do lucro imediato.

Não que a estratégia anterior, agora rejeitada e desacreditada, substituída pela atual estratégia de comercialização, acoplada com a recusa a reconhecer qualquer valor que não seja comercial e qualquer potencial que não seja o de vendas, pressagiasse uma vida mais segura para os valores universitários endêmicos que você tão apaixonada e precisamente proclamou. Lembro-me dos meus anos de serviço na universidade, na Grã-Bretanha, que por acaso também foram os anos em que ocorreram as últimas convulsões da dominação ao estilo antigo, os limites ditatoriais, sem direito a apelação, estabelecidos pelas "comissões de pessoal" para a contratação de professores. Os limites eram calculados com base na demanda de mercado para habilidades específicas. Como regra, essa demanda mudava muito antes de haver uma chance de tais habilidades serem adquiridas. As decisões das comissões de pessoal significavam que o ajuste do suprimento de mão de obra à estrutura da demanda revelava-se uma receita para a produção de carências e excessos de qualificações.

Tem havido, contudo, mais causas para as atuais guinadas e inconstâncias das políticas universitárias que as idiotices nas formas de regulação e supervisão governamentais. Em minha opinião, essas causas são mais fundamentais e menos corrigíveis.

Creio que nenhum de nós teria muitos problemas em concordar que a missão da educação, desde que foi articulada pelos antigos sob o nome de *paidea*, era, é e provavelmente continuará a ser, nesse ínterim, a preparação de recém-chegados à sociedade para a vida social na qual estão se qualificando a fim de nela ingressar. Se assim for, porém, sua educação (incluindo o ensino superior) enfrenta agora a crise mais profunda e radical de uma história rica em crises, um tipo de incerteza que afeta não somente esta ou aquela parte de suas formas costumeiras, herdadas ou adquiridas, de agir e reagir, mas sua própria razão de ser.

Hoje se espera que preparemos os jovens para a vida num mundo que (na prática, mesmo que não na teoria) torna nula e vazia a própria ideia de "ser preparado" (ou seja, treinado e habilitado da forma adequada, capaz de não ser pego de surpresa por eventos e tendências cambiantes). As primeiras universidades foram fundadas no tempo em que se ergueram as catedrais góticas e destinavam-se a durar, quando não eternamente, pelo menos até o Juízo Final. Algumas dezenas de gerações depois, porém, espera-se que sua descendência realize a missão de "preparação para a vida", numa época em que a maioria dos arquitetos não aceitaria uma licença de construção, a menos que a ela viesse anexada uma licença de demolição dentro de vinte anos ou menos.

Stephen Bertman cunhou as expressões "cultura agorista" e "cultura apressada" para denotar o modo de vida em nosso tipo de sociedade.[2] São termos adequados, que se tornam particularmente convenientes sempre que tentamos apreender a natureza da condição humana na era líquida moderna. Podemos dizer que essa condição se destaca, mais que por qualquer outra coisa, por sua (até agora singular) *renegociação do significado da vida*.

Como sugeri mais ou menos uma década atrás, o tempo na era da "sociedade de consumidores" líquida moderna não tende a ser percebido como cíclico nem linear, como em outras sociedades da história moderna e pré-moderna. Em vez disso, ele é visto e tratado como *pontilhista* – fragmentado numa multiplicidade de pedaços distintos, cada qual reduzido a um ponto, aproximando ainda mais sua idealização geométrica da não dimensionalidade. Como decerto nos lembramos das aulas escolares de geometria, os pontos não têm comprimento, largura ou profundidade. Fica-se tentado a dizer que eles são *antes* do espaço e do tempo. Num ponto, as dimensões do espaço e do tempo ainda estão por nascer ou emergir. Mas, tal como ocorreu com aquele ponto singular que se transformou no big bang, do qual se originou o Universo, como postula a mais atual cosmogonia, presume-se que cada ponto tenha um potencial de expansão infinito, assim como infinitas possibilidades à espera de explodir, caso sejam inflamadas. E não há modo algum de prever o que irá ocorrer a partir dos pontos que o precederam.

Desse modo, pode-se suspeitar ou acreditar que cada ponto esteja impregnado da possibilidade de outro big bang, ainda que numa escala muito mais modesta, pois isso ocorreria num plano individual. Continua-se a imaginar os sucessivos momentos da vida impregnados de possibilidades, apesar do acúmulo de evidências de que a maioria das chances tende a ser mal-interpretada, negligenciada ou perdida, embora a maioria dos pontos se revele infértil e a maioria dos impulsos nunca dê frutos. Um mapa da vida pontilhista, se desenhado, pareceria um cemitério de possibilidades imaginárias ou irrealizadas. Ou, dependendo da perspectiva, uma necrópole de oportunidades desperdiçadas. Num universo pontilhista, as taxas de mortalidade infantil e de aborto espontâneo de esperanças são muito elevadas. Por essa razão, uma vida "agorista" tende a ser uma vida acelerada, agitada, sempre célere. As chances que cada ponto pode representar irão segui-lo até o túmulo (e, lembre-se, os pontos têm uma expectativa de vida curtíssima!). Para *essa* chance particular e *única*, apresentada por esse momento particular e único, não haverá uma "segunda chance". Cada ponto pode ter sido vivenciado como um novo começo, mas com frequência a linha de chegada terá aparecido logo após a partida, com quase nada nesse intervalo. Só uma *multiplicidade de novos começos* em expansão incontrolável poderia – apenas poderia – compensar a profusão de falsos inícios. A ampla quantidade de novos começos que se espera ter pela frente – os pontos que ainda não foram testados em relação a seu potencial de produzir big bangs, e que, portanto, ainda não foram desacreditados – significa que a esperança pode ser resguardada dos escombros de finais prematuros ou, melhor dizendo, de artifícios natimortos.

Na vida "agorista" do ávido consumidor de novas experiências, a razão para correr não é o impulso de *adquirir* e *acumular*, mas de *descartar* e *substituir*. Há uma mensagem latente por trás de cada comercial, prometendo uma nova e inexplorada oportunidade de satisfação. Não há motivo para chorar sobre o leite derramado. Ou o big bang acontece agora, neste momento e na primeira tentativa, ou não faz mais sentido perder tempo com esse ponto em particular. Já passou a hora de se deslocar para o próximo.

Na sociedade de produtores que agora já fica no passado (pelo menos em nossa parte do planeta), o conselho num caso como esse seria "esforçar-se ainda mais". Mas isso não acontece na sociedade de consumidores. Aqui, as ferramentas que falharam devem ser atiradas na lata de lixo, e não afiadas e de novo utilizadas com mais habilidade e dedicação, com melhor efeito. Essa regra se aplica também a instrumentos e artifícios que por pouco não proporcionaram a "satisfação total" prometida, assim como aos relacionamentos humanos que tenham produzido um "bang" não tão "big" quanto se esperava. A urgência deve ter sua intensidade máxima quando alguém está correndo de um ponto (abortado, abortando ou começando a abortar) para outro (ainda não vivenciado). Deve-se ficar atento à amarga lição de Fausto: ser atirado ao inferno como penalidade por desejar que um único momento – só porque muito prazeroso – durasse para sempre.

Outro fator funcionando em uníssono e intimamente conectado com a "tirania do momento" (expressão criada por Thomas Hylland Eriksen) é o que pode ser chamado de "dilúvio de informação". Em nossos mercados de consumo congestionados, novos produtos tendem primeiro a surgir para só depois procurar suas aplicações. Muitos deles, talvez a maioria, são descartados sem encontrar nenhuma utilidade. Por isso, tentação e sedução sobem ao topo das preocupações de marketing e consomem a parte do leão dos custos dessa atividade. Mesmo os produtos sortudos, que conseguem encontrar ou invocar necessidade, vontade ou desejo para o qual se mostrem relevantes, tornando seu apelo convincente, logo tendem a sucumbir diante da pressão de "novos e aperfeiçoados" produtos; ou seja, produtos que prometem fazer tudo aquilo que seus predecessores faziam, apenas mais rápido e melhor – e com o bônus de fazer algumas coisas de que nenhum consumidor imaginava precisar –, e tudo isso acontece bem antes de a capacidade de funcionamento do produto chegar a seu predeterminado fim.

Os momentos são poucos em comparação ao número de contendores, os quais se multiplicam, recordemos, a um ritmo exponencial. Daí o fenômeno da "acumulação vertical", noção cunhada por Bill Martin para explicar o surpreendente acúmulo de modismos musicais, quando brechas e lotes vazios foram tomados e inundados por uma maré sempre montante de suprimentos, enquanto os promotores tinham de lutar febrilmente para ampliá-los além de sua capacidade.[3] Ou a introdução do treinamento de mídia digital em "multitarefas", expondo seus praticantes a vários bombeamentos simultâneos de informação, embora sem assimilar e reter o que foi transmitido. As imagens do "tempo linear" e do "progresso" têm estado entre as principais vítimas desse dilúvio de informação. No caso da música popular, todos os estilos *retrô* imagináveis foram agrupados num espaço limitado da atenção dos fãs, juntamente com todas as formas concebíveis de reciclagem e plágio, sustentando-se na curta memória do público para se disfarçar como as últimas novidades. Mas o caso da música popular é somente a manifestação de uma tendência virtualmente universal que afeta na mesma medida todas as áreas da vida atendidas pela indústria de consumo.

Num mundo como o nosso, somos compelidos a levar a vida passo a passo, como ela se apresenta, esperando que cada avanço seja diferente do anterior e exija novos conhecimentos e habilidades. Uma amiga minha, imigrante oriunda da Polônia e que mora num país da União Europeia, altamente inteligente, educada e criativa, com o domínio total de sete idiomas, que passaria com facilidade na maioria dos testes e entrevistas de emprego, queixou-se numa carta que "o mercado de trabalho é frágil como a gaze e quebradiço como a porcelana". Por dois anos ela trabalhou como tradutora e consultora jurídica freelance, plenamente exposta aos altos e baixos comuns às sinas do mercado. Mãe solteira, ansiava contudo por uma renda mais regular, e optou por um emprego fixo, com salário mensal. Durante um ano e meio trabalhou para uma empresa instruindo empresários promissores sobre as complexidades jurídicas da União Europeia. Mas como os novos negócios audaciosos demorassem a aparecer, a empresa logo foi à falência. Por mais um ano e meio ela trabalhou para o Ministério da Agricultura, dirigindo uma seção dedicada ao desenvolvimento de contatos com os países bálticos recém-independentes. Veio a eleição, e a nova coalizão governamental decidiu "terceirizar" essa preocupação para a iniciativa privada, e assim resolveu fechar o departamento. O emprego seguinte durou somente meio ano: o conselho de Estado para a igualdade étnica seguiu o padrão governamental de lavar as mãos e foi declarado redundante. Então, se os abalos sísmicos do mercado de trabalho não forem suficientes, existe a ascendência quase universal da forma consumista de ser e estar no mundo, moldada de acordo com o padrão dos consumidores nos supermercados – inspirado pelo dever e estimulado pelo desejo de fazer suas opções entre as tentações colocadas nas prateleiras com a intenção de seduzir. A cultura consumista imagina a totalidade do mundo habitado – juntamente com seus ingredientes animados e inanimados, animais e humanos – como um grande contêiner cheio até as bordas de potenciais objetos de consumo. Ela assim justifica e promove a percepção, apreciação e avaliação de toda e qualquer entidade temporal segundo os padrões estabelecidos pelas práticas dos mercados de consumo. Esses padrões estabelecem relações assimétricas entre clientes e mercadorias, consumidores e bens de consumo. Aqueles esperam destes últimos apenas a satisfação de suas necessidades, seus desejos e vontades, enquanto os bens de consumo derivam seu único significado e valor do grau em que atendem a essas expectativas. Consumidores são livres para separar os objetos desejáveis dos indesejáveis ou indiferentes – assim como para determinar em que medida os objetos tidos como desejáveis atendem às expectativas e por quanto tempo esse desejo se manterá intacto.

Em suma, o que conta, acima de tudo, são os desejos do consumidor, e apenas eles. Só nos comerciais (como no memorável anúncio de TV mostrando colunas de fungos em marcha gritando "Abram caminho para os cogumelos!") os objetos de desejo compartilham os prazeres dos consumidores ou sofrem conflitos de consciência quando frustram as expectativas destes últimos. Ninguém acredita que os objetos de consumo, "coisas" arquetípicas desprovidas de sentidos, pensamentos e emoções próprios, possam sofrer com a rejeição ou o encerramento de seus serviços (na verdade, por se destinarem a uma lata de lixo). Satisfatórias como possam ter sido as sensações do consumo, seus beneficiários não devem nada em troca às fontes de seus prazeres. Com toda a certeza, não precisam jurar lealdade total aos objetos de consumo. As "coisas" destinadas ao consumo só mantêm sua utilidade para os consumidores, sua única e exclusiva razão de ser, enquanto se avaliar que sua capacidade de gerar prazer permanece inalterada (nem um segundo a mais).

Quando a capacidade do objeto de gerar prazer cai abaixo do nível prometido ou aceitável, chegou a hora de se livrar daquela coisa chata e desinteressante, aquela pálida réplica ou feia caricatura do objeto que um dia abriu caminho para o desejo por meio do brilho e da tentação. O motivo de sua degradação e remoção não é necessariamente uma mudança indesejada (ou, nesse sentido, qualquer mudança) que possa ocorrer no próprio objeto. Em vez disso, pode ser, e com frequência é, algo relacionado aos outros conteúdos da galeria em que os potenciais objetos de desejo são apresentados, procurados, vistos, apreciados a apropriados. Um objeto antes ausente ou desprezado, mais bem-equipado, de alguma forma, para proporcionar sensações prazerosas, e portanto mais promissor e tentador que outro já adquirido e utilizado, foi identificado na vitrine ou prateleira da loja.

Ou talvez o uso e a fruição do atual objeto de desejo tenham durado tempo suficiente para desencadear uma espécie de "fadiga do prazer", em especial porque seus potenciais substitutos ainda não foram testados e por isso não prenunciam novas delícias, até então nunca vivenciadas, conhecidas ou comprovadas, e apenas por esse motivo tidas como superiores e portanto dotadas (pelo menos neste momento) de maior poder de sedução. Qualquer que seja a razão, fica cada vez mais difícil, para não dizer impossível, imaginar por que aquela coisa que perdeu toda ou a maior parte de sua capacidade de satisfazer não deveria ser enviada ao lugar adequado – o depósito de lixo.

E se, contudo, a "coisa" em questão for outra entidade dotada de sensibilidade e consciência, sentimentos, avaliação e capacidade de escolha? E se, em suma, for outro ser humano? Embora possa parecer bizarra, essa pergunta não é fantasiosa. Um bom tempo atrás, Anthony Giddens, um dos sociólogos mais influentes das últimas décadas, anunciou o advento das "relações puras" – ou seja, relações sem compromissos, de duração e alcance indefinidos. As "relações puras" se baseiam apenas na satisfação delas extraída – e quando essa satisfação diminui e se dissipa, ou é sobrepujada pela disponibilidade de uma satisfação ainda mais profunda, não há nenhuma razão para elas prosseguirem. Por favor, observe, contudo, que o desprazer e o descontentamento de *um* dos parceiros são suficientes. Construir a relação exige uma decisão *bilateral*; terminá-la pode ser feito *unilateralmente*.

Cada um dos dois parceiros de uma relação pura, separada ou simultaneamente, tentará fazer o papel de sujeito, tendo o outro como objeto. Cada um deles, separada ou simultaneamente, pode deparar com um objeto que se recuse a aceitar o papel de "coisa", ao mesmo tempo que tenta reduzir seu ou sua protagonista a essa condição, frustrando assim suas pretensões ou aspirações à condição de "sujeito". Este é, portanto, um paradoxo de tipo insolúvel: cada parceiro assume uma "relação pura" presumindo seu próprio direito à condição de sujeito e a redução e submissão do outro à condição de coisa. Entretanto, o sucesso de ambos em transformar esse pressuposto em realidade (ou seja, destituir o outro da condição de sujeito) representa a ameaça de término da relação.

Um "relacionamento puro" baseia-se, portanto, numa ficção. Não sobreviveria à revelação de sua verdade: a impossibilidade de transferência essencial da divisão endêmica sujeito/objeto do padrão consumista para o domínio dos relacionamentos humanos. A rejeição pode chegar a qualquer momento, comunicada em cima da hora ou sem comunicação alguma; os vínculos não são sólidos, mas endemicamente instáveis e duvidosos – apenas mais uma variável desconhecida e geradora de ansiedade na equação insolúvel chamada "vida". Enquanto suas relações se mantiverem "puras", sem uma âncora lançada em outro porto que não o da satisfação do desejo, ambos os parceiros estão condenados à agonia de uma possível rejeição ou a um despertar amargo de sua ilusão.

Esse despertar tende a ser ainda mais amargo porque eles não reconheceram de antemão o paradoxo à espreita no cerne da "pureza"; portanto, não fizeram o suficiente, ou não fizeram coisa alguma, para negociar um compromisso satisfatório ou pelo menos suportável entre essas condições inconciliáveis.

O advento e a prevalência das "relações puras" têm sido ampla e erroneamente interpretados como um enorme passo no caminho da "libertação" do indivíduo (tendo sido esta última ma ambiguamente reinterpretada como livre das restrições às próprias escolhas que todas as obrigações para com os outros tendem a estabelecer). O que torna essa interpretação questionável, porém, é que nesse caso a noção de "reciprocidade" é um grande e infundado exagero. Se há uma coincidência de satisfação de ambos os lados de um relacionamento, isso não cria necessariamente uma reciprocidade; isso significa apenas que os dois indivíduos em relação se satisfazem *ao mesmo tempo*. O que distingue esse relacionamento da verdadeira reciprocidade é a expectativa – por vezes consoladora, mas em outros casos assustadora e angustiante – que lhe é inerente, que é também uma restrição não desprezível à liberdade do indivíduo. A distinção essencial das "redes" – o nome escolhido em nossos dias para substituir as ideias de "comunidade" ou "comunhão", consideradas ultrapassadas e superadas – é esse direito ao rompimento *unilateral*. Ao contrário das comunidades, as redes são construídas de forma unilateral, e da mesma forma são remodeladas ou desfeitas, e baseiam sua persistência na vontade do indivíduo como único, embora volátil, alicerce.

Numa relação, porém, *dois* indivíduos se encontram. Um indivíduo moralmente "insensibilizado" (ou seja, que está capacitado e disposto a não levar em conta o bem-estar de outro) é ao mesmo tempo situado, de modo contraditório, na extremidade receptora da insensibilidade moral dos objetos de sua própria insensibilidade. As "relações puras" não prenunciam tanto uma reciprocidade da libertação quanto uma reciprocidade da insensibilidade moral. O "partido de dois" de Levinas deixa de ser um canteiro da moralidade. Em vez disso, transforma-se num fator de *adiaforização* (ou seja, de exclusão do reino da avaliação moral) de uma variedade tipicamente *líquida* moderna, complementando, embora muitas vezes suplantando, a burocrática variedade *sólida* moderna.

O que está sendo feito com as coisas é tido, em qualquer tempo e lugar, como "adiafórico" – nem bom nem mau, nem aprovado nem condenado. Deus não deu a Adão o poder inquestionável sobre as coisas, inclusive o de nomeá-las, o que significa defini-las? A variedade líquida moderna de adiaforização é moldada segundo o padrão das relações consumidor-mercadoria, e sua eficácia baseia-se no transplante desses padrões para as relações humanas. Como consumidores, não juramos eterna lealdade à mercadoria que procuramos e compramos para satisfazer nossos desejos ou necessidades, e continuamos a usar seus serviços enquanto ela atender às nossas expectativas, mas não além disso – ou até depararmos com outra mercadoria que prometa satisfazer os mesmos desejos de modo mais completo que aquela que adquirimos antes. Todos os bens de consumo, incluindo os que são descritos de forma um tanto hipócrita e enganosa como "duráveis", são substituíveis e descartáveis. Numa cultura consumista, ou seja, inspirada pelo consumo e a serviço dele, o tempo entre a compra e o descarte tende a encolher depressa.

Finalmente, as delícias derivadas dos objetos de consumo passam de seu uso à apropriação. A longevidade do uso tende a ser abreviada, e os incidentes de rejeição e descarte, a se tornar cada vez mais frequentes, à medida que a capacidade dos objetos de satisfazer (e permanecer desejados) se reduz mais depressa.

Embora uma atitude consumista possa lubrificar as rodas da economia, ela joga poeira nos vagões da *moralidade*.

Essa não é a única calamidade a afetar ações saturadas, do ponto de vista moral, num ambiente líquido moderno. Como um cálculo de ganhos não pode jamais reprimir e sufocar as pressões tácitas, mas refratárias e teimosamente insubordinadas, do impulso moral, a desatenção para com os deveres morais e o desrespeito às responsabilidades evocadas, nos termos de Levinas, pela Face do Outro deixam atrás de si um sabor residual amargo, conhecido pelo nome de "dor de consciência" ou "escrúpulo moral". Mais uma vez, aqui, as ofertas consumistas vêm prestar socorro. O pecado da negligência moral pode ser objeto de arrependimento ou absolvição por meio de presentes fornecidos pelas lojas, pois o ato de comprar, apesar dos verdadeiros motivos e das tentações egoístas e autorreferenciais que lhe deram origem, é representado como um feito moral. Manipulando os impulsos de redenção moral instigados pela transgressão que ela mesma gerou, encorajou e intensificou, a cultura consumista transforma toda loja e agência de serviços numa farmácia que fornece tranquilizantes e anestésicos, nesse caso, remédios que servem para aliviar ou amenizar dores *morais*, não físicas.

Como a negligência moral está crescendo em alcance e intensidade, a demanda por analgésicos aumenta cada vez mais, e o consumo de tranquilizantes morais se transforma em vício. Por conseguinte, uma insensibilidade moral induzida e manipulada se torna uma compulsão ou uma "segunda natureza": uma condição permanente e quase universal – e as dores morais são despidas de seu papel salutar de prevenir, alertar e mobilizar. Com as dores morais aliviadas antes de se tornarem verdadeiramente perturbadoras e preocupantes, a teia de vínculos humanos tecida com os fios da moral torna-se cada vez mais débil e frágil, vindo a descosturar-se. Com cidadãos treinados a buscar nos mercados de consumo a salvação e a solução de seus problemas e dificuldades, a política pode (ou é provocada, pressionada e, em última instância, coagida a) interpelar seus súditos primeiro como consumidores, e só muito depois como cidadãos. A devoção ao consumo é definida como virtude do cidadão, e a atividade de consumo, como o cumprimento de um de seus deveres básicos. Não são apenas a política e a sobrevivência da comunidade que estão ameaçadas. Nossa capacidade de convivência face a face e a satisfação, o prazer que obtemos dela, também correm perigo, ao serem confrontados pela pressão combinada de uma visão de mundo consumista e do ideal das "relações puras". "O objetivo maior da tecnologia, o *telos* da *techne*", disse Jonathan Franzen em seu discurso inaugural de 21 de maio de 2011 no Kenyon College, "é substituir um mundo natural indiferente aos nossos desejos – um mundo de furacões, dificuldades e corações frágeis, um mundo de resistência – por outro tão sensível a esses desejos a ponto de ser mera extensão do self." Isso é apenas conveniência, estupidez – um conforto acessível e uma acessibilidade confortável; é tornar o mundo obediente e dócil; extirpar do mundo tudo que possa colocar-se, obstinada e agressivamente, entre vontade e realidade. Uma correção: como a realidade é o que resiste à vontade, trata-se de *livrar-se da realidade*, de viver num mundo feito apenas dos próprios desejos, dos meus desejos e dos seus, de nossos desejos – como compradores, consumidores, usuários e beneficiários da tecnologia.

Um dos mais recentes desvios pressagiados pelas profundas mudanças no status e no papel das universidades, em minha opinião, merece ao menos uma menção breve: o provável fim da "meritocracia", aquela folha de parreira usada durante anos e com um sucesso mais que módico para ocultar os aspectos menos fascinantes da competição no livre mercado, sua inclinação inalienável e incurável para aumentar a desigualdade social. No artigo de Nathalie Brafman publicado no *Le Monde*, "Génération Y: du concept marketing à la réalité", ela definiu a geração Y como "mais individualista e desobediente aos chefes, porém,

Universidade do consumo

acima de tudo, mais precária" – quer dizer, quando comparada às gerações *baby boomer* e X que a precederam.[4]

Jornalistas, especialistas em marketing e pesquisadores sociais (nessa ordem) juntaram jovens de ambos os sexos entre vinte e trinta anos (ou seja, nascidos mais ou menos entre a década de 1980 e meados da de 1990) nessa formação (classe? categoria?) imaginada. O que se torna cada dia mais óbvio é que a geração Y composta por esses jovens pode ter uma reivindicação mais bem-fundamentada que suas predecessoras ao status de "formação" culturalmente específica, ou seja, uma autêntica "geração", e também um bem justificado apelo à atenção sensível de comerciantes, caçadores de notícias e intelectuais.

É comum afirmar que as bases para essa reivindicação e a justificativa para esse apelo são, em primeiro lugar, o fato de que os membros da geração Y são os primeiros a nascer num mundo em que já havia a internet e a conhecer, assim como a praticar, a comunicação digital em "tempo real". Se você compartilha a difundida avaliação da chegada da informática como um divisor de águas na história humana, é obrigado a ver a geração Y como um marco na história da cultura. E assim ela é vista, e consequentemente espionada, detectada e registrada. Como uma espécie de aperitivo, Nathalie Brafman sugere que o curioso hábito dos franceses de pronunciarem o "Y", quando ligado à ideia de geração, à maneira inglesa – como "*why*" – pode ser explicado pelo fato de ser essa uma geração questionadora, em outras palavras, uma formação que não aceita nada sem questionamento. Permita-me acrescentar de imediato, porém, que as perguntas que essa geração tem por hábito apresentar são amplamente dirigidas aos autores anônimos da Wikipédia ou aos amigos do Facebook e viciados no Twitter – mas não a seus pais, chefes ou "autoridades públicas", dos quais não parecem esperar respostas relevantes, muito menos legítimas, confiáveis e, portanto, dignas de atenção.

A profusão de perguntas, creio eu, como ocorre com tantos outros aspectos da sociedade consumista, é uma demanda guiada pela oferta; com um iPhone tão bom que parece implantado no corpo, há montes de respostas rodando 24 horas por dia, sete dias por semana, à procura febril de perguntas, assim como multidões de mascates em busca de uma demanda para seus serviços. Outra suspeita: será que as pessoas da geração Y passam tanto tempo na internet porque são atormentadas por perguntas com cujas respostas elas sonham? Ou seriam as perguntas que elas fazem, uma vez conectadas a suas centenas de amigos do Facebook, versões atualizadas das "expressões fáticas" de Bronislaw Malinowski ("Como vai você?", "Como você está?", locuções cuja única função é realizar uma *tarefa associativa*, em oposição a *transmitir informação*, sendo a tarefa nesse caso anunciar nossa presença e disponibilidade para nos relacionarmos, não muito diferente da "conversa trivial" que se leva para aliviar o tédio, mas acima de tudo para escapar da alienação e da solidão numa festa cheia)?

Os membros da geração Y são de fato mestres inigualáveis na arte de surfar nas vastidões infinitas da internet, e também em "estar conectado". Eles constituem a primeira geração da história a avaliar o número de amigos (palavra que hoje se traduz como companheiros de conexão) às centenas, quando não aos milhares. E a primeira a gastar a maior parte de seu tempo de vigília associando-se por meio da conversa – embora não necessariamente em voz alta e poucas vezes com frases completas. Tudo isso é verdade. Mas seria toda a verdade sobre a geração Y? Que dizer daquela parte do mundo que eles ainda não vivenciaram e nem poderiam, e sobre a qual eles têm poucas oportunidades (se é que têm alguma) de aprender e de ver diretamente, sem algum tipo de mediação eletrônica/digital, e das consequências desse inevitável encontro? Aquela parte que, não obstante, tem a pretensão de determinar as demais partes, e talvez as mais importantes de suas vidas?

É esse "demais" que contém aquela parcela do mundo responsável por fornecer outra característica que separa a geração Y de suas antecessoras: a precariedade do lugar que lhe foi

Universidade do consumo

oferecido pela sociedade e diante do qual ela luta, com sucesso apenas relativo, para ingressar. Vinte e cinco por cento das pessoas abaixo de 25 anos de idade permanecem desempregadas na França. A geração como um todo está presa aos *contrats à durée determinée* (contratos de duração determinada, CDDs) e *stages* (estágios) – ambos expedientes cruel e impiedosamente exploratórios. Se em 2006 havia cerca de 600 mil *stagiaires* na França, seu número atual é estimado entre 1,2 e 1,5 milhão. Para muitos, a visita a esse purgatório líquido moderno recategorizado como "estágio" é uma necessidade indispensável; concordar com expedientes como CDDs ou *stages* e submeter-se a eles é condição necessária para que se alcance, na avançada idade de trinta anos, a possibilidade de um emprego em tempo integral de duração "infinita" (?).

Uma consequência imediata da fragilidade e da transitoriedade inerente às posições sociais que o chamado "mercado de trabalho" oferece é a profunda mudança de atitude, amplamente sinalizada, em relação à ideia de "emprego" – em especial de emprego estável, seguro e confiável para determinar a posição social e as possibilidades de vida, a médio prazo, de quem o exerce. A geração Y é marcada pelo inédito e crescente "cinismo em relação ao emprego" – e isso não surpreende, já que Alexandra de Felice, por exemplo, famosa comentarista do mercado de trabalho francês, prevê que, se prosseguirem as atuais tendências, um membro regular da geração Y será obrigado a mudar de chefe e de empregador 29 vezes ao longo de sua vida de trabalho.

Alguns outros observadores, porém, como Jean Pralong, professor da Escola de Administração de Rouen, exigem mais realismo ao se estimar a probabilidade de os jovens combinarem o ritmo da mudança de emprego ao cinismo de suas atitudes em relação a ele: num mercado de trabalho com as condições atuais, seria necessário ter muita ousadia e coragem para desrespeitar o chefe e lhe dizer na cara que seria melhor ir embora a ficar numa chatice daquelas. De acordo com Jean Pralong, os jovens preferem aceitar seu melancólico destino, não importa quão opressivo ele seja, se lhes permitirem ficar por mais tempo em seus semiempregos. Mas poucas vezes isso lhes é permitido, e, quando acontece, os jovens não sabem quanto tempo vai durar a suspensão de sua sentença. De uma forma ou de outra, os membros da geração Y diferem de seus predecessores por uma ausência total ou quase total de ilusões relacionadas ao emprego, por um compromisso apático com os empregos que têm e com as empresas que os oferecem, e pela firme convicção de que a vida está em outro lugar; e eles têm o desejo de viver em outro local. Essa é uma atitude que dificilmente se encontraria entre os membros das gerações *baby boomer* e X.

Alguns dos chefes admitem que a culpa é deles, e relutam em colocar nos jovens a responsabilidade pelo desencanto e indiferença prevalecentes. Brafman cita Gilles Babinet, empresário de 45 anos que lamenta a expropriação sofrida pela geração jovem de toda ou quase toda autonomia que seus pais tinham e preservaram com sucesso – orgulhando-se de terem os princípios morais, intelectuais e econômicos de que sua sociedade seria a guardiã e dos quais ela não permitiria que seus membros se afastassem. Ele acredita que o tipo de sociedade introduzido pela geração Y, pelo contrário, é qualquer coisa, menos sedutor. Se tivesse a idade desses jovens, admite Babinet, ele iria se comportar exatamente do mesmo modo.

Quanto aos próprios jovens, eles são tão cegos quanto é inequívoca sua situação. Não temos a menor ideia, dizem eles, do que o futuro nos reserva. O mercado de trabalho mantém resguardados seus segredos como se fosse uma fortaleza impenetrável, e não há muito sentido em tentar esgueirar-se para dentro, muito menos em derrubar os portões. Quanto a adivinhar suas intenções, é difícil acreditar que elas existam. As mentes mais resolutas e instruídas são conhecidas sobretudo pelos abomináveis erros que cometem nesse jogo de adivinha. Num mundo perigoso, não temos escolha senão jogar, seja por opção ou por necessidade. No final, isso não faz diferença, não é mesmo?

Bem, esses relatórios sobre o estado de espírito são incrivelmente similares às confissões dos mais ponderados e sinceros entre os *precários* – os membros do precariado, segmento que cresce com maior rapidez em nosso mundo pós-colapso do crédito e pós-confiança. Os precários são definidos por terem suas casas erguidas (juntando cozinhas e quartos de dormir) sobre areias movediças e por sua autoconfessada ignorância ("Não faço ideia do que vai me atingir") e impotência ("Mesmo que eu soubesse, não teria o poder de desviar o golpe").

Até agora pensava-se que o surgimento e a expansão formidável, de certa forma explosiva, do precariado, sugando e incorporando mais e mais membros das antigas classes média e trabalhadora, fossem fenômeno nascido de uma estrutura de *classes* em rápida transformação. De fato é. Mas também não é, além disso, uma questão relacionada à mudança da estrutura *geracional*? De produzir um estado de coisas em que a sugestão "diga-me o ano de seu nascimento e eu lhe direi a que classe social você pertence" não parece fantasiosa demais?

LD: Caro Zygmunt, deixando de lado a nova tecnocracia política e acadêmica que se mascara de democracia, eu menciono outro fenômeno perturbador: o destino dos intelectuais errantes. Como já foi dito, essa espécie de reforma interminável da academia empreendida pela classe política, ou a incapacidade de existir a não ser mudando e reformando os outros, e não a si mesmo, e privando os intelectuais e acadêmicos de um sentido de segurança e proteção, tornou-se parte inescapável do discurso do poder. Mas em relação aos acadêmicos as coisas são menos óbvias.

As expressões "intelectual errante" e "intelectual cigano" são muito conhecidas dos que têm sido obrigados a mudar muitas vezes de emprego e que estão sempre em busca de ocupações. Uma compreensão ainda melhor surge quando se calçam essas sandálias pessoalmente. Na verdade, "intelectual errante" e "intelectual independente" nada mais são que eufemismos a mascarar a triste realidade dessas pessoas que não veem motivo para celebrar seu estilo de vida errante, com mudanças constantes de emprego e residência. Tudo o que eles desejariam seria uma posição estável, mas esse estilo de emprego não está a seu alcance; assim, eles estão sempre na estrada. Estabelecer algum tipo de conexão com seu porto acadêmico temporário é impossível, pois esses intelectuais sabem que dentro em breve estarão de novo na estrada. Quanto mais fortes forem os laços com uma nova posição, ou mais profundas as amizades que alguém se permita formar, mais difícil será ir em frente, mais a experiência se guardará na memória e mais dolorosa se tornará. Essa espécie de estilo de vida não deixa espaço para compromissos de longo prazo nem para desenvolver sentimentos de pertença a uma comunidade determinada.

A topografia intelectual e a relação com um posto e com colegas sempre novos (em geral há um envolvimento mais íntimo com outros nômades ou forasteiros, e não com uma equipe institucional permanente) tornam-se aspectos essenciais desse estilo de vida. As instituições só permitem que você participe de seu ritual por um curto período e deixam um nicho para o encontro com colegas e alunos, mas estes se distanciam tão logo você tenta esquecer a condição de visitante e o fato de que você é apenas um episódio em sua saga de continuidade e dinamismo.

A lógica da continuidade e das tradições e a satisfação de rotinas imutáveis e repetitivas estão reservadas à equipe permanente da instituição, enquanto a mudança constante e a alegria da descoberta de novos lugares e pessoas é um grande privilégio dos "independentes", ou seja, de estrangeiros e conterrâneos errantes. Outros nômades ou estranhos não hesitam em protegê-lo da presumida superioridade, assim como dos jogos políticos e de poder de sua universidade. Os portões da estabilidade também estão cerrados para outros nômades e estrangeiros, motivo pelo qual é mais fácil estabelecer amizades verdadeiras com eles. Os permanentes, os detentores de posições fixas ou pelo menos de longo prazo, vão antagonizá-lo e questioná-lo caso você tenha a aspiração de obter um lugar estável para si mesmo. Se a resposta for não, as relações

Universidade do consumo

logo se tornam mais calorosas e tendem a melhorar, mas você passa a ser tratado com educada indiferença, e o assunto nunca mais será trazido à baila.

Intelectuais errantes são pessoas da modernidade líquida que acreditam (ou tentam desesperadamente convencer a si mesmas e aos outros à sua volta de) que relações e projetos de curto prazo em nossa vida profissional ajudam a evitar a estagnação, oferecendo oportunidades novas e mais compensadoras que os compromissos de longo prazo. Intelectuais errantes e independentes são pensadores globais que sonham em se tornar ativistas locais, mas não necessariamente em seus ambientes imediatos. A ironia da história da Europa e de todo o mundo ocidental é que houve um tempo em que era considerado grande honra e privilégio ser intelectual independente. Em vez de ficar à mercê de universidades, eles escolhiam o ritmo e os caminhos e serviam como educadores de aristocratas e reis. Foi essa rota que adotaram quase todos os grandes pensadores da Europa – Descartes, Spinoza, Locke, Leibniz, Voltaire e Diderot.

Locke foi responsável pela educação filosófica de lorde Shaftesbury (e este último se tornou importante e notável pensador); Voltaire, tutor filosófico do imperador Frederico II da Prússia, também conhecido como Frederico o Grande (aluno que, apesar da nobreza de sangue, escreveu obras profundamente introspectivas); Descartes orientou Cristina, rainha da Suécia, pelos labirintos filosóficos da mente. Eles simbolizam o verdadeiro filósofo independente e não acadêmico. Spinoza provavelmente foi aquele que mais encarnou essa liberdade. Após o lançamento de *Tratado teológico-político* foi nomeado para ocupar a cátedra de filosofia da Universidade de Heidelberg, mas rejeitou a oferta dessa renomada instituição e continuou com sua oficina de instrumentos óticos na Holanda, prosseguindo na carreira de polidor de lentes.

Na era posterior da modernidade – a segunda modernidade, como proclama Ulrich Beck, ou a modernidade líquida, como aparece em suas obras –, tudo mudou a ponto de se tornar irreconhecível. Os acadêmicos errantes tornaram-se faróis vivos da nova lógica sociocultural, plenamente adotada em nossos tempos. Já que parece politicamente incorreto usar as expressões "pesquisador desempregado" ou "intelectual sem cargo permanente" em nossas "sensíveis" sociedades ocidentais, um intelectual errante e independente é conhecido, de modo eufemístico, não apenas como "intelectual errante" ou "cigano", mas também como "intelectual autônomo" ou sem afiliação oficial e desvinculado de qualquer instituição acadêmica.

Está claro que temos testemunhado enormes mudanças no Ocidente e em toda a consciência ocidental. O modernismo original hoje é irrelevante, incluindo os valores do Renascimento – como a origem dos *studia humanitatis*, ou modernos estudos de humanidades e interdisciplinares, e a formação de grupamentos intelectuais sem base universitária entre os valores básicos que eu mencionaria –, e há um retorno à lógica da Idade Média, em que a importância do indivíduo dá lugar à corporação ou instituição. Atribui-se peso não às pessoas, mas ao segmento do poder que incorpora a classe média – das guildas de compradores às atuais corporações transnacionais e burocracias globais, não ao Estado, mas à cidade e à região, não ao indivíduo, mas à instituição que o identifica – todos os primórdios do existencialismo social da Idade Média reabilitados para os dias de hoje.

Sua vida profissional e toda a sua existência são consideradas legítimas enquanto houver uma instituição por trás de você. Sem isso, você perde elementos de sua identidade e se torna um ninguém. Os títulos das faculdades e universidades são efêmeros, você vive de um contrato para outro, os nomes de cidades e países mudam, surgem como peças de uma vida dispersa e fragmentada, permitindo que os detentores do poder ou os grupos influentes o identifiquem (provisoriamente) como alguém. Para eles, você não passa de um curriculum vitae e de uma série de números.

Que tipo de pessoas teriam sido Descartes, Spinoza, Pascal, Leibniz ou Locke no mundo de hoje? Charlatães, lunáticos ou insignificâncias absolutas. Foram pessoas do início da modernidade, ou da primeira modernidade, autossustentável e ainda não autodestru-

Universidade do consumo

tiva, que prolongaram o Renascimento. Hoje provavelmente não saberíamos nada sobre eles, já que não estariam ligados a nenhuma instituição acadêmica conhecida. A fixação e o "confinamento" de intelectuais e pensadores a instituições acadêmicas ocorreram no século XIX. É interessante que Oswald Spengler, que odiava e desprezava os filósofos acadêmicos, não tenha submetido sua obra *A decadência do Ocidente* à revisão de professores universitários, mas de um intelectual da política, o ministro de Relações Exteriores alemão em 1922, Walther Rathenau.

Sem completar o doutorado nem se adaptar ao mundo acadêmico, Ludwig Wittgenstein talvez tenha sido o último grande filósofo não acadêmico ou semiacadêmico do mundo ocidental. Mas sua popularidade só se generalizou no período que ele passou em Cambridge, e sobretudo graças a seus alunos e seguidores. Michel Foucault quase desapareceu na obscuridade do mundo acadêmico – o que significava de todo o campo existencial – ainda jovem, quando a Universidade de Uppsala, onde lecionava, rejeitou como indefensável sua tese de doutorado sobre a história das ideias. Agora isso pode parecer um lapso estranho e infeliz da academia sueca, mas é um fato sintomático do estado atual do mundo acadêmico – a estrada que leva da grandeza à inexistência, ou vice-versa, é curta e imprevisível.

Não pode haver outra alternativa num mundo que reconhece um método, um grupo ou uma instituição, mas não um indivíduo criativo. Segundo você, uma educação acadêmica ou, mais ainda, a preparação para se tornar intelectual dura bem mais que na maioria das posições de trabalho ou dos empregos conhecidos, que oferecem ao menos um período de trabalho num só lugar; não são apenas as posições que mudam rápida e constantemente, mas também o mercado acadêmico e toda a estrutura de demanda.

As posições vitalícias estão se tornando cada vez mais raras. Na verdade, só podem ser atingidas por alguém que tenha trabalhado para uma instituição ou para o sistema como um todo por muitos anos, ou por quem esteja politicamente em demanda por parte do sistema. As maiores bênçãos que um intelectual pode esperar são os chamados cargos de titularização condicional, que duram três anos e deixam a porta aberta para a ampliação do contrato ou até, talvez, a oferta de um cargo vitalício. Há um número extraordinário de candidatos a essas funções nas universidades dos Estados Unidos, e não apenas no próprio país, mas no Canadá e em outros. O número de 150-200 candidatos por vaga indica uma rivalidade bastante regular e não prestigiosa – entre filósofos e intelectuais do campo das ciências humanas, em geral, há de trezentos a quatrocentos candidatos a um título vitalício numa universidade americana de terceira linha.

Esses números indicam muita coisa. Primeiro, que existe no Ocidente um excesso de intelectuais da área das ciências humanas munidos de doutorados. Destacar-se dessa massa e tornar-se conhecido em escala global não é trabalho fácil – só os mais talentosos atingem esse nível de reconhecimento, e apenas se tiverem o apoio de colegas de espírito elevado que se disponham a (e sejam capazes de) ajudá-los em seu percurso. Em segundo lugar, é tecnicamente impossível ser imparcial e examinar com neutralidade todos os dossiês e realizações dos candidatos quando há trezentas ou mais candidaturas igualmente boas. Em outras palavras, tudo depende de opiniões preconcebidas e do apoio de professores influentes, na verdade, de um equilíbrio entre grupos de método e de linguagem, ou entre grupos de influência administrativa e política. Thomas J. Scheff não teve inibições em denominá-los "gangues acadêmicas".[5] Você é identificado com uma delas enquanto faz referências "corretas" e pertence à mesma terra santa de um método.

Ainda não mencionei que, dos mais ou menos trezentos "sortudos", só ⅓ vai para a lista final, sendo então convidado a se reunir com representantes da universidade, muitas vezes durante conferências anuais promovidas por associações profissionais, que de há muito têm funcionado como parte do mercado acadêmico. A última rodada consiste em cinco ou seis "finalistas" convidados para uma discussão aberta na universidade, e que talvez tenham a oportunidade de dar uma aula pública. A rivalidade na Grã-Bretanha, Austrália, Canadá e no resto do mundo anglófono não é do mesmo nível

Universidade do consumo 193

encontrado nos Estados Unidos, mas ainda assim é bem grande.

Qualquer que seja o caso, a esse respeito, os países anglófonos são consideravelmente mais liberais que a Europa continental – neles ainda é possível assinar contratos de curta duração ou pelo menos chegar ao estágio da entrevista final, algo impossível para os intelectuais ligados às ciências humanas e sociais no resto da Europa.

No continente europeu, se não faz parte do sistema nem tem o apoio de poderes influentes (a burocracia acadêmica e os professores mais prestigiosos em sua área), simplesmente você não existe. É possível que a sorte lhe sorria ou que mecanismos de reconhecimento e aceitação sintonizados com seus valores individuais criativos e pessoais entrem em funcionamento, mas esses casos são mais exceção que regra. Assim, toda a nossa vida profissional pode ser descrita como a realização de projetos consecutivos de curto prazo, acompanhada pela falta de uma posição permanente e pelos fortes sentimentos de insegurança e incerteza que ela provoca. Batalhas são travadas não sobre questões de prestígio ou dinheiro (hoje nem um nem outro seriam condições viáveis nessa profissão), mas pelo direito a um sentido mínimo de estabilidade, segurança emocional e previsibilidade – em suma, por continuidade e certeza, não pela mudança contínua.

Quando o interesse em viver de um projeto para outro é apresentado através das lentes cor-de-rosa, não consigo deixar de pensar que essa não é uma extravagância pós-moderna, mas uma forma de autoengano, por trás da qual se encontra o sonho irrealizado e cada vez mais distante de ter uma posição estável, sentir-se desejado e realizar seu potencial humano num lugar que se considere importante e que atenda às expectativas – melhor ainda se a pessoa puder encontrar isso em seu próprio país.

A recomendação de Nicolau Maquiavel a Lorenzo de Médici, um dos destaques de *O príncipe*, considerado uma variação sobre o tema de Felipe II da Macedônia, pai de Alexandre o Grande, fala do exílio permanente como um meio perfeito de controle e "pacificação" de um inimigo. Se você tira de uma pessoa discordante ou hostil o direito de ter raízes, seu solo político e cultural, se a obriga a permanecer sempre em movimento, privando-a, em última instância, de um senso de lar, companheirismo, proteção, segurança e certeza, estará condenando-a a uma forma bastante humanitária de morte lenta. Essa prática foi estabelecida por Felipe II da Macedônia. Isso quer dizer que os inimigos do príncipe continuam a viver sem viver. São incapazes de explorar ou desfrutar a vida; também não estão mais no controle de qualquer aspecto íntimo da realidade. O exílio torna-se um fato da vida, sem se revelar uma forma de punição ou disciplina. As pessoas não podem viver e agir de outro modo quando deixam de ser identificadas e reconhecidas em toda parte. Temo que a maldição de Maquiavel sobre a pessoa moderna, ou seu "inocente" ato de advertência e recomendação, como quer que pareça, tenha sido aprendida, mais que qualquer outra coisa, por nossos tecnocratas da política.

A experiência mostra que muitas vezes intelectuais errantes que em alguma etapa não foram reconhecidos em seu próprio ambiente, e portanto escaparam às intrigas locais e à banalidade das lutas por poder e influência, retornam a esse ambiente quando sua atual posição se torna pelo menos semelhante àquela que já tinham vivenciado, assumindo em parte as mesmas regras e critérios, e ainda carecendo de recursos e coragem suficientes para deixar entrar os verdadeiros outsiders. Aqui nos encontramos num mundo à deriva, um mundo que perdeu seu rumo. Como nenhum critério é confiável nessa realidade de mudança permanente e incessante, e como nenhuma pessoa que tenha sido moldada pelo "nosso" sistema ou cultivada em outro lugar se qualifica como membro do clube dos professores vitalícios, tudo que podemos esperar é trabalhar em equipe; ou seja, nos tornarmos pessoas preparadas para matar em si mesmas toda voz crítica e contestadora e sacrificar qualquer tentação de questionar a validade das decisões coletivas e anônimas apresentadas como uma ética profissional ou de trabalho.

Essa espécie de doença cultural da academia manifesta-se na defesa feroz de um método ou qualquer outro tipo de controle social disfarçado de fidelidade e tradição, em lugar da dedicação

Universidade do consumo

muda e da defesa fundamentada da humanidade e da sensibilidade. Parece que perdemos irremediavelmente o espírito do Renascimento e do início da modernidade, de um modo geral, com sua propensão a se manifestar em favor do indivíduo e do relacionamento humano, e não da lealdade institucional. Nesse ponto, a insinuação de Umberto Eco a respeito de estarmos caminhando para a Idade Média não era brincadeira. A modernidade líquida tem semelhança com a crença medieval nas instituições e no controle, em contraste com o Renascimento e o início da modernidade, com sua crença na capacidade do indivíduo de moldar o mundo à sua volta.

A severidade é apenas um disfarce da racionalidade e da justiça, que por sua vez ocultam os impulsos de poder e controle social. Isso é mais que verdadeiro no que concerne ao novo fetichismo dos mecanismos de mercado e dos métodos acadêmicos, que parecem mais voltados a eliminar uma alternativa que a fornecer um modelo dela.

Ter uma narrativa político-histórica plausível hoje significa ter uma política viável, e não programas disfarçados de política. A política torna-se impossível sem uma boa história, na forma de uma trama convincente ou de uma visão inspiradora. O mesmo se aplica à literatura de qualidade. Quando não conseguimos usar corretamente um método em nossos trabalhos acadêmicos, ou quando um método nos desaponta, passamos para uma história – isso está bem em sintonia com Umberto Eco. Onde a linguagem intelectual fracassa, a ficção parece uma forma de escapar de nossa situação com uma interpretação do mundo à nossa volta.

O engraçado é que a política não funciona sem nossas histórias. Isso significa que a política moderna precisa muito mais das ciências humanas do que suspeitam os políticos. Sem relatos de viagens, humor, riso, com suas advertências e interpretações morais, os conceitos políticos tendem a ser vazios. Com bons motivos, portanto, Karl Marx observou com argúcia que aprendia mais sobre a vida política e econômica do século XIX com os romances de Honoré de Balzac que com todos os economistas da época juntos.

É por esse motivo que Shakespeare foi de longe o pensador político mais profundo do Renascimento europeu. A *História de Florença* e os *Discursos sobre as primeiras décadas de Tito Lívio*, de Maquiavel, dizem muito sobre a vocação literária e também sobre o talento de um contador de histórias – não menos que as exuberantes comédias de sua lavra, como *A mandrágora*.

Será que agora contamos histórias a outros europeus para reforçar nosso poder de interpretação e associação, e para revelar mutuamente experiências, traumas, sonhos, visões e temores? Infelizmente não. Em vez disso, parece que confinamos todo o projeto europeu apenas a seus aspectos econômicos e técnicos.

Histórias estabeleceram os alicerces da obra-prima *Decameron*, de Giovanni Boccaccio; foram histórias sobre o sofrimento de seres humanos, independentemente de sangue e credo, que fizeram dos contos filosóficos de Voltaire, como *Cândido, ou o Otimismo*, obras verdadeiramente europeias. Vale a pena levar em consideração que Voltaire transcende em muito a narrativa histórica europeia ao inventar e referir-se ao Outro, seja ele Martinho, o maniqueu em *Cândido*, ou um huron canadense (na verdade, filho de um oficial militar francês com uma beldade huron, como nos revela o conto) em *O ingênuo*, ou Zadig, um filósofo da antiga Babilônia, em *Zadig, ou O destino*.

Essa referência, assim como a realidade humana que lhe é subjacente, surgiu em minha cabeça quase de imediato quando comecei a ministrar um curso de política e literatura na Universidade de Bolonha. O motivo era bem simples: eu tinha todo o tecido de que é feita a Europa em minha turma, pois o curso era parte de um programa de estudos sobre o Leste Europeu, com a participação de estudantes da Europa Ocidental, Central e Oriental, incluindo países de fora da União Europeia, como Albânia, Croácia, Kosovo, Macedônia, Rússia, Sérvia e Ucrânia.

Facilmente ultrapassamos e cruzamos as fronteiras de um debate e de uma performance acadêmica em favor de intercâmbios humanos sobre a chocante e recém-descoberta cegueira moral dos colegas de classe ou vizinhos, dramas humanos de alta traição, duplicidade moral, decepção, covardia, crueldade e perda de sensibilidade. Como podemos deixar de reconhecer, ao falarmos um ao outro do passado e do presente, ou ao ouvirmos o drama de alguém, que as expressões "culto da crueldade" e "culto do poder" foram criadas, respectivamente, por Dante e pelo escritor inglês Rex Warner – partes de um jargão político que utilizamos sem atentar para o fato de que não vêm diretamente do vocabulário atual.

Basta relembrar que os verdadeiros pais fundadores da Europa, os humanistas do Renascimento Thomas More e Erasmo de Roterdã, ficaram amigos em Paris, traduzindo conjuntamente Luciano do grego para o latim e também conectando seu amigo, o pintor alemão Hans Holbein o Jovem, à corte do rei Henrique VIII da Inglaterra. Enquanto o grande pintor flamengo Quentin Matsys preservou para a história o rosto de Peter Giles, amigo deles de Antuérpia, Hans Holbein o Jovem imortalizou o rosto de seus benfeitores Thomas More e Erasmo de Roterdã.

A má notícia é que a política hoje tem colonizado a cultura, e isso passou despercebido, bem debaixo de nossos narizes. Não se quer dizer que a cultura seja politicamente explorada e vulgarizada em função de propósitos e objetivos políticos de longo ou curto prazos. Num ambiente político democrático, a cultura é separada da política. Uma abordagem instrumentalista da cultura logo revela o desdém dos tecnocratas pelo mundo das artes e das letras ou uma hostilidade mal-elaborada em relação ao valor e à liberdade humanos. Entretanto, em nosso admirável mundo novo, o problema está em outro lugar.

Não precisamos mais das ciências humanas como principal força motriz de nossas sensibilidades políticas e morais. Em vez disso, os políticos tentam manter a academia tão perigosa, incerta e insegura quanto possível – remodelando-a ou "reformando-a" para transformá-la num ramo do mundo empresarial. Na maior parte, essa ideia da necessidade de racionalizar, mudar, remodelar, recondicionar e renovar politicamente a academia é um simulacro. Ela oculta o fato de que a classe política e nossas práticas ruins é que precisam desesperadamente de mudança e reforma. Mas o poder diz: se não mudar a si mesmo, você tentará me mudar.

Nós paramos de contar uns aos outros as histórias comoventes. Em vez disso, alimentamos a nós mesmos e ao mundo com teorias conspiratórias (que sempre tratam dos grandes e poderosos, e não dos humildes e humanos), matérias sensacionalistas e relatos de crimes e horror. Ao fazê-lo, corremos o perigo de nos afastarmos de nossas profundas sensibilidades europeias, uma das quais sempre foi e continua a ser a legitimidade de narrativas, atitudes e memórias opostas. Os seres humanos são incompletos sozinhos.

Em suas reflexões sobre Kundera e a Europa Central, George Schöpflin, teórico político britânico de origem húngara que atua como membro do Parlamento Europeu representando a Hungria, descreveu adequadamente o fenômeno que denominou de incapacidade discursiva da Europa Central e a disparidade das vozes linguísticas e culturais dessa região e do Leste Europeu. Isso cria uma óbvia assimetria de poder e prestígio no que se refere ao uso de linguagens, estratégias discursivas e interpretações, e é mais que verdadeiro com respeito à identidade política e à estratégia educacional. Por exemplo, Schöpflin escreve:

> Embora ninguém se disponha a considerar duas vezes uma análise dos Estados Unidos feita por alguém que não fala inglês, seus equivalentes que lidam com a Europa Central não enfrentam essa desconfiança. Não aprendem polonês, tcheco ou húngaro, mas se baseiam em traduções e aceitam o que pode ser um retrato bastante parcial da realidade centro-europeia (e que não podem confirmar). Em consequência, a voz da Europa Central é mais fraca, e isso nunca é reconhecido. Os detentores de vozes mais poderosas gritam mais alto e emudecem as mais fracas.[6]

Já analisei mais de uma vez esse tipo de incapacidade discursiva. De fato, se você por acaso é americano, britânico ou francês, inicia uma conversa informal apresentando-se. Mas se for lituano, letão ou estoniano, é obrigado a dar duro fazendo relatos sobre seu país ou apresentando a seus parceiros sua história. Isso acontece porque você é uma não pessoa no sistema de identificação rápida que com-

Universidade do consumo 199

põe as narrativas de massa no Ocidente. Jamais ocorreria a alguém da Toscana insistir em afirmar que a Itália fica na Europa. Mas se você é do Báltico e está entre pessoas das grandes nações não muito bem preparadas em história e cultura, a condição de seu país pode ser posta em questão. Longe de ser uma anedota ou uma historinha inocente, isso reflete uma assimetria de poder e prestígio não somente no mundo dos assuntos públicos, mas também no mundo das ideias. Quando seu país não tem o código de identificação rápida em termos de desempenho econômico ou poder político, você é avaliado e percebido apenas pelo poder de compra ou pelo curriculum vitae.

Schöpflin está certo no que se refere ao caráter absurdo da disparidade na área de competência existente entre a Europa Ocidental e a Europa Central e Oriental. Se você não é francês, mas tem fluência na língua e é qualificado em filosofia ou história das ideias francesas, para não mencionar a literatura daquele país, jamais conseguirá uma posição sênior em universidades francesas. O mesmo se aplica à Grã-Bretanha – não importa quão brilhantes sejam os pesquisadores estrangeiros de Shakespeare, Marlowe ou Hobbes, ou de outros baluartes simbólicos da cultura inglesa, jamais conseguirão um cargo na universidade britânica por terem tido formação no continente, num sistema educacional "nebuloso". Mas um intelectual francês ou britânico qualificado sempre é bem-vindo em qualquer universidade decente da Europa Central e do Leste Europeu, inclusive em áreas como estudos sobre essas regiões, ou seja, o centro simbólico da identidade.

O mesmo vale para os Estados Unidos – é verdade que esse país costumava ser mais aberto a talentos de fora na área de ciências humanas e disciplinas das ciências sociais. Alguns discípulos de Mikhail Bakhtin, Yuri Lotman ou Sergei Averintsev – grandes humanistas do mundo, todos de origem russa – conseguiram empregos nos Estados Unidos. Mas não se enganem, durante a Guerra Fria, a União Soviética, ou seja, a Rússia, era um arqui-inimigo cujos códigos e nuances culturais de história e identidade precisavam ser estudados. Hoje, grande parte do fascínio do Ocidente pelos estudos islâmicos deriva de impulso similar, se não idêntico. Conhece teu inimigo.

O Leste Europeu estava cheio de homens e mulheres de ideias que falavam várias línguas e faziam traduções de William Shakespeare, François Villon ou William Blake, e não ficavam atrás de ninguém (entre eles, Boris Pasternak, Ilya Ehrenburg e Samuil Marshak), mas essas pessoas eram percebidas como menos europeias ou, na melhor das hipóteses, como primos pobres da Europa. Tornar-se refém da performance política ou econômica de seu país é uma maldição da modernidade, porque as narrativas e interpretações histórico-políticas predominantes que vendem bem vêm do Ocidente. Se você não é um produto do sistema de educação ocidental, nem foi moldado por instituições ocidentais de educação superior, terá de encontrar um nicho específico para não desafiar ou colocar em questão as narrativas que refletem a atual distribuição de poder e prestígio.

É verdade que existe uma área como os estudos da Europa Central e Oriental em que pessoas dessas regiões podem ter sucesso no Ocidente, em consequência de suas óbvias vantagens sobre seus colegas ocidentais em termos de bom domínio das línguas e das sensibilidades locais. O problema é que a outra Europa, ou seja, a Central e Oriental, não tem os baluartes simbólicos que priorizariam suas interpretações e perspectivas; se tivesse, seria imediatamente qualificada de xenófoba e provinciana.

Por infortúnio, a falta de uma estratégia da Europa Central e do Leste Europeu na área das ciências humanas piora esse estado de coisas. A situação bem semelhante da Europa Ocidental não serve muito de consolo, já que a assimetria e a disparidade só ampliam a brecha, funcionando em benefício das narrativas e instituições ocidentais. Isso também se aplica à região do Báltico, infelizmente. Se não revertermos essa situação, correremos o risco de sofrer um colonialismo intelectual e cultural autoinfligido.

Mais revelador é o fato de que a Europa Central e o Leste Europeu imitam com avidez o sistema de gerenciamento acadêmico britânico, que se ocupa apenas da comodificação das universidades e da educação iniciada na era de Margaret Thatcher. É muito improvável que isso ajude a eliminar a disparidade e a assimetria já mencionadas. Não devemos nos iludir.

. 5 .

Repensando *A decadência do Ocidente*

Oswald Spengler: *A decadência do Ocidente* revisitada

LEONIDAS DONSKIS: A União Europeia está vivendo uma crise ainda difícil de admitir. Em geral, a Europa tem sido vitimada por pragas e guerras, mas desta vez seu destino está sendo decidido de forma banal e prosaica (raiando o absurdo), e não por figuras dignas de serem chamadas de históricas – estadistas, mestres da retórica e do teatro políticos, diplomatas e generais, todos incorporando o espírito de sua época –, mas por burocratas e tecnocratas da política e do mercado, escolhidos a dedo por sua semelhança quase perfeita com outros mortais comuns. Esse é um tema digno da pena de um Weber – de fato, é a Gaiola de Ferro da modernidade racional por ele descrita, com a disputa técnica, sobrando apenas uma pergunta importante: como evitar um pânico de mercado enviando os sinais corretos aos investidores e mercados?

Ainda acreditamos que a Europa irá deteriorar-se e desaparecer da maneira descrita por Oswald Spengler, pela extinção silenciosa de sua cultura, pontuada por conflagrações mundiais, um novo cesarismo, o culto brutal da força e novos tipos de guerra nascidos não de conflitos religiosos, mas provocados pelo vazio existencial e por um sentimento de insignificância. Por ora, contudo, ela está se desvanecendo sem que ninguém acredite nem preste atenção nisso: os atores aqui não são grandes personalidades históricas, mas tipos banais e previsíveis; não monarcas, papas, generais, filósofos, poetas e revolucionários, mas banqueiros, financistas, investidores e pessoas geniais em diagnosticar flutuações do mercado, instabilidade e a consequente insegurança global que elas criam; e tecnocratas insensíveis do mercado e da política que converteram as crises globais em seu próprio sucesso.

O mal em nossos dias é em geral identificado a migrantes e muçulmanos, e com frequência a intelectuais e políticos de esquerda, os quais, por sua vez, associam o mal a ideias conservadoras e liberais. Mas todos são superados pelos que conseguem reunir e situar todo o mal do mundo no projeto da modernidade e no liberalismo com ela confundido. Daí aguardarmos o ataque de bárbaros e inimigos da liberdade vindos de fora de nossos portões; novas guerras frias e quentes e ataques de mísseis de Estados pertencentes ao "eixo do mal", enquanto somos mortos silenciosa e eficazmente por nossa tecnocracia; a morte despercebida de uma democracia que ninguém considera indispensável, rápidas decisões *in camera* e uma economia racionalmente inexplicável, a que foram subordinadas todas as formas de política e de Estado.

O Estado serve tacitamente ao capital global e realiza as funções de uma empresa de segurança, ao mesmo tempo que finge estar interessado na moralidade pública, no corpo, na memória e na privacidade dos homens: essas são mercadorias valiosas numa feira política que acontece a cada quatro ou cinco anos, ou seja, na eleição. Há um declínio totalmente banal, discreto, implausível, que ocorre no âmbito privado – para pessoas treinadas pelas fantasias e pela estética hollywoodianas, é difícil acreditar que uma época e suas esperanças estejam desaparecendo diante de seus olhos. E por que não há lamento nem dor? Porque a economia tem exatamente a mesma lógica da força e da dominação. Ela apenas se mudou do front para a distribuição no mercado. Claro, é melhor escolher formas pacíficas de poder. Mas como as previsões sobre o colapso europeu se transformam em piadas ou temas da sabedoria convencional?

Repensando *A decadência do Ocidente* 203

O caso de Oswald Spengler (1880-1936) é muito eloquente. Não admira que muitos analistas tenham há pouco passado a mencionar e citar esse historiador e filósofo alemão do entreguerras. Mas as palavras de Karl Marx, segundo as quais a história acontece duas vezes – a primeira como tragédia, a segunda como farsa – são adequadas no caso de Spengler e das referências extravagantes e até absurdas a ele num contexto profundamente incompatível com seu pensamento. Se virmos em Spengler apenas uma Cassandra de sua época, pouco teremos de suas percepções, pois naquele período houve muitos outros pensadores como ele, embora nem todos fossem ouvidos nem se tornassem bem-conhecidos. Alguns deles eram pensadores reacionários ou até perigosos. Por exemplo, o historiador polonês Feliks Koneczny, que, tal como Arnold Toynbee (e depois Samuel P. Huntington), fez do cristianismo um divisor de águas entre a Luz e a Escuridão. Por esse motivo, Pitirim A. Sorokin, que criticou Spengler severamente, não obstante ter sido influenciado por ele, via todos esses morfologistas da história e da cultura que acreditavam na teoria do crescimento e da morte orgânicos da cultura como mestres da sociologia totalitária. Outros morfologistas da cultura ficaram muito menos famosos por seus insights e sugestões políticas. Em vez disso se afirmaram como intérpretes poéticos da cultura e da crise da alma europeia. Aqui poderíamos mencionar o brilhante pensador austríaco Egon Friedell e o filósofo da cultura romeno Lucian Blaga.

A história de Spengler foi uma tragédia shakespeariana. Podemos discutir à exaustão se William Shakespeare realmente existiu e se foi de fato superior a seus contemporâneos elisabetanos Christopher Marlowe e Ben Johnson, mas diversas passagens de *Hamlet* ou *Macbeth* tornam todo esse debate não somente desnecessário, mas positivamente sem sentido. As tragédias e os grandes dramas de Shakespeare existem, o mais é detalhe. O mesmo se aplica a Spengler, afinal, ele pertence ao mundo da tragédia shakespeariana, e não ao da farsa. Farsescos é o que se tornam certos ecos e reflexões supostamente no espírito de Spengler, quando se apresentam na retórica de alguns políticos e jornalistas contemporâneos. Basta ver seus clichês e toda a indústria de promoção do pânico moral de que fazem parte. As advertências sombrias e ameaçadoras expressas pelo político e financista alemão Thilo Sarrazin a seus compatriotas em situação de rápido declínio (que inacreditavelmente ainda dominam a União Europeia e até estão salvando-a do colapso), advertências como as das bruxas a Macbeth sobre seu destino inelutável, são exemplo perfeito desse tipo de farsa.

As controvérsias sobre as teorias de Spengler – sua natureza reacionária, as implicações políticas perigosas, mesmo a afinidade com o nacional-socialismo (esta última conjectura é neutralizada pelo fato de ele perder a simpatia dos nazistas e tornar-se detestado por eles, a quem desprezava como primitivos e caricaturas de sua época; a esse respeito, Spengler diferia muito do jurista e político Carl Schmitt, agora popular na Europa em razão de um renovado interesse por doutrinas políticas claramente definidas) – provam muito pouco no contexto da teoria do ocaso europeu.

O que hoje parece objeto de estranha nostalgia na Europa não é algo que venha do repertório do pensamento intelectual do século XIX – ceticismo, dúvida, relativismo liberal –, mas de teorias mais poderosas e totalizantes como as do início e meados do século XX, que impuseram sua rede de conceitos de tal maneira que é quase impossível nos desembaraçarmos delas, embora expliquem muita coisa. Bons exemplos são algumas teorias deterministas e fatalistas, em especial aquelas do século XX sobre o ciclo de vida de culturas e civilizações. É muito difícil voltar a elas ou abandoná-las em favor de outras também abrangentes, capazes de fornecer resposta para tudo que nos preocupa. É pegar ou largar.

Vamos admitir que hoje as tenebrosas profecias de Spengler adquirem mais plausibilidade não porque a filosofia da cultura esteja na moda (ela foi muito mais popular no período do entreguerras), mas em função de uma síndrome de *vontade de poder* quase nietzschiana e de percepções de uma sociedade tecnológica cada vez mais forte. O estudo de Spengler sobre prussianismo e socialismo (*Preussentum und Sozialismus*) tornou-se nem tanto uma profecia do totalitarismo quanto um frio reconhecimento de

Repensando *A decadência do Ocidente* 205

sua emergência. O culto da política do chicote, do cesarismo, da força bruta e do militarismo permitiu-lhe assumir o pressuposto lógico de separar a política e a força de qualquer princípio maior de unidade e controle – não necessariamente religioso, mas pelo menos derivado de um senso de história ou da ideia de celebrar o passado e exaltar o cânone.

Hoje, quando as ideias e doutrinas liberais passam por grave crise e dificilmente convencem quem quer que seja, e quando o marxismo que as derrotou de modo tão enfático no século XIX sofre ele próprio uma derrota moral (não como um conjunto das ideias e insights teóricos mais racionais e valiosos, mas como teoria absolutamente determinada a explicar, transformar e controlar a realidade), teorias mais fortes, porém melhores, voltam a ter grande demanda. O que o leitor médio contemporâneo de Spengler acharia mais importante não é sua ideia da infinitude da cultura ocidental ou da alma faustiana e sua interpretação morfológica, mas a noção de que a guerra, e não a paz, é o que a humanidade deseja e não pode evitar. Se você não iniciar uma guerra, outros o farão, essa é a resposta incisiva de Spengler aos críticos que consideraram seu militarismo difícil de justificar e altamente delirante.

Mas isso é apenas um detalhe, pois verdade muito mais desagradável é o fato de Spengler ter sido, de uma forma bem inesperada, rotinizado, trivializado, vulgarizado e até comercializado, tornando-se parte da sabedoria convencional. "A Europa está caindo" e "os bárbaros estão às nossas portas" – isso não é nada mais que a "transmogrificação" do pessimismo histórico de Spengler em algo saído diretamente da comédia política. Quem hoje fala da decadência da Europa em tom de exaltação e quase contentamento? Acima de tudo aqueles que nunca se aproximaram da grande tradição europeia e, em geral, não têm muito a ver com o cânone clássico e os primórdios da modernidade. A Europa para essas pessoas não é Dante, Masaccio, Rembrandt e Bach, mas somente um território imaginado, que deve ser protegido a todo custo dos migrantes (não necessariamente como força de trabalho, sem dúvida, mas como uma presença nas ruas e existindo livremente entre nós).

A *petite-bourgeoisie* culturalmente semiletrada, que antes da Segunda Guerra Mundial amaldiçoava os judeus e hoje amaldiçoa não apenas estes, mas também ciganos, turcos, curdos, marroquinos e vários outros muçulmanos, é hoje o eco mais forte do pessimismo cultural de Spengler em nossa sociedade e cultura de massas, dois fenômenos que o próprio Spengler criticou. Essa é uma ironia desafiadora da história, em particular quando se sabe que esse reticente tutor de matemática não apenas escreveu, num estilo maravilhosamente poético, um livro sensacional então rejeitado pelos acadêmicos (como Max Weber, que considerava Spengler a mediocridade mais surpreendente de nossa época), embora recebido com entusiasmo por artistas, jornalistas e políticos, como também sustentou opiniões políticas controversas, em geral conservadoras, mas não fascistas ou racistas.

Depois da Primeira Guerra Mundial, Spengler foi lido com avidez, além de admirado, por leitores de Johann Wolfgang von Goethe, Thomas Mann e Hermann Hesse. Hoje as teses de Spengler, tiradas de seu contexto teórico bastante sofisticado, são parodiadas pelos eleitores de Geert Wilders, Jean-Marie Le Pen e sua filha, Marine Le Pen, ou seja, pessoas que atribuem todos os males do mundo a muçulmanos, ciganos e imigrantes do Oriente Médio e do norte da África. Revelou-se uma rica ironia histórica, um triste *Schicksal* spengleriano, um inelutável destino que essa filosofia do amor e da não resistência à própria sorte, esse *amor fati*, esse pessimismo histórico, tenha se transformado no alicerce de um marxismo dos racistas e xenófobos; ou talvez pudéssemos chamá-lo de socialismo do ódio, operando com base não na classe, mas na raça e na origem.

Hoje os insights de Spengler, que um dia pareceram chocantes, tornaram-se clichês, parte de um discurso egocêntrico e interesseiro sobre coisas improváveis, não distante em espírito de outras formas de promoção do pânico moral e de previsões sensacionalistas, incluindo diversas teorias conspiratórias. O melhor aspecto da teoria de Spengler não é sua novidade nem sua consistência, mas suas intuições sobre o presente. Na verdade, em termos de originalidade teórica, Spengler nada acrescentou à filosofia da história de

G.W.F. Hegel, à ideia de eterno retorno de Friedrich Nietzsche e aos vestígios de teoria morfológica da cultura encontrados nas obras do historiador russo pan-eslavista Nikolai Danilevsky e seu precursor, o historiador alemão Heinrich Rückert.

Spengler também não foi o único que, depois da Primeira Guerra Mundial, passou a escrever sobre o declínio da Europa. Sua obra-prima, o tratado em dois volumes sobre história e filosofia da cultura *A decadência do Ocidente* (publicado em alemão sob o título *Der Untergang des Abendlandes*, primeiro volume em 1919, segundo em 1923), logo obteve reconhecimento. Um contemporâneo seu foi o africanista Leo Frobenius, que enunciou a ideia do desenvolvimento natural, espontâneo, autossuficiente e racionalmente inexplicável de uma cultura, criou a teoria do crescimento orgânico da cultura, acreditando que todas elas têm uma substância ou alma misteriosa da qual emergem suas formas singulares. Ele chamou essa alma mística da cultura de *paideuma*.

Antes da Segunda Guerra Mundial, teoria semelhante do crescimento orgânico de uma cultura e interpretação morfológica da história foram elaboradas pelo extremamente talentoso jornalista, artista de cabaré, historiador e filósofo austríaco Egon Friedell. Tal como outros judeus da Áustria, da Alemanha e, na verdade, de toda a Europa, ele era incapaz de mudar seu destino ou trapacear com ele. Sua percepção da decadência da Europa, que ele chamou de crise da alma europeia, foi apenas um prelúdio de sua própria tragédia pessoal. Quando os nazistas foram prendê-lo, Egon Friedell tirou a própria vida pulando pela janela.

O que, então, Spengler realmente ensinou? Em primeiro lugar, ele reiterou uma teoria alemã bastante antiga de filosofia da cultura, sobre a diferença essencial entre civilização e cultura, algo já debatido (com relevantes distinções) por Immanuel Kant em seu tratado de 1784, intitulado *Ideia de uma história universal de um ponto de vista cosmopolita*. Kant acreditava que éramos civilizados o bastante quanto aos modos e à polidez, e também requintados para admirar as realizações nas artes e nas ciências, mas ainda tínhamos um longo caminho pela frente para nos tornarmos criaturas ver-

208 Cegueira moral

dadeiramente morais. Filósofos alemães posteriores também estabeleceram uma distinção entre cultura e civilização, mas de forma diferente. A de Spengler não era a de Wilhelm von Humboldt, mas a de Alfred Weber e Ferdinand Tönnies, em especial a deste último, que distinguia uma comunidade orgânica baseada na tradição (*Gemeinschaft*) de uma sociedade mecânica, fragmentada e atomizada (*Gesellschaft*).

Para Spengler, a civilização é a dessecação da criatividade e a morte silenciosa da cultura. A cultura não é intelectual e teoricamente sofisticada, mas é um pré-fenômeno da história do qual surgem todas as coisas que vemos e lemos em seus anais. Não é a história que dá à luz a cultura, mas vice-versa, a cultura é a possibilidade e a realidade. Assim, a cultura possível (*mögliche Kultur*) é a possibilidade da história, e a cultura real (*wirkliche Kultur*) é a própria história, ou a cultura transformada em história, pois somos sempre confrontados pelo mundo como natureza e pelo mundo como história. O primeiro é governado pela causalidade e o segundo pelo cego e inexplicável destino. A cultura não tem causas, desenvolve-se e expande-se como uma flor que nos proporciona beleza, mas decerto não existe por nossa causa. A cultura não reflete nem explica a si mesma, ela é sustentada pela fé, por um sentido espontâneo de insignificância e por um desejo de existir. Por outro lado, a civilização não quer ser, mas explica perfeitamente a si mesma e ao mundo como um todo, ela é o lar da morte e de uma intelectualidade vazia e sem alma, assim como de uma autointerpretação desprovida de qualquer sentido, da qual ser e estar no mundo são algo significativo.

A civilização é o último estágio de uma cultura ciclicamente existente, sua retirada silenciosa e sua morte. Como isso acontece? A fé se atrofia, a filosofia morre e as artes degeneram. As formas culturais não são mais imbuídas de nenhum estilo, tudo é frouxo, vago e governado por gostos e avaliações arbitrários. A filosofia retroage a uma atividade circunscrita. Há mais características de filósofo num cientista, especialista em finanças ou estadista que num professor de filosofia. (De acordo com Spengler, os rostos dos políticos ameri-

Repensando *A decadência do Ocidente* 209

canos se parecem com os dos senadores romanos, ilustrando desse modo a ideia do fim de uma história ciclicamente recorrente – um financista dado a filosofar, como George Soros, provavelmente iria ilustrar essa tese.) A arte tornou-se uma exposição cansativa e sem sentido de técnicas avançadas ou uma forma de expressão tóxica e autodestrutiva. A cultura nada mais tem a ver com a história e a existência. O único problema vivenciado pela humanidade é a vida em si – ou, mais precisamente, ganhar a vida e sobreviver. É difícil não concordar com ele.

Spengler acreditava na existência de uma alma da cultura e na ideia primordial que a integra. Eis aí a fonte da infinitude da alma faustiana (a cultura europeia). Na visão de Spengler, a alma apolínea (cultura grega antiga) ainda não tinha a ideia de infinitude que se originou da alma faustiana e se tornou sua essência. Ela permeou a matemática, a física, a pintura em perspectiva e a música barroca da Europa moderna – em especial a música criada pelo princípio do contraponto, em que vários temas podem ser desenvolvidos ao infinito, só a forma da composição exige que tudo seja coroado por uma poderosa coda. Spengler singularizou cantatas, fugas, prelúdios corais e concertos de Johann Sebastian Bach, mas também enfatizou a forma do *concerto grosso* e o *tema con variazioni* como manifestações da infinitude na música. É interessante que, em sua biografia de Ludwig van Beethoven, Romain Rolland tenha descrito de modo quase idêntico a forma sonata como a ideia de infinitude musical.

Apesar disso, há uma faceta do pensamento de Spengler perigosa, do ponto de vista político, teoricamente frágil e mais vulnerável à crítica: a ideia de que as culturas são fechadas e devem ser isoladas umas das outras. Isso nos lembra o pai do racismo, o conde Joseph Arthur de Gobineau, e sua afirmação de que a mistura de raças tende a destruir a raça branca e a Europa como um todo. A noção de que as culturas levam vidas paralelas e jamais interagem, de que tentar viver a vida de outra cultura sempre acaba em pseudomorfose (ou seja, na distribuição ilusória de formas e na reação de rejeição; em minha opinião, o caso das ideias eslavófilas na Rússia mostra que esta nunca foi e nunca será um país europeu), tem seu charme desafiador, mas ainda assim derrapa na superfície e não consegue apreender o diálogo profundo entre culturas e sua íntima interpenetração pela história. Nenhuma teoria elaborada se faz necessária aqui. Se a verdade fosse contada, sem a influência cultural não apenas dos antigos gregos, romanos e judeus, mas também de árabes, persas, turcos, armênios e russos, a Europa contemporânea seria tão somente uma entidade fictícia.

Spengler previu que os intelectuais de direita iriam emergir e até ganhar popularidade em tempos de angústia, quando é necessário um forte vocabulário político e moral, juntamente com uma teoria poderosa que ofereça resposta às questões essenciais da existência. Na Rússia, síndrome semelhante de respostas fortes a questões agudas terminou com o triunfo histórico do marxismo e a emergência de uma intelligentsia revolucionária radical, cujos membros simplificaram coisas trágicas e dramáticas de uma forma que não poderia ser esquecida pelos sete autores (especialmente Nikolai Berdyaev) dos ensaios reunidos em *Sinais de trânsito* e organizados em 1909 pelo historiador da literatura Mikhail Gershenzon. Intranquilidade, incerteza e insegurança – a santíssima trindade da modernidade – levaram à revolução na Rússia, e esta escancarou as portas ao totalitarismo de extrema esquerda. No Ocidente a trindade levou ao totalitarismo de extrema direita (embora tenha abandonado o espectro político e se transformado num amálgama, difícil de identificar, de extrema esquerda e extrema direita).

Não nos iludamos. Embora vivamos numa época que superficialmente pode ser considerada mais calma e segura, estamos em situação similar àquela que envolveu a Europa durante a primeira metade do século XX. Mais uma vez cai sobre nós uma aurora contraliberal. Novamente pensadores que sugerem questões marcadas pelo ceticismo, alimentam dúvidas e fazem demandas sofisticadas convencem um número cada vez menor de pessoas no continente. O relativismo liberal, com seu antropocentrismo e sua ideologia dos direitos humanos que tanto ofendem a extrema direita e seus teóricos, está se tornando cada vez mais impopular. Nossas dife-

Repensando *A decadência do Ocidente* 211

renças em relação àquela outra época, menos de cem anos atrás, derivam não tanto da presença, agora, de mais generosidade e um elevado grau de humanismo, mas da fragilidade, ineficiência e não permanência do mal. Hoje o mal não escolhe Hitler ou Stálin como personificação, mas assume as formas anônimas da rudeza e do não reconhecimento. O mal em nossos dias é mais difícil de reconhecer, é muito mais exitoso em se ocultar sob as diversas máscaras do anonimato, apresentando uma retórica quase liberal, do que quando aparecia exposto sem nenhuma camuflagem.

Uma vez mais se exige dos intelectuais de extrema direita que rejeitem o presente, qualificando-o como ficção e morte, como um perigo para a tradição (que, incidentalmente, não se tenta reconstruir e reconstituir, mas só é usada como adorno de uma retórica e de práticas bastante modernas), e que se tornem um esteio da nova indústria do pânico moral. A partir de uma reação exagerada à violência, à transformação social e às mudanças no comportamento pessoal – fenômeno atestado por sociólogos –, essa indústria cresceu, transformando-se em algo organizado, parte da política, fornecendo ao público objetos definidos de medo, choque e ódio justificável. É óbvio que os membros mais frágeis da sociedade, assim como aqueles pelos quais a "maioria moral" sente menos simpatia e empatia, são os mais adequados a se tornarem esses objetos.

Independentemente do que possa ser isso, no tempo de Spengler desenrolou-se um drama shakespeariano: a Primeira Guerra Mundial, seguida do surgimento da República de Weimar, em 1919, e de seu colapso após 1930, de uma crise quase universal da democracia liberal e da ascensão dos nazistas ao poder. Spengler reagiu a essas rupturas tectônicas na política europeia, cesuras que mudaram inquestionavelmente a história e o mundo. Ele não estava só em suas reações conservadoras. Entre outros intelectuais de direita estava seu herói político, Walther Rathenau, assim como, no início, Thomas Mann e Arthur Moeller van den Bruck. Eles não foram, em alguns aspectos, pensadores progressistas em seu tempo, mas tampouco foram precursores do nazismo; no caso de Spengler e, em especial, de Thomas Mann, tratava-se de intelectuais conservadores em busca de novos alicerces para o conservadorismo germânico.

O fim do mundo havia chegado mais de uma vez. Concordo com Tomas Venclova, o qual uma vez observou que após a Segunda Guerra Mundial não valia mais a pena duvidar de que o fim do mundo já havia ocorrido. Nada mais há a profetizar e a temer porque o pior já aconteceu. Agora o único perigo é esquecê-lo sistemática e conscientemente ou transformá-lo, de forma deliberada, numa coisa trivial, vulgar e distorcida. Isso deixa uma questão em aberto: onde está o pior perigo? Na tragédia ou em seu esquecimento? No fim do mundo ou em sua expansão – a desvalorização de sua ideia afirmando-a, não para manter sua lembrança, mas para ampliar o eleitorado e ganhar as eleições?

É possível que estejamos nos aproximando de um nível tal de degradação política que, a menos que se declare o fim do mundo, ou pelo menos a queda da Europa, e junto com isso se apresentem materiais visuais apropriados, você não terá chance alguma de ser levado a sério e se tornar uma figura pública. Essa situação criaria uma atmosfera como a da Holanda no século XVII, descrita por Voltaire em *Cândido ou o Otimismo*, em que os jansenistas (depreciativamente chamados de convulsionistas) só puderam ganhar atenção nas ruas de Amsterdam quando proclamaram o fim do mundo. Com efeito, nas declarações sobre a morte da Europa ou o fim do mundo se esconde uma espécie de teologia ersatz secular de tipo sectário. Não admira que S.N. Eisenstadt tenha afirmado que os fundamentalistas religiosos contemporâneos de variadas estirpes nos lembram nitidamente as seitas escatológicas do século XVII, exceto pelo fato de que estas últimas não governaram Estados nem tiveram armas de destruição em massa.

Assim, a má notícia não é o iminente fim da Europa, mas o triste fato de que uma teoria desafiadora e interessante que já estimulou muito debate possa se transformar numa anedota política que hoje leva uma existência apagada nas cabeças e nos textos de mediocridades raivosas como instrumento de difusão do pânico moral. Receio que este não seja apenas o drama póstumo de

Oswald Spengler, mas talvez também a verdadeira tragédia europeia que ele não escreveu.

Seja como for, a questão agora considerada mais importante é como não causar pânico nos mercados e enviar os sinais corretos aos investidores. Algumas vezes se morre de rir. Outras vezes o riso afugenta a dor. Vivemos num período em que suas palavras enviam uma mensagem ao Santo Mercado. É possível que ele aprecie seu humor. Talvez ele veja nisso sinais de recuperação e energia.

Há uma história sobre quando Joseph Stálin, numa noite sombria, chamou Mikhail Afanásievich Bulgákov para lhe perguntar se era verdade que ele desejava emigrar da União Soviética. "Não, camarada Stálin", respondeu Bulgákov. "Sou um escritor russo para quem a terra natal e a língua são as coisas mais importantes. Mas se ninguém monta minhas peças e ninguém encena meus trabalhos, como posso viver?" Stálin provavelmente valorizou sua coragem diante da morte, porque lhe disse: "Ligue para o Teatro de Arte de Moscou, provavelmente eles vão mudar de opinião." Sem esperar muito, Bulgákov fez exatamente isso. "Mikhail Afanásievich, é você?", perguntou-lhe com voz hesitante o chefe do departamento de literatura do teatro. "Por que não nos traz suas peças, estamos esperando impacientes por elas."

A coragem e a autoconfiança diante da morte adiam a catástrofe. Tudo já foi visto ou ouvido em algum lugar. Ainda assim, tudo sempre acontece pela primeira vez. Ou talvez, também, pela última.

Eis aqui minha longa pergunta, ou melhor, uma cadeia de perguntas e provocações a você, Zygmunt. É verdade que isso também fez parte das preocupações políticas gerais de Spengler, que resultaram em suas sombrias profecias. Mas os novos pessimistas culturais em nossa era de desengajamento, anestesia e flerte com a multidão virtual e com o sentimento anônimo são desprovidos de uma filosofia da cultura. Pois o sonho deles é combinar os benefícios da economia global com os encantos da heterogeneidade, um sonho destinado ao fracasso. Eis-nos aqui num enorme campo de tensões provenientes da globalização, em que a vontade (e a necessidade) de usar uma força de trabalho estrangeira e barata choca-se com a esperança de não assumir a cultura desta, mas permanecer com uma cultura e uma zona de identidade próprias.

Como uma vida confortável e o uso de uma força de trabalho estrangeira podem combinar-se com a manutenção de uma cultura, uma linguagem e uma identidade histórica próprias? Hoje, esse é o drama oculto da Europa, que Alain Finkielkraut chamou com perspicácia de "Estados Unidos despreparados". De fato, a Europa algumas vezes parece os Estados Unidos fracassados. Isso nada mais é que a questão do poder despido de seus alicerces metafísicos, educacionais e religiosos, ou apenas um tipo de spenglerismo desprovido da *Kulturmorphologie* e depois confinado ao desejo de poder ou a um anseio de poder numa era em que o colonialismo e o "fardo do homem branco" foram rejeitados e desacreditados para sempre. Ou, se preferir, o drama doloroso da perda do poder e da influência num mundo que dificilmente aceita qualquer outra lógica que não essa.

A civilização, portanto, é um ponto de referência e uma metáfora por trás dos quais nos encontramos num mundo de medo e angústia. Não é mais um conceito referente a realizações culturais, nem tem coisa alguma a ver com a noção germânica de *Zivilisation*, como algo estranho ao mundo da *das rein Geistige*, a espiritualidade pura que habita o reino da *Kultur* e da *Bildung* (educação), como Norbert Elias uma vez mostrou de modo tão lúcido e convincente. A civilização não tem mais a ver com o ganho, mas com a perda. Dificilmente ela se refere a um conjunto de realizações ou ao mundo da solidão e da alienação modernas encontrado em toda grande cidade. Tende muito mais a aparecer como arcabouço interpretativo de nossas insatisfações, medos e ódios ocultos, como expectativa de guerra e ânsia de destruição.

É possível que a civilização não se refira mais ao ganho, e sim à perda? Todo o discurso do Ocidente ou da Europa seria ainda um ativo, ou será que ele agora é um passivo? É possível que Spengler tenha se tornado um ponto de referência ao lidar com o *Kulturpessimismus* que parece parte integrante da sabedoria política convencional de agora?

Zygmunt Bauman: Sinto-me sufocado, caro Leonidas. Faz muito tempo que não encontro uma reflexão tão incisiva, tocante e esclarecedora. Trata-se de um *chef-d'oeuvre* emocionante, uma obra-prima que se precisaria pesquisar nos textos de ciências sociais contemporâneos para encontrar semelhantes – e ainda assim muito provavelmente em vão. Spengler redivivo, sua mensagem vulgarizada, desfigurada, indecifrável e quase incompreensível após anos de manipulação por mercadores do infotenimento, agora restaurado por você em todo o seu brilhantismo puro e em sua topicalização original e imperecível. O destino de Spengler foi tudo, menos singular. Os profetas do Armagedom não podem contar com a simpatia do público, e sua chance de atrair (que dirá manter) a atenção dele é algo próximo de zero, a menos que concentrem sua visão no nível da previsão da sorte numa feira de aldeia ou num resort à beira-mar, ou associem sua história à autoridade do calendário maia que terminava em 2012. Arthur Koestler observou em 1954, ao relembrar e reavaliar a maneira como a Europa havia caminhado como sonâmbula para o matadouro de Hitler, do qual o que dela havia permanecido acabara de emergir:

> Por trás do truísmo superficial de que "a história se repete" ocultam-se forças inexploradas que seduzem os homens a repetir seus mesmos e trágicos erros. ... O neurótico que toda vez comete o mesmo tipo de erro e toda vez espera safar-se não é estúpido, é apenas doente. E o europeu do século XX tornou-se um neurótico político.[1]

Um instante depois, contudo, ele refletia novamente sobre a peculiaridade desse surto secular de neurose e se apressou em modificar seu veredicto: "Amós, Oseias, Jeremias eram muito bons propagandistas, e no entanto não conseguiram sacudir seu povo e preveni-lo. Dizia-se da voz de Cassandra que ela perfurava muralhas, mas a guerra de Troia aconteceu." Não haveria algo neurótico no simples fato de sermos humanos? Em todas as épocas e lugares?

Günther Anders cunhou a expressão "cegueira para o Apocalipse" a fim de denotar essa moléstia provavelmente incurável da humanidade. Mas essa doença não seria uma característica inalienável do modo humano de ser e estar no mundo? Há uma incomensurabilidade entre os vínculos de causa e efeito, tão simples quando confinados ao tempo e ao espaço exíguos dos laboratórios científicos e aos escritórios de pesquisa e planejamento tecnológicos, e uma outra realidade, o "desencaixe temporal, regional e biográfico entre causa e efeito" (mais uma vez citando o seminal *Climate Wars*, de Harald Welzer) em que "o que pode ser feito hoje não teria um resultado visível ou tangível durante algumas décadas". Já houve "desastres tecnológicos, naturais e sociais que excederam a capacidade de visualizá-los e controlá-los", e haverá muito mais. "Desastres tecnológicos, naturais e sociais ... resultam *inimaginavelmente* amplos, sem que haja um arcabouço de referência capaz de compreendê-los."

Permita-me perguntar: qual será o resultado para a autoconfiança da humanidade em sua capacidade de enfrentar o Apocalipse quando (não "se") ele eclodir? E a consequência da tentação de afastar o olhar, em nome da sanidade e de pelo menos um hedonismo residual, dos sinais de sua aproximação? O impacto psicológico dos desastres tem um potencial inerente, autopropulsor, e uma capacidade crescente de desorientar, desarmar e incapacitar. Mais uma vez citando Welzer: "Desastres sociais destroem certezas sociais; coisas que costumavam ser dadas como certas na vida cotidiana de repente se tornam inconfiáveis, fórmulas de comportamento revelam-se inviáveis, regras perdem a validade." Escapar desse impacto, porém, se é que isso é concebível, não bastaria para rearmar os desarmados e reassegurar os desnorteados e confusos. Isso porque, "no momento em que a história está acontecendo, o que as pessoas vivenciam é o 'dia de hoje'"; "eventos originais em geral escapam à percepção por não terem precedentes; as pessoas tentam inserir o que está ocorrendo no arcabouço de referências de que dispõem"; "aqueles que estão vivendo no momento de um even-

Repensando *A decadência do Ocidente*   217

to nada sabem sobre como um futuro observador irá ver o que hoje é presente e amanhã será história".[2] A sabedoria, tal como o Messias de Franz Kafka, só virá no dia seguinte à sua chegada.

Mas voltemos à sua soberba exposição *ex post facto* da vida póstuma da heroica tentativa de Spengler de quebrar essa regra e reverter o procedimento. Tendo delineado de forma tão vívida o credo e o itinerário dramático do campo do *Kulturpessimismus*, você agora pode contar comigo. Pelo menos isso é o que faz a maioria de meus leitores e ouvintes. Tenho viajado muito nos últimos anos e dado palestras em diversos países, mas, independentemente do país e da plateia, uma pergunta é quase invariável no debate subsequente: "Prezado senhor, por que é tão pessimista?" Só há uma sintomática exceção: quando a palestra trata da condição e das perspectivas da Europa, e então alguém no público decerto me pergunta por que sou tão otimista.

Mentalmente, e talvez também visceralmente, eu me revolto contra a acusação feita à Europa de que ela é os "Estados Unidos despreparados". De minha perspectiva, a Europa deve ser louvada por sua preparação para resistir (ainda que em parte, embora num grau significativo) às ondas de uma americanização imposta ou voluntária. De alguma forma, apesar de todas as evidências em contrário, evidências ampla e profundamente depressivas, como estou disposto a admitir, não posso aceitar que a Europa tenha esgotado ou esteja prestes a esgotar sua energia ou seu próprio ímpeto tão europeu. Continuo a acreditar que os obituários escritos para a grande e singular aventura histórica chamada "Europa" ou "civilização europeia" são, tomando de empréstimo o chiste espirituoso de Mark Twain, um tanto (se não amplamente) exagerados; e que a Europa, apesar da gravidade de seus numerosos erros e atitudes equivocadas, adquiriu um dote muito precioso, inestimável, de habilidades e know-how que ainda pode compartilhar com o resto de um planeta que agora mais que nunca precisa deles para sua sobrevivência.

Eu teria problemas para provar meu argumento. Na verdade, só o futuro (que por definição ainda não existe) pode fazer isso. Baseio minha crença na esperança, naquele *terceiro* exemplo que você expõe como errado, já que não é exaustivo: o binário otimismo versus pessimismo na divisão dos *Weltanschauungen* disponíveis. E vinculo essa esperança à Europa e apenas a ela, pois foi a Europa que inventou o primeiro e até agora o único modo crítico e autotransgressor de ser e estar no mundo, um modo que consiste num *perpétuo devir* e, como Ernst Bloch mostrou, em *viver para o futuro*. Todos os exemplos extraeuropeus de natureza similar foram importados da Europa e/ou portam, apesar de todas as idiossincrasias locais, marcas indeléveis da inspiração e da influência europeias.

Outras civilizações fixaram os olhos e concentraram sua sagacidade, esperteza e habilidade planejada em congelar e ossificar, enquanto a Europa vive do derretimento e da fusão – dos quais ela foi pioneira incontestável e continua a ser grande mestra. Algumas outras civilizações podem ter ultrapassado a Europa em estabilidade e na capacidade de deter a história. Mas a Europa bate todas elas em capacidade de se adaptar e de pôr as coisas em movimento – seguindo o caminho que leva a retificação, inovação e reencarnação (sua brilhante reciclagem das premonições sombrias de Spengler num apelo às armas é outra manifestação comovente dessa notável aptidão e destreza europeias). E é precisamente essa habilidade, ou sua ausência, na atual condição do planeta (tomando de empréstimo um termo usado por Antonio Gramsci, chamo essa condição, sumariamente, de estado de "interregno") que está se transformando numa questão de vida e morte para a humanidade como um todo.

Você aponta vários dilemas enfrentados pela Europa que ficaram longe de ser resolvidos ou foram ignorados e negligenciados. Você está certo, aponta a pulverização das agências herdadas e presentes de ação coletiva e a falência dos meios testados e viáveis desse tipo de ação. De novo está certo. Por infortú-

Repensando *A decadência do Ocidente*

nio, inevitavelmente, e não por falha nossa, o quadro que você pintou é tão desagradável e desestimulante quanto verdadeiro.

Da mesma forma, o que você fez foi revelar *a grandiosidade e a complexidade da tarefa que a Europa hoje enfrenta – não a inevitabilidade nem mesmo a possibilidade de um fracasso dela*. Os traços distintivos do singular modo de vida chamado "civilização europeia" – sua transgressividade inata, sua tendência instintiva de visar ao que ainda não é, a insatisfação endêmica com o que já foi feito, a inerente resistência a transformar essa insatisfação em opróbrio por ter agido dessa maneira – são as condições necessárias (mesmo que talvez insuficientes, embora essa possibilidade não possa ser testada de antemão) para enfrentar o desafio. A presente necessidade de repensar, reformar e recriar a forma atual de ser e estar no mundo, assim como sua urgência, não são os primeiros desafios mórbidos da história europeia, e esse fato proporciona pelo menos uma razão para se ter esperança.

E isso apesar das nuvens inegavelmente sombrias que agora se acumulam sobre o futuro da União Europeia. Está se tornando cada vez mais claro que nenhuma das agências políticas herdadas e atuais, antes destinadas a servir a uma sociedade integrada como Estado-nação, se adéqua a esse papel na Europa; nenhuma delas é inventiva o bastante para sustentar o volume e a gravidade das tarefas atuais, que dirá das futuras. Em muitos países, até nos mais criativos, os cidadãos todo dia são expostos ao degradante espetáculo proporcionado por governos que buscam nos "mercados" ou nas "decisões de investidores" (apelido de especuladores em moedas e ações) a permissão para fazê-lo ou a proibição de realizar aquilo de que gostariam, em particular o que seus cidadãos ansiosamente desejam e exigem que eles façam. Agora foram "os mercados" (não sem a conivência ou mesmo o endosso e o patrocínio tácitos ou explícitos de governos indefesos e incapazes) que usurparam a primeira e a última palavras na negociação das fronteiras entre realismo e irrealismo. E "mercados" é um termo taquigráfico para designar forças anônimas e sem face nem endereço, forças eleitas por ninguém e que ninguém é capaz de restringir, controlar e orientar.

A impressão popular crescente e bem-fundamentada, assim como cada vez mais a opinião especializada, é de que os parlamentos eleitos e os governos que esses parlamentos se veem constitucionalmente obrigados a dirigir, monitorar e supervisionar são incapazes de cumprir suas tarefas. Os partidos políticos estabelecidos também não conseguem realizar seu trabalho, conhecidos por descumprir suas poéticas promessas eleitorais no momento em que os líderes assumem um gabinete ministerial e são confrontados com o palavrório das forças do mercado e das bolsas de valores, esmagadores e intocáveis, muito além do alcance da autoridade atribuída e/ou tolerada dos órgãos e agências de Estados-nação supostamente "soberanos". Daí a profunda e crescente *crise de confiança*. A era da confiança na capacidade das instituições do Estado-nação está dando lugar a uma era de ausência institucional de autoconfiança e de suspeita popular em relação à capacidade de ação dos governos.

A ideia da soberania territorial do Estado remonta a 1555, a uma reunião convocada em Augsburgo por governantes dinásticos em guerra, buscando desesperados uma saída, ou pelo menos uma trégua, para os conflitos religiosos prolongados, sangrentos e devastadores que dividiam a Europa cristã. Foi então que se criou a fórmula *cuius regio, eius religio* ("o governante determina a religião do governado"). A soberania do governante sugerida por essa fórmula, tal como elaborada por Maquiavel, Lutero, Jean Bodin (em seu livro famoso, intitulado *De la République*, publicado 21 anos após o tratado de Augsburgo) ou Hobbes, significava o pleno e irrestrito direito dos reis de proclamar e implementar leis obrigando quem habitasse seu território a se submeter a seu domínio (diversamente descrito como ascendência, supremacia ou dominação).

Soberania significava autoridade suprema *dentro de um território* – sem restrições por interferência externa e indivisível. Desde sua inclusão no vocabulário político, o conceito de sobe-

Repensando *A decadência do Ocidente*   221

rania se refere a um estado de coisas territorialmente confinado e a direitos vinculados também ao território. Como afirmou Maquiavel, e todos os políticos dignos desse nome depois confirmariam, a única obrigação do príncipe é para com a *raison d'état* – o *état* reconhecido como entidade territorial definida por suas fronteiras. Como diz a *Stanford Encyclopaedia of Philosophy*, "a autoridade soberana é exercida dentro das fronteiras, mas também, por definição, com respeito a outros, que não podem interferir na governança do soberano" – os "outros", claro, são autoridades também vinculadas ao território, embora localizadas do outro lado da fronteira. Qualquer tentativa de interferir na ordem das coisas estabelecida pelo soberano no território por ele governado torna-se ilegal, condenável, um *casus belli*. A fórmula de Augsburgo pode ser vista também como o ato de fundação do moderno fenômeno da soberania do Estado e, ao mesmo tempo, como a fonte textual do moderno conceito de fronteiras entre Estados.

Levou quase mais trezentos anos de sangria e devastação, contudo, até 1648 e o tratado de "soberania de Vestfália", negociado e assinado naquele ano e no ano anterior, em Osnabrück e Münster, para que o princípio recomendado pela fórmula de Augsburgo se impusesse à realidade social e política europeia: a plena soberania de todo governante sobre o território por ele governado e seus habitantes – ou seja, o direito do governante de impor leis "positivas" de sua própria escolha que se imporiam às escolhas feitas individualmente por seus súditos, incluindo a escolha do Deus em que deveriam acreditar e a quem cabia adorar. Essa foi a fórmula destinada a fornecer inadvertidamente, pelo simples expediente de substituir *religio* por *natio*, o arcabouço ou arranjo mental usado logo depois disso para criar e operar a ordem política (secular) da emergente Europa moderna, o padrão do *Estado-nação*. Este consistia em uma *nação* usando a soberania do Estado para estabelecer uma separação entre "nós" e "eles" e reservar para si o direito monopolista, inalienável e indivisível de planejar a ordem imposta ao país como um todo; e em um *Estado* reclamando o direito à obediência de seus súditos ao invocar o caráter comunal da história, do destino e do bem-estar nacionais – presumindo-se e/ou postulando-se a coincidência territorial desses dois elementos constituintes do padrão. Esse padrão historicamente composto, escolhido entre muitos outros princípios ordenadores concebíveis, viáveis e plausíveis, foi "naturalizado" no curso dos séculos seguintes – dotado do status de autoevidência e inquestionabilidade – na maior parte da Europa, ao mesmo tempo que era imposto ao planeta como um todo, de modo gradual, porém constante, por impérios cujo centro era a Europa. Isso teve lugar em e por meio de uma longa série de guerras travadas contra realidades locais, muitas vezes resistentes (pense, por exemplo, nas "fronteiras nacionais", cruel e evidentemente artificiais, entre Estados pós-coloniais que mal podiam conter em si feudos tribais, ou do destino sangrento das repúblicas pós-iugoslavas).

Quando, após os horrores dos trinta anos de conflitos mundiais no século XX, se fez a primeira tentativa de estabelecer uma ordem consensual plausivelmente sustentável de coexistência pacífica em âmbito planetário, foi sobre o modelo vestfaliano de soberania que se redigiu a Carta das Nações Unidas – por uma assembleia de governantes de Estados soberanos convocados a monitorar, supervisionar e defender com unhas e dentes esse estado de coexistência pacífica. O artigo 2.4 dessa Carta proíbe ataques à "independência política e à integridade territorial" de outros Estados, enquanto o artigo 2.7 restringe a possibilidade de intervenção externa nos negócios de um Estado soberano, não importa quão chocantes eles possam ser.

Continuamos a viver numa "era pós-vestfaliana", lambendo ainda as feridas não curadas (talvez incuráveis) que a regra do *cuius regio, eius natio* havia infligido e continua a infligir em corpos sociais que buscam ou lutam para proteger, manter ou reforçar sua integração. O processo de emancipação das sombras lançado pela "soberania de Vestfália" é prolongado e até agora tem sido doloroso e distante da uniformidade. Enquanto muitos poderes (interesses financeiros e comerciais, redes de informação, tráfico de drogas e de armas, criminalidade e terrorismo) já alcançaram a liberdade de desafiar e ignorar esse fantasma, na prática, se não na teoria, a política (a capacidade de decidir como e por que os poderes devem ser empregados) ainda sofre constrangimentos. A ausência conspícua de agências políticas globais capazes de se equiparar a esses poderes em alcance e capacidade, e de recuperar o controle perdido sobre eles, é o principal obstáculo no caminho áspero e esburacado que leva a uma "consciência cosmopolita" adequada à nova interdependência global da humanidade.

Como foi indicado, as Nações Unidas, instituição criada em reação a guerras iniciadas por atos de agressão perpetrados por alguns Estados-nação soberanos contra a soberania de outros Estados-nação, a instituição mais próxima da ideia de um "corpo político global", tem inscritos em sua Carta o fortalecimento e a defesa inflexível do princípio vestfaliano. O tipo de política "internacional" (leia-se, interestatal, intergovernamental, interministerial) que a ONU deveria promover e praticar, longe de ser um passo no caminho de uma política genuinamente global, se revelaria uma grande barreira atravessando esse caminho, caso um dia se decidisse a implementá-la.

Num nível mais baixo, porém estruturalmente homomórfico, veja o destino do euro e o absurdo de uma moeda comum coberta e sustentada por dezessete ministros das Finanças, cada qual tendendo a representar e defender os direitos soberanos de seu próprio país. A sorte do euro, exposto aos caprichos de políticas locais (do Estado-nação), sofrendo pressões de dois centros de autoridade distintos, muito heterogêneos, descoordenados e, assim, inconciliáveis (um eleitorado confinado a nações e instituições europeias supranacionais, com frequência instruídas a agir, e assim o fazendo, com propósitos híbridos), é apenas uma das muitas manifestações de uma *dupla vinculação*: a condição de ser travada por um torno, imobilizada e inabilitada entre o fantasma da soberania de Estado vestfaliana, de um lado, e as realidades da dependência global, ou menos que global, mas não obstante supranacional, de outro.

Enquanto escrevo estas palavras, o debate conduzido pelos 27 Estados-membros da União Europeia sobre as formas de salvar o euro, a Grécia e talvez a própria União Europeia foi suspenso até que Grécia e França realizem suas eleições parlamentares (com a possibilidade de se chegar a um ponto sem retorno e a certeza de novos danos colaterais para a Europa como um todo em função de outro mês de liberdade total para os apostadores das bolsas de valores e os especuladores financeiros).

Em resumo, ainda estamos privados de um equivalente ou homólogo, no plano global, das instituições inventadas, planejadas e postas a operar por nossos avós e bisavós no plano do Estado-nação territorial a fim de garantir o casamento do poder com a política: instituições para atender (ou pelo menos destinadas e pressionadas a fazer isso) à coalescência e à coordenação de interesses e opiniões difusos, assim como sua representação e projeção adequadas na prática dos órgãos executivos, nos códigos legais e nos procedimentos jurídicos. O que nos resta é imaginar se esse desafio pode ser enfrentado e essa tarefa realizada pelas atuais instituições políticas, criadas e preparadas para atender a um nível bem diferente (o do Estado-nação) de integração humana e proteger esse nível de toda e qualquer intrusão "vinda de cima". Tudo começou, recordemos, com monarcas da Europa cristã lutando para frustrar as intenções dos papas de supervisionarem seus domínios.

Por alguns séculos, esse acordo herdado esteve mais ou menos afinado com as realidades da época, um tempo em que poder e política estavam presos um ao outro no plano do incipiente Estado-nação, um período de *Nationalökonomie* e da Razão, identificada como *raison d'état* – mas agora já não é assim. *Nossa interdependência já é global, enquanto nossos instrumentos de ação coletiva e de expressão de nossa vontade ainda são locais e resistentes à ampliação, violação e/ou limitação.* A

Repensando *A decadência do Ocidente* 225

brecha entre o escopo da interdependência e o alcance das instituições convocadas a atendê-la já é abissal, embora se amplie e se aprofunde a cada dia. Fechar ou transpor essa brecha é algo que vejo como o "metadesafio" de nossa época – um desafio que deveria estar no topo da lista de preocupações dos residentes do século XXI, que precisa ser enfrentado para que outros menores, porém derivados e inseparáveis, comecem a ser confrontados de maneira honesta, adequada e efetiva.

Há motivos para interpretar as iniciativas assumidas por Robert Schuman, Jean Monnet, Paul-Henri Spaak, Konrad Adenauer e Alcide De Gaspieri, logo após o fim da Segunda Guerra Mundial, de forjar uma superestrutura política sobre a Europa geográfica, como reação ao que se percebia como queda da autoconfiança europeia. Deve ter sido óbvio para aqueles ativistas pragmáticos que a posição da Europa no mundo não podia ser sustentada pelas ações esparsas, descoordenadas e muitas vezes inconsistentes de Estados-nação territoriais relativamente pequenos e fracos, mas em todo caso não muito poderosos. Antes de tentar reconstituir a posição da Europa no plano mundial, primeiro cabia conciliar seus Estados-nação em guerra.

É muito cedo para avaliar os resultados dessa iniciativa histórica. Afinal, os pais fundadores da Europa política realizaram uma tarefa importante, a construção de uma solidariedade pan-europeia, transnacional, destinada a unificar as solidariedades locais histórica mas espontaneamente criadas e de há muito estabelecidas, que por centenas de anos haviam reafirmado sua identidade atiçando e alimentando o fogo da discórdia com seus vizinhos. Há os que duvidem da possibilidade de uma solidariedade transnacional desse tipo, por vezes conhecida como "um senso de identidade europeia". Nação e Estado, dizem eles, são acoplados de uma vez por todas, aos olhos de Deus e da história, e só dentro desse arcabouço é que a solidariedade humana pode ser um atributo natural da coexistência humana. Sem um destino nacional historicamente constituído, são possíveis apenas alianças frágeis, instáveis e temporárias, em que o ingresso se dá por meio de uma negociação tediosa e de um compromisso sensato, embora aceito sem entusiasmo.

Jürgen Habermas forneceu os argumentos mais duros contra essa visão, apontando que a ordem democrática não precisa do apoio de uma ideia arraigada de "nação" como comunidade pré-política de sina e destino – que o poder de um Estado democrático constitucional se baseia nesse potencial de criar e recriar a integração social mediante o engajamento político de seus cidadãos. A comunidade nacional não *precede* a comunidade política, é seu *produto* permanente e perpetuamente reproduzido. A afirmação de que um sistema político estável e contínuo não pode existir sem uma entidade etnocultural não é mais nem menos convincente que a alegação de que nenhuma entidade etnocultural é capaz de se consolidar e de adquirir a força necessária para sua autoperpetuação sem a ajuda de um mecanismo político eficiente.

A especulação sobre os valores relativos dessas visões opostas tem poucas chances de frutificar, já que a disputa só pode ser, e será, oficialmente resolvida pela vontade política e pelas realizações institucionais dos europeus (por desgraça, até agora fazendo notar sua importância sobretudo pela invisibilidade), e não por deliberações filosóficas, ainda que lógicas ou sutis. Reconheçamos – a opinião pública ainda não se decidiu sobre o destino da unidade na Europa, e é difícil dizer se há progresso ou regressão nessa matéria. Após o Tratado de Lisboa e o estabelecimento dos gabinetes do presidente europeu e do chefe da diplomacia europeia, ambos os cargos foram preenchidos por indivíduos que se distinguiam apenas pela falta de clareza ou de autoridade.

Nos últimos tempos, viajando muito, como tenho feito, pela Europa em turnês de palestras, com frequência pergunto às pessoas que encontro se elas sabem os nomes do presidente europeu e do chefe da diplomacia, mas ainda espero em vão por uma resposta.

Não sendo profeta, e não tendo adquirido com meus estudos de sociologia as qualificações para isso, vou abster-me de formular uma avaliação prematura. Gostaria de compartilhar com você, contudo, uma observação que a diagnose sociológica me permite. Quaisquer que sejam suas raízes ou a fonte de seu poder, o estímulo à integração política e o fator necessário para o progresso é a *visão comum de uma missão coletiva*. Uma missão singular e, mais que isso, uma missão para a qual o corpo político existente ou planejado está predestinado; uma missão, além do mais, que só esse corpo e apenas ele é capaz de levar a cabo com sucesso. Onde poderíamos encontrar essa missão em nossa Europa de 2012?

Por sorte, parece que não vamos encontrá-la no poder militar e tampouco – considerando-se os milagres econômicos que acontecem diante de nossos olhos, da China à América Latina – no poder econômico. Há outra esfera em que a experiência histórica da Europa e suas habilidades adquiridas estão acima de todas as outras. E como ocorre de ser essa esfera uma questão de vida e morte para o futuro do planeta, então o valor que nós europeus podemos trazer como legado para aparelhar um mundo em rápido processo de globalização é algo que não pode ser subestimado. Um mundo globalizado, quer dizer, um mundo de interdependência universal, precisa disso mais que de qualquer outra coisa para aspirar àquilo que Immanuel Kant identificou como *allgemeine Vereinigung der Menschheit* ("unificação geral da humanidade") e, por extensão, também à paz geral, universal. Esse legado é a moldagem histórica da cultura europeia e nossa atual contribuição a ela.

A Europa foi capaz de aprender, e de fato aprendeu, a arte de conviver com os outros. Na Europa, como em nenhum outro lugar, "o outro" é o vizinho da porta ao lado ou da frente, e os europeus, queiram ou não, devem negociar os termos dessa vizinhança a despeito das diferenças e alteridades que os separam. É impossível exagerar a importância dessa oportunidade, assim como a da determinação da Europa em aproveitá-la. É, de fato, um sine qua non numa época em que só a amizade e a solidariedade vigorosa (ou, na linguagem de hoje, *proativa*) podem emprestar uma estrutura estável à coexistência humana. É à luz desse tipo de observações que nós europeus devemos fazer a nós mesmos a pergunta: que passos devemos dar para realizar essa vocação?

Visto da perspectiva de um pássaro, o mundo de hoje parece um arquipélago de diásporas. Por sua natureza, as diásporas colocam um grande ponto de interrogação sobre os pressupostos, até aqui não questionados, referentes à inevitável correlação de identidade e cidadania ou hábitat, de espírito e lugar, de um sentido de pertencimento e de território. A Europa como um todo está se transformando diante de nossos olhos, embora em diferentes ritmos nas diversas regiões, num mosaico de diásporas (ou, para ser mais preciso, num conjunto de arquipélagos sobrepostos e adjacentes). Sem uma política de assimilação forçada, é possível salvaguardar uma identidade nacional própria em uma das ilhas da diáspora, como se faria na terra mãe. E talvez com uma eficácia ainda maior, já que, no exílio (seja como refugiado, emigrado ou deportado), essa identidade, como diria Martin Heidegger, transforma-se, de uma coisa óbvia e "dada" (*zuhanden*), numa "tarefa", algo que exige atenção constante e esforço enérgico (*vorhanden*). Ao negociarem identidades desejáveis, diásporas vizinhas ou interligadas também podem se enriquecer mutuamente e aumentar sua força, não diminuí-la.

Já é hora de trazer de volta à nossa memória coletiva o fato de que a coexistência livre de conflitos e mutuamente benéfica de diferentes culturas foi durante séculos considerada norma em muitas partes da Europa geográfica definidas como "centrais", e de que isso prosseguiu até bem pouco tempo atrás. A acreditarmos em Tito Lívio, o historiador da ascensão do Império Romano e autor de *Ab urbe condita*, a ascensão de Roma desde os humildes primórdios até a estatura ecumênica e a glória de um Império seis séculos depois deveu-se à prática consistente de garantir a todos os povos conquistados e anexados plenos

Repensando *A decadência do Ocidente* 229

direitos de cidadania e acesso irrestrito aos cargos mais elevados daquele país em expansão, ao mesmo tempo prestando tributo aos deuses venerados pelos recém-chegados e garantindo-lhes direitos iguais no panteão romano. A tradição romana de respeito às diferentes culturas e convenções, à multiplicidade, e não à uniformidade de modos de vida (pela solidariedade alcançada não *apesar* de suas diferenças, mas *por causa* delas), que sustentou o florescimento do Império, não deveria ser, como resultou, legada aos herdeiros de Roma nem observada mais tarde na história europeia. Ela só continuou, de forma residual, nas margens do antigo Império, longe das monarquias absolutistas, com suas rivalidades por supremacia na balança de poder da Europa.

Quando a Europa Ocidental mergulhou em um século de guerras religiosas sangrentas e destrutivas, lançando as sementes de uma animosidade hereditária, parte significativa do continente a leste do rio Elba conseguiu permanecer distante dos massacres fratricidas, protegendo assim o legado da tolerância religiosa (logo – *avant la lettre* –, cultural e comunitária). Um destacado exemplo de alternativa ao sistema vestfaliano foi a Comunidade Polaco-Lituana, Estado conhecido pela generosidade em garantir o poder de autogovernança e identidades culturais independentes a minorias étnicas, linguísticas e religiosas espalhadas por seu território. Dessa maneira, evitou o banho de sangue e outras atrocidades religiosas que atingiram seus vizinhos do oeste, menos afortunados, cujas feridas levaram séculos para sarar. Mas as divisões efetuadas por seus vorazes vizinhos – monarquias dinásticas com ambições nacionais reconhecidas ou ocultas – representaram um golpe fatal para essa singular Comunidade Polaco-Lituana. As autonomias culturais, fossem elas maiorias abastadas ou minorias destituídas, submeteram-se à russificação forçada no leste e, no oeste, a uma germanização talvez mais brutal ainda, suplementadas, ambas, por intermitentes guerras religiosas como as ofensivas anticatólicas das Igrejas ortodoxa e luterana. Apenas áreas do sul, anexadas por uma monarquia que sonhava com princípios semelhantes aos da Comunidade Polaco-Lituana, escapou de destino similar.

Livros de história creditam à história moderna, *ex post facto*, a promoção dos princípios da tolerância, embora não haja dúvida de que a intolerância cultural fosse companheira inseparável dos dois principais empreendimentos modernos, muito interligados: a construção da nação e a construção do Estado. As línguas nacionais exigiam o sufocamento e a deslegitimação dos dialetos locais, as Igrejas do Estado demandavam a supressão das "seitas" religiosas e a "memória nacional" reivindicava a aniquilação da memória local e coletiva. Só uma grande monarquia europeia, próxima ao centro geográfico da Europa, resistiu a essa tendência popular até o início da Primeira Guerra Mundial. Foi o Império Austro-Húngaro, que cobria uma ampla área habitada por numerosos grupos étnicos com grande variedade de culturas e governada a partir de Viena, então estufa cultural e berço das contribuições mais fascinantes e de mais longo alcance para filosofia, psicologia, literatura, música e artes visuais e dramáticas da Europa.

Não é coincidência que tenha sido aí onde uma teoria, ou melhor, um projeto de integração política fincou raízes, com base no postulado da autonomia nacional/pessoal (*persönliche Prinzip*, como o chamaria um de seus mais famosos proponentes, o escritor marxista Otto Bauer). Referindo-se ao ensaio/manifesto de Karl Renner intitulado *Estado e nação*, o livro de Otto Bauer *A questão das nacionalidades e a social-democracia*, publicado oito anos depois, apresenta esse postulado como forma de "organizar as nações não em corpos territoriais, mas em livres associações de indivíduos"; ou seja, uma forma de separar ou libertar a existência de uma nação de sua dependência em relação a pré-requisitos territoriais, assim como a integração *política* de identidades *nacionais*.

Princípio semelhante foi formulado e promovido por Vladimir Medem, membro da Organização Trabalhista Judaica, que se referia a experiências da Comunidade Polaco-Lituana.

Num ensaio publicado em iídiche em 1904, "A social-democracia e a questão nacional", ele propôs, entre outras coisas, que "os cidadãos dessas nações se unam em organizações culturais presentes em todas as regiões do país"; e que "todo cidadão do Estado deve pertencer a um grupo nacional cuja escolha seria deixada à sua preferência pessoal, e não controlada por algum corpo administrativo".

Esses postulados e esperanças figuraram entre as baixas da Primeira Guerra Mundial. Na reunião dos vencedores em Versalhes, Woodrow Wilson, atualizando o tratado de Vestfália de 1648, e elevando suas ideias à condição de universalidade, proclamou a soberania indivisível de uma nação sobre seu território como princípio indiscutível da humanidade (ideia que chocou Hannah Arendt, plenamente consciente de que o "cinturão de populações mistas" dos Bálcãs, mas também comum na Europa Central/Oriental, era incompatível com princípios como o do *ein Volk, ein Reich,* "Um povo, um império"). Mas mesmo a ignorância ou a arrogância de Wilson não poderia evitar outra tentativa, reconhecidamente perfunctória e de curta duração, de encontrar uma forma de convívio mais adequada a uma realidade de arquipélagos sobrepostos e adjacentes de diásporas etnoculturais que foi a Iugoslávia.

Mesmo essa tentativa seria algumas décadas depois, sem muito sucesso, reduzida aos perímetros da Bósnia – região caracterizada pela coexistência pacífica e duradoura de muitos grupos étnicos e religiosos, que não obstante exigia um ambiente também misto para sobreviver. Esse ambiente destruiu a monstruosidade da limpeza étnica iniciada pelo fracasso das mais altas autoridades europeias. Afinal, foi Helmut Kohl que, num momento de descuido, declarou de modo desastrado que a Eslovênia merecia a independência por ser etnicamente homogênea – afirmação interpretada (sem dúvida contra suas intenções) como licença para excluir e massacrar.

Coube agora a todos nós europeus, contudo, vivermos numa era de diáspora crescente e incontrolável, com a expectativa de que todas as regiões da Europa se transformem em "bandos de populações mistas". Segundo as últimas previsões demográficas, o número de habitantes da União Europeia (hoje em torno de 400 milhões) deve encolher até 240 milhões nos próximos cinquenta anos, o que tornaria obsoletos os tipos de estilo de vida a que estamos acostumados e que temos interesse em manter. Além disso, os demógrafos nos dizem que, a menos que 30 milhões de estrangeiros se estabeleçam na Europa, o sistema europeu será incapaz de sobreviver. Se existe alguma verdade nessas previsões, devemos estar preparados para a possibilidade de essa situação (levada a ponto de ebulição, com consequências trágicas, pela imposição do princípio do *ein Volk, ein Reich*) emergir na Europa como um todo. Estamos todos nos transformando, repito, em diferentes velocidades, porém inexoravelmente, no que Hannah Arendt denominou "cinturão de populações mistas".

Mas as respostas *proativas* a essa nova situação são poucas, débeis e dolorosamente lentas – provocadas por pressão ou por chantagem, em função de um surto ocasional de sentimentos tribais, são oferecidas sem nenhum entusiasmo particular; no entanto, o futuro da política e da existência cultural da Europa depende de se repensarem e se reverterem as tendências dos últimos quatrocentos anos de história europeia. É hora de considerar se o passado da parte geograficamente central do continente não seria o futuro da política e da cultura europeias. Não seria esse o único futuro capaz de salvaguardar nossa civilização europeia?

A possibilidade de uma ilha, de Michel Houellebecq: uma singular advertência

LEONIDAS DONSKIS: *A possibilidade de uma ilha*, de Michel Houellebecq, é um romance de advertência do século XXI. Essa expressão se aplica a obras de literatura (basicamente distopias) que empregam narrativas, temas e assuntos utópicos e os levam à sua conclusão lógica, mostrando onde as utopias finalmente terminam e quando se transformam em realidade. Que as utopias são de fato implementadas, isso já foi bem explicado por Nikolai Berdyaev: suas palavras, de que chegara o momento não de sonhar com utopias, mas de salvar a humanidade de sua realização, serviram de epígrafe à distopia *Admirável mundo novo*, de Aldous Huxley.

Romances de advertência previram os trajetos da história do mundo moderno melhor do que todos os pessimistas culturais, com suas teorias sombrias sobre história e cultura cíclicas. Após a Primeira Guerra Mundial, *Nós*, de Yevgeny Zamyatin, tornou-se o primeiro romance de advertência a prevenir a humanidade sobre aonde a modernidade iria nos levar se não se interrompesse sua versão totalitária e plenamente emancipada, com seu sistema de vigilância total, prédios de vidro transparente, a morte da família e o fim das ciências humanas em seu mundo dos estudos humanos. Tudo isso promulgado numa sociedade governada como um projeto tecnológico do qual aquilo que no início da modernidade era conhecido como amor e amizade havia desaparecido.[3]

Tanto o romance de Huxley quanto *1984* de George Orwell teriam sido impossíveis sem os brilhantes insights de Zamyatin e sua sensibilidade e sutileza tchekhovianas, ao revelar o verdadeiro inferno da humanidade. Este último, por aquilo em que ele resulta, nunca significa visões e sonhos sociais fracassados, paroxismos de violência e brutalidade, mas nossos debilitados poderes de comunidade, os laços circunscritos de nossa humanidade, a solidão que mata e a morte de um antigo amor transformado em traição, ódio ou, pior ainda, numa gélida indiferença. A esse respeito, Michel Houellebecq, com enorme precisão e por uma lealdade literária quase extravagante, é um continuador da obra iniciada pelas distopias, advertindo a humanidade sobre a direção em que caminhamos e o que devemos em breve vivenciar.

Em geral considerado um dos Irmãos Serapião russos (entre os quais se incluem escritores e intelectuais literários importantes como Mikhail Zoshchenko, Viktor Chklovsky, Vsevolod Ivanov,

Veniamin Kaverin e Lev Lunts), Zamyatin é justamente louvado por profetizar a emergência do totalitarismo e prever os objetivos da futura era da megamáquina. Mais importante ainda, em minha opinião, é que ele foi um dos primeiros a prever a morte das ciências humanas, e sem dúvida o primeiro a revelar o falecimento do mundo dos sentimentos, o que significa que no novo mundo não é mais possível entender o que criou e sustentou a cultura europeia – nem Dante, nem Shakespeare, nem toda a grande literatura do Renascimento e do Barroco.

Mikhail Bulgákov previu o ingresso de Satã no mundo sob o disfarce da modernidade anti-humana, embora em *O mestre e Margarida* Woland, o Príncipe das Trevas, ainda pudesse dizer que manuscritos não ardem. Mas depois veio uma época em que não apenas eles ardiam, como também não significavam coisa alguma para os seres humanos. Isso não aconteceu porque ninguém os lesse. Orwell previu que mais cedo ou mais tarde o totalitarismo destruiria a linguagem e as zonas de sensibilidade que nos capacitam a reconhecer os grandes textos da literatura e da filosofia. Ele compreendeu que a humanidade iria lutar contra o passado e a memória, lares dos sonhos e das promessas. Mas a verdade que Zamyatin nos revelou – e Michel Houellebecq, esse gênio da percepção psicológica e sociológica, desenvolveu com mais profundidade – é que logo, logo Dante e Shakespeare nada mais significarão para nós porque não vivenciaremos mais os sentimentos e dramas humanos que deram origem a essas obras imortais.

A possibilidade de uma ilha, esse evangelho da modernidade virado do avesso, pode ser comparado a *Assim falou Zaratustra*, de Friedrich Nietzsche. O narrador do livro de Houellebecq, Daniel, chama a si mesmo de Zaratustra da classe média atual, mas descreve aqueles que o Zaratustra de Nietzsche chama de últimos homens. O romance de Houellebecq expõe a morte de Deus de maneira bastante inesperada: Ele morre quando se eliminam os laços humanos e sociais.

De forma interessante, essa implicação filosófica do romance (tão próxima de sua visão, Zygmunt) é um retorno a *La scienza nuo-*

Repensando *A decadência do Ocidente* 235

va de Giambattista Vico, trabalho em que a existência de Deus é provada por meio dos poderes da comunidade humana e da sociedade civil: sociabilidade, linguagem e sentimentos. Em suma, quando se enfraquecem ou se destroem os alicerces da sociabilidade humana, a esfera da linguagem e dos sentimentos, se entregam os seres humanos a Satã. Essa é a implicação teológica e filosófica da nova ciência. Vico também menciona os *bestioni*, os novos bárbaros, insensíveis a tudo, que surgem após os retornos e repetições (*ricorsi*), no fim da história. À semelhança dos gigantes ainda populares na literatura renascentista, no romance de Houellebecq os bárbaros são membros da nova humanidade, pessoas sem nada que as ligue umas às outras; seres de inteligência pura, mas desprovidos de emoções e sentimentos. A morte da sociabilidade seria mesmo a morte de Deus?

A possibilidade de uma ilha é um equivalente literário daquilo que Oswald Spengler e Egon Friedell (e Nietzsche antes deles) tentaram expressar em filosofia e Thomas Mann efetivamente expressou na literatura. É um *Bildungsroman* ("romance de formação") de nossos tempos ou, mais precisamente, um *Zivilisationsroman* ("romance de civilização"), tendo em mente o que Thomas Mann pensava dos *Zivilisationsliteraten* ("escritores da civilização"), encabeçados por Heinrich Mann, seu irmão mais velho (embora mais tarde o próprio Thomas Mann se tornasse um autor secular mundial, racional, "sem raízes" e cosmopolita, do tipo que havia desprezado na juventude).

Seria possível afirmar que Houellebecq encarna exatamente esse tipo de escritor, apenas adotando essa forma de escrita até a própria morte. Como a música de vanguarda que, como disse Theodor W. Adorno, nega a realidade por sua própria forma e afirma apenas sua própria morte e a impossibilidade de existir na realidade tal como ela é, o romance de Houellebecq é uma obra que destrói a si mesma.

Então, que tipo de mundo ele revela? Relembrando as palavras de Slawomir Mrozek, de que o amanhã é o dia de hoje exceto por chegar um dia depois, podemos tentar imaginar um mundo que nos choque não pelo que tem guardado em estoque para nós amanhã (a destruição nuclear global, que Houellebecq descreve e de cuja possibilidade ninguém, no fundo de seu coração, duvida), mas pelo que já está acontecendo aqui e agora bem diante de nossos olhos. A realidade de *A possibilidade de uma ilha* é o isolamento total do indivíduo juntamente com a atomização e fragmentação da sociedade. Com frequência ouvimos e lemos esses termos e sabemos o que significam, mas afastamos a ideia de que os fenômenos e processos que eles denotam sejam parte da realidade atual, e não apenas uma abstração ou possibilidade teórica.

Aqui confrontamos diretamente esses processos e vemos aonde eles levam. Tudo que resta aos laços humanos é o medo abrangente e paralisante da morte. Além disso há somente o vazio e o horror da extinção. *A possibilidade de uma ilha*, de Houellebecq, é uma teoria sociológica da morte da sociedade, uma teoria apresentada sob forma de literatura e que desenvolve uma narrativa convincente. A morte da sociabilidade na fase tardia da modernidade não é uma fantasia. As pessoas não querem mais estar juntas. Não têm mais razão alguma para ficar umas com as outras. O novo êxodo, a dispersão de nações pequenas e pobres, não é novo nem sensacional, tal como a Lituânia ou, mais obviamente ainda, a Armênia.

Assim também, segundo Houellebecq, o marxismo foi morto pelo mesmo país no qual foi transformado em religião secular de Estado (a Rússia); e o islã vai morrer onde nasceu, num Oriente Médio permeado por modernidade, revolução sexual, emancipação feminina e cultos consumistas, juventude, liberdade individual, sucesso e prazer sensual. Da mesma forma o nacionalismo e a busca de ideais e sonhos coletivos serão sacrificados nas regiões em que já foram ativos e poderosos, as pequenas nações da Europa. Esses países não são mais unificados pelas doutrinas ou dogmas teológicos e filosóficos pelos quais as pessoas se sacrificaram ou, com mais frequência, mataram outras pessoa. Eles são unificados pelo medo de envelhecer e pelo desprezo do velho corpo. Como Houellebecq sarcasticamente afirma em estilo publicitário: "A vida começa aos cinquenta, é verdade, desde que termine aos quarenta."[4]

Hoje nossa cultura usa a preocupação e a luta por igualdade e direitos humanos como máscara para ocultar sua indiferença, seu consumo de si mesma e das outras, seu desviar de rostos e olhos, seu seguro isolamento. Assim, nossa cultura está pronta para conviver com tudo, menos com o envelhecimento. Mais cedo ou mais tarde essa cultura vai tentar quebrar os últimos tabus, os que se relacionam à pedofilia, ao canibalismo e ao incesto. Não são eles que nos fazem tremer de medo – a morte e a extinção é que causam o verdadeiro terror em nossos corações, em particular numa época em que a ciência, a tecnologia e a genética nos aproximam cada vez mais da fabricação da vida e da imortalidade. Terrível não é a expectativa de que todos iremos morrer, mas a possibilidade de perdermos por uma ou duas décadas o momento em que os geneticistas criarão uma raça de abastados super-homens que deixarão todas as suas riquezas para um grupo tecnológico ou de engenharia social caracterizado como seita escatológica esperando o fim do mundo (como os elohimitas da imaginação de Houellebecq).

Philippe Ariès, em seu estudo *L'Homme devant la mort*, afirmou que o Ocidente moderno "clinicalizou" e isolou a morte. Agora está para fazer o mesmo com a velhice, esse prelúdio da morte que acorda nosso medo da extinção. A morte não é mais aceitável para um ser moderno ansioso pela juventude. Também inaceitável é o envelhecimento que se traduz numa lembrança impiedosa da inevitabilidade da morte. A modernidade é a guerra travada pela juventude metafísica (Eros, sexo, desejo, paixão) com o envelhecimento metafísico. Daí, Daniel25, o DNA genético descendente do narrador, Daniel1, viver a vida de alguém mais velho. Essa é a forma como a razão e o isolamento reagem às emoções, à paixão, ao desejo e aos sentimentos, a forma como a velhice se vinga da juventude.

A essência da cultura e do controle contemporâneos é excitar os desejos, inflamá-los ao máximo e depois refreá-los com formas extremas de restrição. Essa é a maneira como o diabo joga com a sociedade, alternando-se entre a cenoura e a vareta. A ideia é provocar e proibir, despertar um imenso desejo sexual e então reprimir sua satisfação. Levar um indivíduo inexoravelmente a desejar e ansiar é ao mesmo tempo privá-lo de seu poder de autocontrole e apropriar-se da dignidade de outra pessoa: você vê um ser não parecido com ele mesmo, deformado e inflamado pelo desejo, mas que você consegue controlar. Você despertou desejos e sabe a que aquele ser acima de tudo anseia e como ele poderia a qualquer momento ser seduzido – você sabe disso, portanto é capaz de lhe dizer aonde ir e de afastar seu último vestígio de respeito próprio e dignidade.

O que acontece com o amor e o erotismo? Seu lugar é ocupado pela masturbação, esse tipo de "sexo com a única pessoa que eu realmente amo" (frase atribuída a Woody Allen, mas provavelmente de Jacques Lacan). Não se trata mais de um encontro com outro corpo e alma, mas de um prolongamento da autossuficiência tecnológica do homem, excitando e estimulando a si mesmo no espaço virtual por meio da pornografia. O Eros da sociabilidade moribunda é apenas o sexo sem sentimentos e uma vida sexual sem experiência mais profunda. Ele é mecânico, sem risos, lágrimas, inveja e um desejo de fluir e de estar junto. O uso e o abuso eficazes de si mesmo e dos outros se tornam a única estratégia na vida. Cada um de nós tem um começo e um fim, então, vamos usar um ao outro antes que nosso prazo de validade se expire. Esse é um segredo de polichinelo, mas parece ser a única estratégia adequada aos relacionamentos mútuos das pessoas na vida contemporânea.

Houellebecq evidencia mais um fenômeno atual: o novo determinismo, essa incapacidade de acreditar que até pessoas racionais, críticas e de mente liberal possam mudar a direção da civilização. Em *A possibilidade de uma ilha* não há insurreição, revolta, desacordo nem apoio a diferentes opiniões. Nesse mundo também não há mais pessoas dissidentes ou envolvidas em protestos que tenham resolvido fazer de sua experiência individual algo político e público, ou seja, não há intelectuais. Resta apenas um humor raivoso e venenoso, essa forma dissimulada de ódio, e também um empreendimento útil e lucrativo graças ao qual o (anti-)herói e narrador da história se torna um homem rico. Envolvendo-se numa espécie de crítica social light e mesmo andando na corda bamba, Daniel esculpe o humor mais obsceno com a madeira da árvore da inimizade e do ódio profundos – as relações entre judeus israelenses e árabes palestinos, mas também a antipatia mútua, na Europa, entre os europeus de classe média baixa e os imigrantes bem-sucedidos. Daí as exitosas histórias obscenas, geradoras de reconhecimento, misturadas a alusões políticas: prostitutas árabes palestinas, pornografia israelense, e por aí vai.

A questão é que o mundo todo se tornou político. E isso aboliu o estereótipo e a estupidez ditados pela experiência primária. O humor sairá de cena junto com eles, pois não nasceu de outra coisa senão do estereótipo e de uma aura de estupidez segura num mundo inseguro – em outras palavras, da impotência. E política é empoderamento, portanto, ela odeia a impotência. O humor judaico foi um exemplo perfeito de estar fora do campo do poder, enquanto o humor político de hoje, flertando em segurança com o poder, é político por excelência. Ele não é mais um carnaval antiestrutural ou linguístico, como diria Mikhail Bakhtin; é só um pequeno ajuste, leve como a brisa de verão, da estrutura política e do campo do poder. Também é uma advertência de que vocês não estão sozinhos nisso, senhores, nós também queremos poder – de modo que vocês devem compartilhá-lo para não perecer.

Houellebecq faz o jogo de rejeitar os tabus políticos. Oferece observações chocantes e embaraçosas que já deram má reputação a gente como Arthur Schopenhauer, Friedrich Nietzsche e Otto Weininger, hoje considerados misóginos padrão. Nas palavras de Houellebecq, "às mulheres geralmente falta senso de humor, motivo pelo qual elas consideram o humor uma das qualidades viris".

Quase a mesma coisa foi dita por Otto Weininger em *Sexo e caráter*. Podemos acrescentar que este último não duvidava de que mulheres e judeus (seres que ele considerava semelhantes do ponto de vista histórico-psicológico) não tivessem senso de humor e desse modo pudessem ser maliciosos e cruéis. Da mesma forma que, na visão de Weininger, nem mulheres nem judeus tinham pendor para a forma estética, daí não serem grandes artistas gráficos como Van Dyck. Essas e outras expressões semelhantes hoje soam como exemplos de antissemitismo e misoginia repugnantes, mas Houellebecq parece acreditar que um escritor pode ser absolvido de um discurso odioso e de abusos similares desde que faça o jogo de nos empurrar até o limite – como que dizendo que temos de declarar "Basta!", enviando a mensagem de que a literatura moralmente equivocada e politicamente ambivalente pode ser tão tóxica e perigosa quanto a política do ódio.

Essas coisas não são de modo algum acidentais. Os novos determinismos, o fatalismo e o pessimismo são um tema intelectual do Ocidente que nos leva inexoravelmente de volta ao colapso da República de Weimar e à extinção da grande cultura de Viena antes da Segunda Guerra Mundial, com seu *Schicksal* spengleriano e sua freudiana inquietação. Nossa época é caracterizada pelo determinismo, pelo fatalismo e pela total ausência de alternativas. O amor pelo próprio destino, não importa como seja, é um *amor fati* como em *A decadência do Ocidente*, de Spengler. Como você disse uma vez, Zygmunt, *A possibilidade de uma ilha* é uma versão renovada de *A decadência do Ocidente*, reiterando a dinâmica das ruínas em nossa imaginação histórica: de uma estrutura total, unificada, a um fragmento, de uma forma de racionalidade nacional a uma racionalidade individualizada, da modernidade sólida à sua fase líquida.

Decerto rejeitar Spengler e desprezá-lo, após a Segunda Guerra Mundial, como pensador antiquado e superficial foi, em vez disso, um modo de renunciar à forma de seu pensamento. Afinal, Spengler foi aceito pelos devotos do *Bildungsroman* e pelos pessimistas culturais que liam Thomas Mann e levavam a sério sua *Montanha mágica*, assim como pelos que no início do século XX não desprezavam Nietzsche como louco e antifilósofo. Só depois o nominalismo e o individualismo metodológico ocidentais fizeram seu trabalho: intelectuais rejeitaram não somente a tendência de Spengler a empregar metáforas biológicas e procurar isomorfismos e analogias, mas também a profundidade morfológica de sua filosofia da cultura, suas interpretações sutis do tempo e do espaço culturais. Jogaram fora o bebê junto com a água da bacia.

Repensando *A decadência do Ocidente* 241

De muitas maneiras, Houellebecq faz o mesmo que Spengler – apenas de forma diferente. Sua época não é mais a da interpretação cíclica da história e do *Bildungsroman*. Houellebecq é um mestre da narrativa sociologicamente consciente e ao mesmo tempo um romancista sociologizante. Ou talvez um sociólogo da crise cultural disfarçado de escritor de ficção. O poder de sugestão de Houellebecq está em sua apreensão da linguagem do seu tempo. Ele é o intérprete de um mundo tomado pelo medo da morte e da extinção, pelo culto do prazer e do consumo; um cínico sensível (para usar um paradoxo); um homem sem pele e sem nervos expostos, mas com um campo de poder; um homem que transformou seu ódio cáustico e irônico em mercadoria e ferramenta de sucesso.

A emancipação do indivíduo leva à implosão das grandes religiões. Houellebecq antevê não apenas o ocaso do cristianismo, que já está acontecendo, mas o iminente declínio do islã. Assim, os que odeiam muçulmanos e os paranoicos que identificam todo o mal a essa religião podem sossegar em paz, boas notícias e satisfação estão à sua espera. O islã será destruído pelo feminismo e pela revolução sexual. A única coisa que tem chance de sobreviver nesse mundo é o movimento "elohimita", totalmente manipulador, hedonista e propagador da imortalidade, uma seita dotada de sua própria religião ersatz. Com ele permanecerá e ganhará ascendência tudo o que o segue: fatalismo, determinismo, sonhos de imortalidade e a promessa das elites tecnocráticas de libertar o homem de seu insustentável fardo de liberdade, de medo da morte e da consciência de sua finitude. Nesse único nó estão atados e misturados sonho de imortalidade, culto do prazer, sociedade tecnológica, um poder de controle que acredita incondicionalmente em si mesmo, embora no íntimo se odeie, culto da juventude e estigmatização da velhice. Mostrar desprezo pelo envelhecimento torna-se uma caricatura de si mesmo. O mundo está cheio de jovens de setenta anos e de jovens mulheres idosas, para os quais nada é mais importante que ocultar a verdadeira idade e relacionar-se bem com o parceiro mais jovem.

Houellebecq também transfere a lógica do determinismo para as relações humanas. Essas relações nascem, amadurecem, depois definham e morrem, tal como corpos, sociedades e culturas. Sem as relações entre homem e mulher expressas em palavras, encontro de olhares, toques, nudez, confissões, fantasias eróticas, sexo, tensões eternas, fatais, e todas as possibilidades de iniciar e terminar uma relação e ficar desapontado, as relações humanas logo se dissipam, ainda que, segundo Houellebecq, estejam de qualquer modo condenadas ao fim. A história das relações humanas é sempre cíclica: elas começam, desenvolvem-se e então definham e expiram silenciosamente.

Só uma pessoa amada ou amiga pode romper o ciclo e sobrepujá-lo. Superar o ciclo das relações humanas e sua morte constitui a própria essência do amor e da amizade. Pois o tédio e o senso de futilidade constituem o destino do homem tecnológico, como afirmou Malcolm Muggeridge; e determinismo e fatalismo são aspectos, ou mesmo condições necessárias, da sociedade tecnológica (a nova humanidade, como diria Houellebecq). Não há alternativas a essa época e a seu espírito de autodestruição. Como ninguém vive por alguma coisa que esteja além de nós, ou pelo menos que não seja nós, nada pode tornar-se um grande desafio ou preocupação existencial, a não ser a vida em si.

O mesmo foi dito por Spengler: esta civilização vai levar à silenciosa extinção do Ocidente, acompanhada de uma autointerpretação dramática. A percepção da morte iminente amplia ao máximo a capacidade de interpretação. Ela se dirige não para a realidade externa a nós, mas para nós mesmos, esta é a cultura psicológica de nossa autodescoberta cotidiana que nos atualiza, mas não aos nossos laços com outras pessoas. Tudo que resta à sociedade são indivíduos atomizados, solitários, fragmentados, com um frágil poder de associação. Seu único problema é consigo mesmo e com sua iminente morte e extinção. Uma cultura viva cria suas próprias formas de vida. Uma cultura moribunda não cria mais coisa alguma, apenas se interpreta. O homem feliz não conta o tempo, como nos diz a sabedoria popular. Isso corresponde filosoficamente à ideia de

Spengler-Houellebecq de que o tempo só se torna um problema para quem não tem outro objetivo ou fonte de significado além da continuação, a qualquer preço, da própria vida; ou que sente que o relógio, com seu tique-taque estranho, não está contando os minutos, mas os segundos. O tempo é uma doença, e sua batida acelerada é um sentido aguçado da morte.

Quando a vida em si se torna o único problema, a extensão da própria vida (projetando-se para a nação ou o próprio Estado, transformando-se numa questão de sobrevivência biológica representada como suposta preocupação com entidades e formas históricas singulares de sua criatividade incomum), assim como os sonhos de imortalidade alcançada não pela realização de uma promessa transcendental, mas pela ciência, a genética, as tecnologias e a racionalidade instrumental, torna-se a única realidade significativa. Não a liberdade nem a autorrealização, mas a ampliação da vida terrena e uma imortalidade mecânica – se isso for possível, claro.

Não, não se trata da imortalidade mediante criatividade, amor, filhos, amigos e extensão em outra pessoa e seus pensamentos, por meio da sensibilidade ou da interpretação de alguém. É nossa própria imortalidade ou autorrenovação continuada, obtida da mesma forma que bons tecnólogos garantem a longevidade ou a renovação permanente de um prédio, construção, máquina ou instrumento. Uma fantasia como a da imortalidade é testemunha não apenas da morte da religião, de uma fé exaurida e dissipada, mas também de uma sociabilidade evanescente.

Qual a mensagem que o Daniel de Houellebecq e seu amado cão Fox (juntamente com todas as suas encarnações posteriores) transmitem ao mundo? É a de que nós, os últimos seres humanos sobre a terra, não amamos mais as pessoas, amamos os animais, porque os cães, assim como as pessoas, são renovados. Um cachorro falecendo aos pés de seu dono quando este sabe que depois desse cão haverá outro, que também irá falecer, não se torna uma experiência dolorosa, mas apenas a percepção de que alguma coisa com a qual você se acostumou e que lhe dava prazer terá de ser substituída por outro pacote de vida. Nisso nos aproximamos da essência da alma faustiana – não apenas a ideia de infinitude, mas também a ânsia da imortalidade que não surge de um pacto com Satã, mas de uma dedicação à ciência e à tecnologia (que poderiam ser consideradas a mesma coisa, com uma narrativa diferente; não é em nome do conhecimento e do amor infinitos que se busca a imortalidade, mas em nome da mesma vida definida em seus próprios termos, nada mais).

A vida fabricada é o grande tema de Fausto. Relembremos o medieval *Milagre de Teófilo*, o *Doutor Fausto* de Christopher Marlowe, o *Fausto* de Goethe e a ideia renascentista do homúnculo. No romance de advertência de Houellebecq, tudo isso não se torna uma imagem literária, mas uma realidade. As consequências para o mundo e a humanidade de uma vida produzida na fábrica estavam quase implícitas nas novelas de Mikhail Bulgákov *Os ovos fatais* e *Um coração de cachorro*. O herói desta última, o biólogo e professor Filip Filippovich Preobrazhensky (cujo nome em russo significa "mago com o poder de transfigurar o mundo"), não se dedica a transformar um cachorro em homem (isso seria uma serendipidade, ou seja, uma descoberta científica inesperada e não planejada, ou um efeito colateral que se torna uma descoberta); ele entrega-se à tarefa de rejuvenescer um organismo humano, o que é uma boa-nova para o mundo e para a grande missão do professor. Como diria Spengler, os conteúdos da alma faustiana – as ideias de conhecimento infinito, infinitude matemática, conjuntos infinitos, polifonia na música e perspectiva na pintura – agora se transmutam no sonho de viver para sempre, de sobreviver financeiramente e não fracassar do ponto de vista político.

A esperança continua viva? Haverá alternativa? Afinal, o mundo do mal, quer retornemos às teorias clássicas da teologia e da ética, quer a uma interpretação totalmente secular desse fenômeno, é um domínio sem solidariedade humana, sem compaixão, amor ou amizade. Ainda assim, Houellebecq nos deixa uma esperança. Tal como seu brilhante insight de que o verdadeiro talento é sempre acompanhado de ingenuidade (uma pessoa traiçoeira e manipuladora raramente é talentosa), suas palavras sobre o amor como mistura

Repensando *A decadência do Ocidente* 245

de desejo e compaixão se tornam a esperança do homem líquido moderno. Parafraseando Houellebecq, eu diria que o amor é uma fusão de desejo e compaixão diante do envelhecimento e da morte que se aproximam.

O breve e infeliz amor de Daniel por Esther, tal como sua sincera afeição por Fox, isso é esperança. Se a extinção dos poderes de comunidade, sociedade e sociabilidade é o começo do fim do mundo, e se indivíduos que usam, mas não querem ver nem ouvir, uns aos outros aceleram a autodestruição mútua, então esse ciclo só pode ser superado por uma vitória, mesmo que apenas momentânea, sobre o determinismo; por exemplo, uma inesperada palavra de compaixão. A saída de Daniel25 de um estado previsto e inalterável, ao qual as novas pessoas foram condenadas pela Irmã Suprema e pelos Sete Fundadores, torna-se um ato de esperança. A fuga, um pouco antes, de Maria22 também se torna um protesto e um desafio, da mesma forma que deixar para trás o *Banquete* de Platão, em que Aristófanes expõe sua concepção do amor, manuscrito totalmente deteriorado que Daniel25 ainda consegue ler a tempo.

Como diria Houellebecq, a história das relações humanas é sempre cíclica: elas nascem, se desenvolvem, fenecem e morrem. Mas a esperança está no fato de que, como já observamos, existe alguém que rompe esse ciclo e o supera, uma pessoa amada ou amiga. Essa superação do ciclo de vida das relações humanas e sua extinção constituem a própria essência do amor e da amizade; e também da esperança de que, como disse Dylan Thomas, "a morte não venha a ter nenhum domínio".

ZB: Minha concordância com a forma como você desvela a mensagem distópica de Houellebecq não poderia ser maior. A grandeza de Houellebecq se manifesta ao fazer por nós o trabalho em que todos deveríamos estar engajados, mas não estamos: ruminar sobre o formato das coisas como elas tendem a ser se esse trabalho não for assumido e realizado.

Com efeito, e se...?

E se tivermos êxito em nosso sonho atual de uma existência livre do medo e em nosso audacioso projeto de tornar esse sonho real, conquistando, de uma vez por todas, a mais indômita, inacessível e inconquistável fortaleza do medo – a mortalidade humana?

E se nossa longa marcha – dos modernos – rumo a uma vida livre de inconvenientes, desconfortos, humilhações e preocupações atingisse seu horizonte e nenhuma dificuldade ou frustração permanecesse para nos perturbar e nos forçar a agir?

E se o projeto de reconstruir o mundo, transformando-o num lugar mais receptivo à humanidade, fosse plena, verdadeira e irrevogavelmente abandonado, e nos contentássemos em garantir enclaves seguros para uma existência livre de preocupações (ou seja, propriedades destinadas a uma só ocupação, como devem ser, por definição, as moradias livres de problemas) em meio a um mundo bárbaro e selvagem, estranho e alienado?

E se não precisássemos mais sujar as mãos por termos lavado todos os gordurosos resíduos da responsabilidade por todas as coisas, exceto por nós mesmos?

E se os atuais esforços para nos separarmos e nos isolarmos de tudo aquilo que é problemático e de todas as fontes de ansiedade, em vez de enfrentá-las de peito aberto, conseguissem alcançar seus objetivos latentes e o assim criado *Lebenswelt* ("mundo da vida") dos "neo-humanos" ("neo" por oposição aos seres humanos que, na teoria de Aristóteles e na prática de Sócrates, exigem uma *pólis* para viver) fosse enfim emancipado dos tormentos causados por bairros barulhentos, forasteiros impertinentes, antagonistas belicosos e amigos íntimos, de coração aberto e braços estendidos para um afago?

A possibilidade de uma ilha de Houellebecq é a primeira grande distopia, até agora sem rival, destinada e feita sob medida para a era da modernidade líquida, desregulamentada, obcecada pelo consumo e individualizada.

Lealdade, traição, consciência situacional e perda da sensibilidade

LEONIDAS DONSKIS: Caro Zygmunt, fico tentado a enxergar a perda da sensibilidade na modernidade líquida através do destino de dois fenômenos inseparáveis da sensibilidade moral e política moderna – lealdade e traição.

Vivemos numa época em que os seres humanos são determinados por sua situação e estão sempre se dividindo antes de tentar desesperadamente reunir-se mais uma vez. Ernest Gellner estava certo ao chamar esses heróis da modernidade de homens modulares,[5] com referência ao mobiliário que era popular na Inglaterra na década de 1960. A ideia era simples: peças de mobília que podiam ser reunidas e montadas a seu bel-prazer. Se seus recursos financeiros lhe permitissem, você poderia comprar módulos bastantes para montar mesas, cadeiras e gabinetes; se fossem modestos, uma quantidade menor desses mesmos componentes só seria suficiente para uma cama. Não havia nada determinado nisso, tudo podia se alterar de forma radical no dia seguinte.

De acordo com Gellner, o destino do mobiliário modular acompanhou a moderna identidade humana. Ela pode ser fabricada da maneira que você deseje. Por um lado, isso é parte do projeto da modernidade e de sua grande promessa: os seres humanos não pertencem mais a nada nem a ninguém com a inteireza de sua personalidade e por toda a vida; assim, escolhem livremente suas formas de comunidade, associação e organização. Se você aluga um apartamento, paga ao senhorio o aluguel devido e depois decide alugar outro, ninguém vai considerar que sua decisão é uma quebra de confiança ou um ato de deslealdade, muito menos traição. A mesma lógica se aplica à sua participação em clubes, sociedades e agremiações. Você entra nelas livremente e pode abandoná-las com a mesma liberdade sem ter de se justificar ou ganhar o estigma ou crachá da desonra.

Por outro lado, e de modo paradoxal, o sumiço, em nossas vidas, de um único modo de escolher formas de existência, ambientes sociais e parceiros existenciais tem causado uma verdadeira revolução na vida moderna. Se os critérios de pertencimento a um clube ou comunidade não são rígidos, mas mutáveis, então, entram de forma inevitável em nossas vidas coisas que talvez não desejássemos, mas que são parte essencial do pacote da modernidade. É pegar ou largar. Juntamente com uma identidade modular, livremente criada e recriada, também recebemos o fato inevitável de nosso intercâmbio mútuo. Nenhuma instituição se torna sua por alguma escolha ética fundamental anterior. Você se vê pertencendo a uma nação de duas maneiras: ou por omissão, sem que ninguém chegue a pensar nisso, apenas se evadindo de forma conveniente de qualquer dilema doloroso que exija uma resposta existencial; ou escolhendo como projeto uma comunidade de memória e sentimento, trocando as alianças da imaginação, por assim dizer, e desse modo juntando sua biografia à história de algo maior que você.

Gellner apôs o rótulo de *nacionalista* ao homem modular do século XIX. Por muito tempo o projeto liberal foi um amigo leal, talvez até um irmão do nacionalismo. Só depois eles se tornaram adversários, quando, sob a influência do darwinismo social e do racismo, nacionalistas radicais começaram a despir o nacionalismo de seu componente adoravelmente romântico e a assumir a visão de que o que anima uma nação não é um desdém pelos impérios nem a decisão de lutar e morrer por um ideal de liberdade que faça a humanidade aproximar-se, mas um princípio biológico, o chamado do sangue e do solo, um destino mais forte que pode ser selado até pelo uso mais bonito da linguagem, da fidelidade cultural e da devoção à liberdade e ao bem-estar do país. O nacionalismo dissolveu impérios, derrubou monarquias e deu o golpe de misericórdia na aristocracia europeia. A velha Europa deixou de existir tão logo se evidenciou que sua grandiosa cultura fora construída sobre uma união de poder imperial, tradição e fé, alicerce que significa de modo evidente a subjugação de outros países e nações.

Ao mesmo tempo, a era do homem modular esculpiu máscaras sociais, políticas e culturais que ocultavam o lado sombrio da moder-

Repensando *A decadência do Ocidente*   249

nidade. Juntamente com a liberdade vieram a mobilidade social e a oportunidade de criar vínculos não por classe, fé ou leis, ou seja, pela lealdade no sentido clássico desse conceito (estar deste lado do espaço jurídico e político, e não fora dele), mas por meio da língua, dos mesmos jornais lidos por todos e de um sentimento histórico de conexão (não mais regional e local, mas territorial-estatal).

Acrescentem-se a isso os novos polemistas e jornalistas da vida pública, que descobrem não apenas formas do passado, mas sua própria e suposta afinidade com o homem comum – ainda que as passagens sobre o homem comum produzidas por um sofisticado jornalista de tendência esquerdista ou por um historiador conservador de berço nobre não sejam mais que um produto e uma busca de solidariedade entre eles próprios, embora tentem convencer a si mesmos de que estão procurando a verdade e lutando por ela. E o que é a história para o não historiador? Não é algo que parece aquilo em que se transformaram as disputas doutrinárias, não para o especialista em direito canônico ou teologia, mas para a pessoa comum?

Em suma, o gênio saiu da garrafa. Você pode se tornar o que quiser. Sua nação é algo que você escolhe, tal como qualquer outra forma fundamental da identidade moderna. Essa é a fonte de seu notável insight, de que quanto mais frágeis se tornarem nossos poderes de comunidade e nossa cultura de conexão, mais feroz será a busca de identidade. A essência do ser humano não está na autodefinição. Se nossa sociabilidade é prejudicada e não temos mais poderes de comunicação, então a identidade se torna uma busca de máscaras sem significado. Pois, afinal, a identidade só adquire significado em virtude de uma conexão com outra pessoa. A identidade é um sonho benevolente sobre nossa semelhança com aqueles aos quais queremos nos identificar, assim como sobre nossas diferenças em relação a eles. É também o que outros sonham, pensam e dizem a nosso respeito.

Assim, além do homem modular, existe outra metáfora excelente (ou talvez toda uma história) da modernidade. É Don Juan, que a seu ver – lembremos seu livro *Identidade* – é o verdadeiro herói dessa era. *"Chi son'io tu non saprai."** Essas palavras da ópera *Don Giovanni*, de Mozart, escritas pelo libretista Lorenzo da Ponte (que fez Don Juan relacionar-se intimamente com 2 mil mulheres), revelam o dilema da assimetria do manipulador moderno. Você não me verá porque eu vou sair e deixá-lo quando não for mais seguro para mim permanecer com você e revelar coisas demais sobre mim mesmo e meus sofrimentos ou fraquezas ocultos. Quem eu sou você nunca saberá, mas eu vou descobrir tudo sobre você (essa é uma ilusão trágica para um homem, ele nunca saberá coisa alguma sobre uma mulher, o que pode fazer é magoá-la e torná-la infeliz).

Aqui não se trata do *flâneur* de Charles Baudelaire vagando pela cidade, buscando vivenciá-la, tentando ansiosamente conquistar olhares intensos, apaixonados, calorosos ou, ao contrário, modestos, furtivos e ligeiros, como diz a última estrofe de "À une passante": "Car j'ignore où tu fuis, tu ne sais où je vais,/ Ô toi que j'eusse aimée,/ ô toi qui le savais!"** Esse é o medo de ser reconhecido por estar planejando uma traição, e assim não poder revelar suas intenções. Do outro lado está o medo de interromper a mudança e a busca. Para Don Juan, afinal, felicidade é igual a mudança. Ele busca uma mulher de beleza perfeita, portanto, qualquer conexão prolongada ou qualquer olhar duradouro sobre ela mais cedo ou mais tarde provocará dúvidas quanto à possível existência de uma mulher ainda mais linda em algum lugar perto da esquina. A felicidade consiste na sorte de ser rápido, eficaz, despercebido e, mais importante, livre de qualquer compromisso mais sério.

Segundo você, Don Juan, ou Don Giovanni, é o herói da modernidade porque para ele o significado de alegria e de existir é a velocidade, a mudança, a variabilidade e a oportunidade de estar sempre começando de novo, como se fosse possível nas relações humanas ganhar alguma coisa significativa sem uma contínua convivência, participação de sentimento, comunicação e doação pessoal. Don Juan é

---

* "Quem eu sou, tu não o saberás." (N.T.)
** "Porque não sei aonde ias, nem tu aonde eu vou,/ Ó, tu que eu teria amado, ó, tu que o sabias." (N.T.)

Repensando *A decadência do Ocidente* 251

o campeão da experiência, do prazer e da sedução rápidos, intensos e profundos (ou seja, da manipulação e exploração da confiança de outra pessoa).

Aqui nos defrontamos com a pergunta: "O que, em nossa época, acontece com coisas fundamentais como lealdade e traição, em que elas se transformam?" Comecemos com a observação de que ambas de fato existem, embora seja cada vez mais difícil reconhecer, nomear e definir essas formas fundamentais de relacionamento humano. Por quê? Porque esses conceitos não mais nos empolgam, não nos proporcionam qualquer experiência mais profunda. São como o rei Lear, que deixou sua fortuna e seus poderes para as duas filhas mais velhas, Goneril e Regan, deserdou o único ser autêntico em sua família, a filha mais nova, Cordélia, e finalmente ficou apenas com o bobo da corte.

Na era do homem situacional, em constante mudança de si mesmo e da história (ou da lenda de sua ascendência), a lealdade torna-se algo desconfortavelmente moralizante, antiquado, rígido, inoperante, que complica a vida. Daí a incapacidade de discernir o grau da lealdade. Pois fidelidade não significa fraqueza, aversão ao risco e medo de fazer mudanças, como nossos contemporâneos formados pela audiência dos gurus dos negócios ou pela leitura das revistas da moda presumiriam. Em vez disso, é a força de desafiar os perigos da autorrevelação e sobreviver ao conhecimento final de si mesmo.

A fidelidade sustenta-se num paradoxo e numa assimetria profundos que são bem diferentes daquilo que Don Juan defende: é a coragem de revelar as próprias fraquezas e limitações a uma pessoa amada, ao mesmo tempo não querendo assistir à exibição de fragilidades que mudanças sem fim só poderiam provocar. Em outras palavras, é abster-se de mudanças intensas voltadas apenas para si mesmo, que iriam deformar o próprio caráter, assim como as bases do amor ou da amizade. É uma resistência à mudança e às novas e intensas experiências que em nossa cultura popular são vistas como chaves da felicidade.

A fórmula da fidelidade e do amor é a seguinte: sem dúvida, você vai descobrir meu nome e tudo sobre mim, mas não tenho toda a certeza de que desejo que você saiba tudo sobre mim, se essa descoberta acontecer sem você. Se for com você, então está bem, estou pronto.

Sandro Botticelli, por meio de sua modelo Simonetta Vespucci, diria o seguinte sobre o amor: "Amo aquilo que eternizo, aquilo de que a humanidade não conseguirá desviar o olhar, o que ela vê com os meus olhos." Pedro Almodóvar falaria por meio de seus filmes: "Amo aqueles a quem desejo falar, amo aquilo que, quando vejo, não consigo parar de comentar." Creio que David Lynch poderia dizer: "Amo aqueles a quem quero contar piadas, cujo sorriso anseio ver, cujas risadas gostaria de ouvir."

Fidelidade é o desejo de falar, contar piadas, oferecer revelações sobre si mesmo e sobre o mundo à sua volta, e fazer isso juntamente com um outro que tenhamos escolhido. Não sozinho, não simplesmente com qualquer outra pessoa, mas com um ser humano amado. A lealdade é a estratégia da descoberta deste mundo em conjunto. Milan Kundera afirmou que ser é existir aos olhos de quem se ama. Traição é capitulação, rendição e fracasso em abrir a si mesmo e a seu potencial humano na companhia de um ser como você. Não é fragmentar-se em episódios a partir dos quais não é possível recompor-se num todo. É uma fuga à descoberta de si mesmo mediante um ser humano – amante ou amigo. Ou a traição se transforma em derrota pelo medo de que essa fraqueza que você fez o possível para ocultar seja logo revelada. É nisso que ajudam os encontros ligeiros: quanto maior a frequência e a brevidade de seus encontros com parceiros acidentais (ainda que você os chame de amigos ou amantes), mais fácil será esconder sua incapacidade de criar relacionamentos duradouros, que exigem um trabalho duro consigo mesmo.

A incognoscibilidade de um ser humano (a recusa em conhecê-lo senão como um objeto físico ou parte da natureza, sem a livre participação dele), a crença de que Deus se manifesta nos seres humanos por uma conexão humana, o amor, a amizade, os poderes de comunidade e sociabilidade – esses são os impulsos que nos compelem a não continuar procurando alguma coisa a mais. A mulher

Repensando *A decadência do Ocidente* 253

amada torna-se a mais bela, e não aquela cuja visão ainda não foi captada por seus olhos, aquela que você ainda não viu na multidão, aquela imaginada que ainda não trouxe desolação à sua alma. Você se recusa a conhecer totalmente o outro, pois isso seria acreditar que pode conhecer a Deus – afinal, nós é que somos Suas criaturas. Você só pode conhecer seu próprio texto ou criação, ou as formas culturais e históricas criadas pela humanidade em geral, como Giambattista Vico imaginou no século XVIII. Ele não acreditava que o projeto cartesiano de conhecimento do mundo seria coroado de sucesso e tornaria felizes os seres humanos. Não a matemática nem o interesse de explorar a natureza, mas tentar resolver o enigma da sociabilidade humana por meio da linguagem, da política, da retórica, da literatura, dos rituais e das artes, isso se tornará a estrada real para si mesmo. Não podemos conhecer a nós mesmos como obra de Deus. Só podemos interpretar nossos próprios trabalhos. Em todo caso, Deus está dentro de nós como nosso poder de comunidade e sociabilidade: amor e fidelidade são Sua linguagem em nós. Mas você não pode ter a esperança de saber tudo sobre um ser humano e imaginar poder conhecê-lo totalmente porque dessa maneira vai destruir a liberdade e a singularidade dele. Além disso, uma pessoa tem o direito à inviolabilidade e àquilo que não deseja revelar a ninguém, a segredos que nunca devem ser verbalizados nem debatidos.

Não foi sem razão que Bruno Bettelheim propôs uma nova interpretação do conto de fadas *O Barba Azul* de Charles Perrault: imaginou que o que está por trás da cruel punição ou vingança fosse um drama de traição.[6] O quarto proibido, em sua opinião, representava algo que não podia ser invadido sem violar o espaço da dignidade de outra pessoa. Não devemos saber tudo sobre a outra pessoa porque isso destrói sua integridade, liberdade e inviolabilidade, e também deforma nossas próprias relações com esse outro ser humano. Bettelheim pressupõe que por trás das portas fechadas do Barba Azul existe um drama de lealdade e traição, e essa traição poderia nos falar de outras coisas censuráveis e expor em nós forças e impulsos que uma pessoa prudente e correta tenta reprimir.

É ilícito e perigoso saber tudo sobre o outro. Ou sobre si mesmo. Se você quer saber sobre si mesmo, é importante fazê-lo apenas com e por meio de outra pessoa, com sua observação e participação – em outras palavras, pelo amor.

O autoconhecimento sem participação do outro produz monstros da razão e da imaginação. Conhecer o outro ao mesmo tempo que se tenta manter-se desconhecido e invisível destrói a solidariedade e a empatia humana. Se você deseja conhecer outra pessoa, só pode aspirar a isso mediante a empatia e o amor, mas não a transformando num campo de observação, num conjunto de dados ou numa ferramenta doutrinária. Se você ama uma pessoa, recusa-se a saber tudo sobre ela. Esse é um impulso que nega o que é peculiar a Don Juan. Uma pessoa prudente não deseja deliberadamente descobrir tudo sobre si mesma sem a participação da pessoa a quem ama. Pois sem amor e pessoas amadas, mais cedo ou mais tarde você vai descobrir em si mesmo um monstro.

Mas Don Juan continua alheio a essa lógica moral. *Chi son'io tu non saprai*. Eu sei, mas você não sabe. Eu vivencio, mas você não. Eu vejo você, mas você não me vê. Eu busco a autoexposição e a autorrevelação da outra pessoa sem retribuir com a mínima parcela de mim mesmo nem revelar meus sentimentos, minhas dores ou a verdadeira condição de minha alma, e às vezes nem mesmo meu nome. A assimetria de poder usando a máscara da paixão. O desejo de categorizar o outro, de caracterizá-lo por um momento criando uma ilusão de sentimento e uma lenda de paixão. A incapacidade de vivenciar o sentimento e a paixão ao mesmo tempo que se simula tê-los e perdê-los – essas são formas da ambivalência moderna que podemos encontrar no sinuoso tema de Don Juan e suas interpretações posteriores, já um tanto distantes da versão original de Tirso de Molina e seus ancestrais no medievo.

Stefan Zweig, em seu incisivo ensaio sobre Don Juan e Giacomo Casanova, expôs as diferenças inconciliáveis entre esses dois (anti-)heróis europeus. Don Juan é um colecionador de mulheres que ele realmente não ama. Importa para ele estabelecer uma relação de conquista, uma relação que lhe garanta ter uma mulher à

Repensando *A decadência do Ocidente* 255

sua disposição, usar a beleza física e o corpo dela, uma relação de disponibilidade e manipulação, em suma. Casanova, por outro lado, segundo Zweig, fica sinceramente enamorado de suas mulheres e as faz se sentirem rainhas. Acredita genuinamente ter se apaixonado por elas e se esforça por dar a uma mulher tanta alegria e prazer quanto possível. Casanova é um amante perfeito e um virtuoso dos romances de curta duração. Don Juan também se envolve em relações de curto prazo e depois se afasta, mas não se apaixona e nada palpita em sua alma quando rompe com uma mulher.

Ambos são heróis da modernidade pelo fato de construírem magistralmente relações de curto prazo. É irônico que hoje tenhamos de mobilizar gerentes comerciais, administradores, especialistas em comunicação e produtores para criar o milagre de um breve fascínio e de ser desejado por um grande número de pessoas, enquanto Don Juan e Casanova foram de fato os protagonistas clássicos dessa técnica de relações evanescentes, embora, como vimos, cada qual à sua maneira.

Você não pode saber tudo sobre si mesmo e seu futuro. O conhecimento de seu destino matou o guerreiro e nobre escocês Macbeth. Não fosse pela profecia das bruxas, o protagonista da tragédia de William Shakespeare não teria cometido crimes com o objetivo de conquistar a coroa e o poder, nem teria sido traído por seu rei, Duncan, e seu amigo mais íntimo e companheiro de armas, Banquo. Prever seu destino ou desejar afirmar-se descobrindo tudo (em nossa cultura popular isso significaria experimentar tudo e ser visto por todos ao "experimentar tudo"), isso foi fatal. Macbeth descobre seu destino na ausência de seus amigos, e assim sua solidão o leva tragicamente a traí-los. Pois os amigos são uma alternativa à cegueira do destino. E Macbeth não teve coragem para abraçar essa alternativa.

Os serviços secretos de nossos dias, com sua obsessão por saber tudo e destruir pessoas com a chantagem, são realizações contemporâneas de um tema satânico da literatura barroca. Basta recordar o romance *O diabo coxo*, de Luis Vélez de Guevara, cuja versão mais famosa foi posteriormente criada por Alain-René Le Sage como *Le diable boiteux*. Como mencionei, nesses romances o diabo sabe tudo o que acontece na casa das pessoas, conhece os detalhes de suas vidas íntimas e secretas: sentimentos, traições, bestialidades, falsidades, perversões por dinheiro e herança, histórias de fracasso e sucesso, orgias, libertinagem e romances. Ao estudante que o livrou da maldição do mago, o diabo exibe todo o panorama da vida noturna de Madri.

É interessante o fato de que, nos séculos XVII e XVIII, ser privado da vida íntima e da privacidade ou terem-nas reveladas aos outros era considerado um ato satânico. Hoje as pessoas fazem isso em vários reality shows ou ao se tornarem políticos, estrelas, vítimas ou protagonistas de escândalos. A acreditarmos nas implicações morais da literatura barroca, nós é que assumimos os valores "satânicos" e nos comportamos de acordo com eles ao praticarmos formas modernas de exorcismo e usarmos meios violentos para converter outras pessoas à nossa fé.

Desde a época de Maquiavel tem ocorrido uma revolução silenciosa no processo de tornar-se uma personalidade. Se o critério e a definição de verdade definidos por, entre outros, Tomás de Aquino (a adequação de uma coisa ao intelecto: *adaequatio rei et intellectus*), ainda estavam operando na ciência e na filosofia, decerto deixaram de valer na vida prática e na política, em que não mais se acreditava que o poder derivasse de Deus e que a política fosse intrinsecamente uma morada da virtude e uma forma de sabedoria. A revolução moderna maquinada pelo pensamento político de Maquiavel tem sua melhor encarnação em seu conceito de *verità effetuale* (verdade eficaz), por meio da qual a verdade se transforma em prática – em ação prática. A verdade em política é alcançada pela pessoa que gera uma ação e alcança resultados, mas não por aquela que define, articula e questiona (à luz da virtude) ou examina (no contexto do cânone clássico) essa ação e esses resultados.

O político que cria uma prática duradoura, que transforma uma ideia em ação e institucionaliza essa ideia é aquele que tem do seu lado a verdade. O modo como um político faz tudo isso é de importância secundária. Não é o fim que justifica os meios que vem a ser considerado correto, histórico e imortal, mas o ator que concentra seus críticos de todos os períodos e de todas as culturas na mesma forma de política e de vida. A verdade é avaliada como o que continua a ser lembrado, enquanto o fracasso é condenado a morrer e ser estigmatizado como fiasco e vergonha. Verdade é sucesso e, inversamente, sucesso é verdade. A sobrevivência à custa da virtude e da moral mais elevada soa como uma voz precoce do mundo moderno. Só mais tarde essa voz será caricaturada pelos darwinistas sociais e pelos racistas como o centro simbólico da luta pela sobrevivência.

O tirano que centraliza o Estado e liquida seus oponentes torna-se pai de sua nação, mas um déspota que tente a mesma coisa, porém seja derrotado ou deixe de alcançar seus objetivos, é alvo do desprezo universal e é logo esquecido. Os membros de forças responsáveis pela execução de um golpe de Estado ou revolução bem-sucedidos tornam-se heróis rebeldes enfrentando instituições reacionárias e moralmente falidas, mas quando não têm êxito são simples conspiradores ou arruaceiros. A vergonha e o estigma não se associam a rejeitar a virtude, a abraçar a iniquidade ou escolher ativamente o mal, mas à perda do poder, à incapacidade de mantê-lo e ao sofrimento da derrota. O poder é honrado, mas a impotência total ou apenas a fraqueza não merecem uma concepção filosófica própria nem algum tipo de compaixão. Nesse paradigma, simpatia e compaixão se devem apenas àqueles que não participam da esfera do poder. Mas, se você está nela, o que o espera é o sucesso ou a morte e o desaparecimento. A morte pode ser um simples olvido, os dois são a mesma coisa.

É por esse motivo que, nesse paradigma do instrumentalismo moderno, a traição se justifica. Se ela resulta na manutenção ou ampliação do poder, é fácil de apresentar como um sacrifício doloroso em nome do Estado ou como um grande propósito ou ideal comum. Mas se a traição resulta no fracasso e os conspiradores protagonizam um fiasco, então, com a ajuda da autoridade simbólica e dos mecanismos do Estado, ela é colocada com segurança na ilustre categoria de suprema deslealdade a este, *alta traição*. Se a conspiração caminha bem e o chefe do Estado ou da instituição é liquidado ou obrigado a firmar um acordo, os conspiradores se tornam patriotas e estadistas; mas se o antigo sistema prevalece e elimina todos aqueles que organizaram a conspiração, estes últimos não são apenas destruídos, mas passam à história como traidores e pessoas incapazes de demonstrar lealdade, como verdadeiramente covardes. Por fim, há também uma metáfora da traição: ela pode ser explicada como a decepção com antigos amigos, parceiros, companheiros de armas e ideais, mas isso não modifica o cerne da questão. Uma traição que se interprete dessa forma parece um refém ingênuo da decepção autossugestionada e da descoberta de um novo mundo, mas suas causas profundas estão em outro lugar.

Em nossos dias a traição se tornou a oportunidade, a sorte e a prática do homem situacional, uma ruptura pragmática e instrumentalista de sua essência humana e isolada de e por outras pessoas. Como bem sabemos, hoje o remorso e a culpa se tornaram mercadorias políticas em jogos de comunicação pública, da mesma forma que ocorre com doses cuidadosas de ódio. Talvez a infidelidade tenha se tornado nem tanto um artigo de comércio quanto um elemento da razão instrumental e da virtude situacional.

Num mundo de vínculos humanos intermitentes, de palavras e promessas bombásticas, a infidelidade não choca mais. Quando a confiabilidade deixa de estar no centro de nossa personalidade e de ser uma força que integra toda a identidade de um ser humano, a traição torna-se uma "norma" e uma "virtude" situacionais. A traição, ao que parece, foi virada de cabeça para baixo, transformando-se numa virtude e numa norma da política contemporânea, só que situacionais e de curta duração, tal como o homem modular de Gellner e seus "compromissos" em mutação e transformação constantes.

Pois é só nas relações de verdadeira fidelidade que o conceito de traição e a prática dele derivada ganham sentido. Onde não há lealdade e fidelidade, a traição é apenas o ato cotidiano rotineiro de faltar com a palavra e mentir, sob a justificativa de uma mudança constante e dramática na situação (suposta ou real), "novos desafios" e "circunstâncias imprevistas".

Nosso mundo atual está se transformando em pequenos Don Juans. Não é apenas sexo sem sentimentos, intimidade física sem amor, estar junto sem um sentido abrangente de que isso é frágil e de que, portanto, esse encontro deveria ser visto como um milagre que irá se desvanecer se você não fizer alguma coisa. Também está produzindo o sucesso e construindo a lenda de uma pessoa à custa de outras, usando-as como situações, fragmentos e componentes individuais de seu próprio projeto.

Assim, não indaguemos com que aparência ou forma mais cedo ou mais tarde acabaremos encontrando o convidado de pedra de *Don Juan* e *Don Giovanni* – o pai de dona Ana. Ele aparecerá como aquelas coisas que voltam como um bumerangue, coisas das quais rimos abertamente nesta era global da juventude e do culto do corpo jovem: velhice, solidão e esquecimento.

Vale a pena lembrar que nada na história humana jamais conseguiu isso – exceto o amor, a amizade, a lealdade e seu honesto e fiel assistente, o espírito de criatividade.

· Notas ·

Introdução (*p.7-24*)

1. Para saber mais sobre a palestra proferida por Zygmunt Bauman na Universidade Vytautas Magnus, em 1º de outubro de 2010, ver http://www.vdu.lt/lt/naujienos/prof-zygmuntas-baumanas-naturali-blogio-istorija-1; acesso jun 2012.

1. Do diabo a pessoas assustadoramente normais e sensatas (*p.25-62*)

1. Se aceitarmos a lógica subjacente ao raciocínio de Milan Kundera em seu ensaio "A tragédia da Europa Central", muito daquilo que tem sido há bastante tempo tratado como europeu oriental, no sentido político, pertence historicamente à Europa Central. Se concordarmos com o pressuposto de que as cidades cosmopolitas e multiculturais, juntamente com grandes influências católico-romanas e em especial barrocas, constituem as fronteiras culturais da região, poderíamos incluir Áustria, Hungria, República Tcheca, Eslováquia, Eslovênia, Croácia, Polônia, Lituânia e a parte ocidental da Ucrânia no espaço simbólico da Europa Central. O Leste Europeu incluiria, acima de tudo, Rússia, Bielorrússia, a parte leste da Ucrânia, Moldávia e, em menor grau, Romênia e Bulgária. Embora arbitrárias e discutíveis, essas fronteiras têm suas divisões religiosas e histórico-culturais, em particular depois da influência política russa nos séculos XIX e XX. Para mais informações sobre esse tema, ver Milan Kundera, "The tragedy of Central Europe", *New York Review of Books*, v.32, n.7, 26 abr 1984, p.33-8; e Leonidas Donskis (org.), *Yet Another Europe after 1984: Rethinking Milan Kundera and the Idea of Central Europe*, Nova York, Rodopi, 2012.

2. Ver Hanna Arendt, *Eichmann in Jerusalem: A report on the Banality of Evil*, Nova York, Penguin Books, 2006 (trad. bras., *Eichmann em Jerusalém: um relato sobre a banalidade do mal*, São Paulo, Companhia das Letras, 1999).

3. Anatole France, *The Gods Will Have Blood*, Londres, Penguin, 1979.

4. Cf. Milan Kundera, *The Curtain: An Essay in Seven Parts*, Londres, Faber & Faber, 2007, p.92, 123, 110.

5. Cf. Émile Cioran, *Précis de decomposition*, Paris, Gallimard, 1949.

6. Ver Hannah Arendt, *The Origins of Totalitarianism*, Berlim, Deutsch, 1986, p.338.

7. Jonathan Littell, *As benevolentes*, Rio de Janeiro, Alfaguara, 2007, p.524-5.

8. Ibid., p.520.

9. Ver "Les politiques peuvent-ils 'dire l'histoire'?", *Le Soir*, 25 jan 2012.

10. Ver Hans-Georg Gadamer, *Wahrheit und Methode*, Berlim, Mohr, 1990, p.21.

11. Ver Alberto Melucci, *The Playing Self: Person and Meaning in the Planetary Society*, Cambridge, Cambridge University Press, 1996, p.43s. Trata-se de uma versão ampliada do original italiano, *Il gioco dell'io* (1991).

12. Georg Simmel, "The metropolis and mental life", in Richard Sennett (org.), *Classic Essays of the Culture of Cities*, Nova York, Apleton-Century-Crofts, 1969, p.52.

13. *Juden auf Wanderschaft*, apud Joseph Roth, *The Wandering Jews*, Londres, Granta, 2001, p.125.

14. Ver Theodor Adorno, *Minima Moralia: Reflections from Damaged Life*, Nova York, Verso, 1974, p.26.

15. Ibid., p.46.

16. Zygmunt Bauman, *This is Not a Diary*, Londres, Polity, 2012 (trad. bras., *Isto não é um diário*, Rio de Janeiro, Zahar, 2013).

2. A crise da política e a busca de uma linguagem da sensibilidade (*p.63-114*)

1. "Caught in the net", *Economist*, 6 jan 2011; disponível em: http://www.economist.com/node/17848401; acesso em jun 2012.

2. Ver a resenha de Pat Kane de *The Next Delusion*, de Evgeny Morozov, *Independent*, 7 jan 2012.

3. Ed Pilkington, "Evgeny Morozov: how democracy slipped through the net", *Guardian*, 13 jan 2011; disponível em: http://www.guardian.co.uk/technology/2011/jan/13/ evgeny-morozov-the-net-delusion; acesso em jun 2012.

4. Evgeny Morozov, *The Net Delusion: How Not to Liberate the World*, Londres, Allen Lane, 2011; a versão americana se chama *The Net Delusion: The Dark Side of Internet Freedom*.

5. Ver Zygmunt Bauman e David Lyon, *Liquid Surveillance*, Londres, Polity, 2012 (trad. bras., *Vigilância líquida*, Rio de Janeiro, Zahar, 2013).

6. "Caught in the net".

7. Ver Harald Welzer, *Climate Wars: What People Will Be Killed For in the 21st Century*, Londres, Polity, 2012, p.176.

8. Disponível em: http://www.creditcrunch.co.uk/forum/topic/8222-goodbye-proletariat-hello-precariat; acesso em mai 2012.

9. Lutz Niethammer, *Posthistoire. Ist die Geschichte zu Ende?*, Hamburgo, Rowohlt, 1989, aqui citado a partir de *Posthistoire: Has History Come to an End?*, Nova York, Verso, 1992, p.1-2.

Notas 263

10. De Arnold Gehlen, *Studien zur Anthropologie und Soziologie*, Munique, Luchterhand, 1963, p.322s.
11. Joseph S. Nye Jr., *The Powers to Lead*, Oxford, Oxford University Press, 2008.

3. Entre o medo e a indiferença (*p.115-57*)

1. Ver Ulrich Beck, *Risk Society: Towards a New Modernity*, Nova York, Sage, 1992, p.137.
2. Roger Kimball, "Becoming Elias Canetti", *New Criterion*, set 1986.
3. David Aaronovitch, *Voodoo Histories: The Role of the Conspiracy Theory in Shaping Modern History*, Londres, Cape, 2009, p.308.
4. Tony Judt, "Captive minds", *New York Review of Books*, v.57, n.14, 30 set-13 out 2010, p. 8.
5. Martin Buber, *I and Thou*, Nova York, Scribner's, 1970, p.68.

4. Universidade do consumo (*p.158-200*)

1. Henry Giroux, "Beyond the politics of the big lie: the education deficit and the new authoritarianism", *Truthout*, 19 jun 2012; disponível em: http://truth-out.org/opinion/item/9865; acesso em jun 2012.
2. Ver Stephen Bertman, *Hyperculture: The Human Cost of Speed*, Westport, Praeger, 1998.
3. Ver Bill Martin, *Listening to the Future: The Time of Progressive Rock 1968-1978*, Nova York, Feedback, 1997, p.292.
4. Nathalie Brafman, "Génération Y: du concept marketing à la réalité", *Le Monde*, 19 maio 2012.
5. Thomas J. Scheff, "Academic gangs", *Crime, Law, and Social Change*, n.23, 1995, p.157-62.
6. George Schöpflin, "Central Europe: Kundera, incompleteness, and lack of agency", in Leonidas Donskis (org.), *Yet Another Europe after 1984: Rethinking Milan Kundera and the Idea of Central Europe*, Nova York, Rodopi, 2012, p.28.

5. Repensando *A decadência do Ocidente* (*p.201-59*)

1. Das reminiscências de Arthur Koestler, sintomaticamente intituladas *The Invisible Writing*, Londres, Vintage, 1969, p.232s.
2. Harald Welzer, *Climate Wars: What People Will Be Killed for the 21st Century*, Londres, Polity, 2012, respectivamente, p.132, 135 e 143-4.
3. Yevgeny Zamyatin, *We*, Londres, Harper Voyager, 2001.
4. Michel Houellebecq, *The Possibility of an Island*, Nova York, Phoenix, 2006, p.16.
5. Ver Ernest Gellner, "The importance of being modular", in John A. Hall (org.), *Civil Society: Theory, History, Comparison*, Londres, Polity, 1995, p.34.
6. Ver Bruno Bettelheim, *The Uses of Enchantment: The Meaning and Importance of Fairy Tales*, Londres, Penguin Books, 1991, p.300.

ESTA OBRA FOI COMPOSTA POR MARI TABOADA
EM AVENIR E MINION E IMPRESSA EM OFSETE PELA
GRÁFICA PAYM SOBRE PAPEL PÓLEN SOFT DA SUZANO S.A.
PARA A EDITORA SCHWARCZ EM JUNHO DE 2021

A marca FSC® é a garantia de que a madeira utilizada na fabricação do papel deste livro provém de florestas que foram gerenciadas de maneira ambientalmente correta, socialmente justa e economicamente viável, além de outras fontes de origem controlada.